역사신학자이자 교의학자인 저자는 매주일 강단에서 설교를 하는 설교자요 목회자이면서, 동시에 설교를 위해 끊임없이 성경을 연구하고 해석하는 성서신학자입니다. 그는 제가 본 한국의 모든 신학자 중에 가장 통전적인 신학자입니다.

이 책은 그의 모든 신학과 성경 연구, 해석의 지향점이 예수 그리스도께 완전히 향하고 있음을 감동적으로 보여줍니다. 성경을 그리스도 중심적으로 읽는 방법보다 더 좋은 독법은 없다는 저자의 주장을 뒷받침하는 성경 해석으로 가득하면서도, 논리의 전개나 해석에 전혀 무리가 없습니다.

이 귀한 책을 통해 목회자와 신학생들은 그리스도 중심의 성경 해석과 설교의 정수를 배우고, 성도들은 모든 성경 본문 안에 계시된 예수 그리스도를 발견하고 만끽하는 기쁨과 감동을 누리게 되길 진심으로 바랍니다.

이웅석_ 도서출판 다함 대표

예수님을 믿어 구원에 이르려면 예수님을 아는 지식이 있어야 합니다. 이 지식은 앎과 이해를 통한 바른 믿음과 해석과 적용 및 실천 모두를 포함합니다. 인간의 가장 궁극적인 행복과 그러한 삶은, 예수님을 아는 지식으로 인해 복음의 핵심이 바르게 정돈되고 이를 통해 예수님을 닮아가며 늘 예수님을 향유하는 것입니다.

그런 의미에서 이 책은 자칫 개인의 경험에 근거한 가벼운 이해와 적당히 자유로운 상상을 바탕으로 하는 왜곡된 성경읽기가 되지 않도록 우리의 주의를 환기시켜 줍니다. '예수님을 발견하는 성경읽기'라는 주제 아래 성경에 담긴 다양한 인물과 사건과 그 맥락들을 세심히 살펴줌으로 어떠한 본문에서든지 예수님의 시선과 증거를 무제한 열람할 수 있도록 독자들을 인도합니다.

이 책이 어떤 상황에서도 예수 그리스도를 드러내야 할 성도의 신앙에 중요한 가이드가 되리라 확신합니다.

서자선_ 『읽기:록』 저자

KB208478

구속사적 성경해석을 접할 때면 저도 모르게 의구심부터 들곤 합니다. 이미 답을 정해놓고, 본문을 끼워 맞춰 해석한 이른바 '답정너식 해석'은 아닐까 싶어서 말이죠. 그렇게 세모눈을 뜨고 책을 대하려던 저의 심보를 저자는 알고 있었다는 듯 응수합니다. '성경 텍스트에 담긴 모든 의미의 총합'은 '예수라는 무한한 바다로 수렴'될 수 있다고 말이죠.

저자의 설명과 본문의 글을 읽어내리다가, 잠시 멈춰 생각해보니 슬며시 고개가 끄덕여졌습니다. 그리스도로부터 아득히 벗어나 텍스트를 해석하고 있다고 느낀 그 순간에도, 사실 그리스도는 '우리 안에, 우리와 함께, 우리 아래에' 거하시며 모든 의미의 근원으로 자리하고 계셨음을 새삼 깨닫습니다.

공기처럼 늘 곁에 있으나 무심결에 지나쳤던, 그 예수를 발견하는 읽기로 성경을 대하고 싶은 이들에게 이 책을 추천드립니다.

장민혁_ 오늘의 신학공부, 랜선신학교 대표

예 수 를 **발 견 하 는** 성 경 읽 기

예수를 가리키는 기록
예수를 찾아가는 읽기

예수를 발견하는 성경읽기

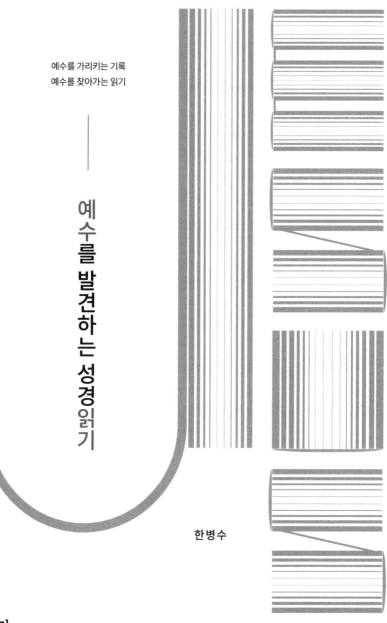

한병수

지우

| 차례 |

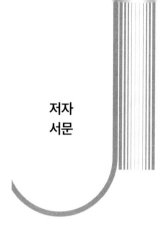

예수 읽기 : 모든 성경에서 예수를 읽어내는 독법

『예수를 발견하는 성경읽기』의 집필은 기획된 것이 아닙니다. 성경의 다양한 텍스트에 대한 각각의 설교도 예수라는 푯대를 결승점에 꽂아 놓고 그곳에 이르도록 의도한 해석의 결과가 아닙니다. 특수한 상황에서 전한 설교들의 끝이 예수라는 것은 그 설교들을 수집한 이후에 확인한 것입니다. 어떠한 계획도 사람이 세우면 부조화와 경직성이 생깁니다. 이는 하나님의 말씀처럼 "사람의 마음이 계획하는 바가 어릴 때부터 악"하기 때문입니다. 성경을 읽으며 우리가 어딘가로 가거나 어딘가에 이르고자 해석의 인위적인 방향과 결론을 미리 정하는 것이 이러한 부작용을 낳습니다. 우리는 성경이 예수를 가리켜 기록된 것이라는 방향과 결론 외에 다른 어떠한 전제도 인정하지 않으려는 처절한 싸움을 통해 올바른 해석에 이를 수 있습니다. 성경의 텍스트가 우리의 생각과 상식, 논리를 이끌어갈 수 있도록 맡기는 것이 가장 좋습니다. 성경을 그렇게 해석할 때 예수의 해석학에 고개를 숙이게 될 것입니다.

저는 아우구스티누스, 베르나르두스, 칼빈, 벨기에 신앙고백서, 하이델베르크 교리문답, 베자, 폴라누스, 웨스트민스터 신앙고백서, 아 브라켈, 바빙크 등으로 계승되고 발전된 개혁주의 신학을 좋아합니다. 또한 그 신학이 성경을 가장 잘 해석한 결과라는 주관적인 입장을 가지고 있습니다. 그런데 이러한 입장에 이르는 과정에서 저는 묘한 거부감과 오랫동안 싸워야 했습니다. 그 거부감의 원흉은 성경을 해석할 때나 인간과 문화를 이해할 때 개혁주의 신학의 교리적 결론들을 교조적인 전제로 삼았다는 것에 있습니다. 그 거부감은 성경을 읽고 또 읽으며, 하나님과 인간을 아는 지식에서 조금씩 자라면서 서서히 사라진 것 같습니다. 이제는 제가 개혁주의 신학을 좋아하는 것이 성경을 읽은 결과라고 말할 수 있습니다.

교리는 묻지도 따지지도, 검증하지도 싸우지도 말고 무조건 수용해야 하는 신학의 공리가 아닙니다. 아무리 유력하고 장구한 교리들도 다양한 해석들의 하나일 뿐입니다. 믿음의 선배들이 고수한 것처럼 신학의 공리는 성경밖에 없습니다. 개혁주의 신학의 선조들이 취한 신학 방법론을 보십시오. 그들은 성경에서 시작했고, 정형화된 교리적 전제들 없이 성경을 읽었으며, 그렇게 성경을 읽고 또 읽어서 도달한 교리적 결론들이 개혁주의 신학과 다양한 신앙고백서가 된 것입니다.

물론 믿음의 선배들이 남긴 소중한 유산을 활용하는 것은 좋습니다. 거기엔 순서와 과정이 있습니다. 성경에서 시작하여 교리에 도달하고, 그 교리들이 체계화되어 하나의 신학에 도달하는 순차적인 과정을 생략할 수는 없습니다. 저는 성경을 해석할 때 개혁주의 신학을 전제처럼 고려하지 않지만, 무의식 중에 전제로 작용하는 것을 제어할 방법은 없습니다. 그저 가능한 한 성경 자체가 이끄는 대로 읽고 생각하고 묵상하고 이해하는, 해석의 성경 주도적인 방법을 (비록 부족할 수는 있지만) 견지하고자 노력할 뿐입니다.

원고를 읽고 출간을 결정해 준 도서출판 지우에게 감사를 드립니다. 남은 여생 동안 성경의 어떠한 부분을 읽더라도 예수를 읽어내는 일에 매진하고 싶습니다. 예수의 의미는 단지 한 사람의 일대기가 아니기 때문입니다. "만물이 다 그로 말미암고 그를 위하여 창조"된 것이라는 바울의 말처럼 성경도 그로 말미암고 그를 위하여 기록된 것입니다. 예수보다 위대한 것은 없습니다. 모든 치명적인 문제는 예수 읽기의 실패에서 나옵니다. 그러므로 온 우주의 질서인 하나님의 말씀에 대해 '예'만 있는 예수 읽기에 성공하면 어떠한 문제도 해결될 수 있습니다. 성경에서 예수를 바르게 읽으면 개인과 공동체와 한 시대의 운명도 달라질 것입니다. 이 저술에 담긴 예수 읽기의 소박한 시도보다 훨씬 더 정확하고 뛰어난 예수 읽기의 귀재들이 곳곳에서 나오기를 진심으로 바랍니다.

2023년 겨울, 전주에서

한병수

성경의 중요한 특징 중 하나는 바로 '통일성'입니다. 이는 성경이 오랜 기간(약 1600년) 다양한 장소에서 각기 다른 40여 명의 저자들에 의해 쓰였음에도 불구하고 그 내용과 주제가 일관됨을 의미합니다. 66권의 이 방대한 책을 하나로 묶는 주제는 바로 예수 그리스도입니다. 예수님은 우리의 창조주 요 구속주이신 참 하나님이시며, 우리를 위해 이 땅에 오신 참 인간이십니다. 성경은 자신의 모든 곳에서 이러한 예수 그리스도를 다양한 방법으로 묘사합니다. 『예수를 발견하는 성경읽기』는 예수 그리스도를 자신의 앎과 행함의 근원으로 삼고 이러한 신념을 자신의 신학과 삶에 철저히 적용하고자 분투하는 저자의 묵상이 담긴 책입니다. 마치 부활하신 예수님께서 엠마오로 내려가는 두 제자에게 "모세와 모든 선지자의 글로 시작하여 모든 성경에 쓴 바 자기에 관한 것을 자세히 설명"하셨던 것처럼(눅 24:27), 저자는 이 책을 통해 소망을 잃고 절망과 허무의 도피처로 내려가고 있을지 모를 누군가에게 늘 그리스도를 묵상하고 바라볼 것을 간곡히 호소합니다.

『예수를 발견하는 성경읽기』는 근래 들어 많이 회자되는 '그리스도 중심적 성경읽기'라는 말과 동일한 의미입니다. 예수 그리스도가 성경의 가장 주요하고 일관된 주제임을 전제하고, 이를 바탕으로 성경의 통일성을 고려해 모든 성경에서 그리스도를 발견하는 읽기를 하는 것입니다. 이 책은 이러한 요소를 공유함과 동시에 저자의 묵상과 사유를 다른 여타의 장치 없이 그대로 보여준다는 특징을 갖고 있습니다. 서론에서 그리스도 중심적 성경읽기에 대한 개론적 내용을 간략히 다루지만, 이 역시 자신의 고민과 묵상의 흐름 안에서 자연스럽게 소개하는 것이지 학문적 혹은 실용적 관점에서 방법론 위주로 서술하지 않습니다. 방법 1, 방법 2 … 와 같은 공식과 답을 소개하는 것이 아닌 본문과 씨름하는 모습, 자신의 내면과 삶의 정황, 이웃과 사회를 바라보는 시선을 공유합니다. 우직하게 자신의 묵상과 사유의 결을 보여주며 독자들에게도 자신만의 예수읽기를 시도할 것을 독려합니다. 모든 성경에서 예수를 읽고, 모든 삶의 순간을 예수의 제자로 살아가길 도전합니다.

그리스도는 '기름부음을 받은 자'라는 의미로 그리스도의 직분, 즉 그리스도의 사역을 나타냅니다. 예수는 "자기 백성을 그들의 죄에서 구원할 자"(마 1:21)라는 의미를 가진 사람의 이름입니다. 읽기는 글과의 만남이자 저자와의 만남입니다. 고로 예수님을 읽는 것은 성경의 저자이시며 성경의 궁극적 목적이신 예수님과 인격적으로 만나는 일입니다. 또한 그리스도를 읽는 것은 그가 우리에게 베푸신 은혜를 누림과 동시에 그의 직분을 우리의 사명으로 받는 것입니다. 예수님과의 인격적인 만남은 세상 그 어디에도 없는 놀라운 사랑과 회복을 경험하게 할 것이고, 그리스도와의 만남은 우리가 세상에서 왕으로 제사장으로 선지자로 어떠한 사랑의 역할을 감당해야 할지를 알려줄 것입니다. 『예수를 발견하는 성경읽기』는 이 둘 모두를 포함합니다. 저자는 모든 글에서 예수님을 만난 기쁨과 감사를 표현함과 동시에, 그리스도의 섬김과 희생의 사역을 본받고 따라가려는 의의 결기를 뿜어냅니다. 예수님과의 진실된 만남은 반드시 제자로의 삶으로 이어짐을 저자의 묵상이 잘 보여줍니다.

저자의 언어는 맑고 섬세하며 여러 번을 읽어 그 깊은 맛을 느껴야 하는 수고가 필요합니다. 이는 그가 특별히 역사

신학자로 오래도록 연구하신 개혁파 정통주의 시대의 문헌들의 영향이 아닐까 생각합니다. 저자의 생각과 글에는 그가 오래도록 탐독하고 번역하신 16-17세기 개혁파 정통주의 시대의 수많은 고전들의 향이 짙게 배어있습니다. 진리의 심연으로 계속해서 파고 내려가는 저자의 끈질긴 사유를 따라가는 집중력이 필요합니다. 감사하게도 독자들의 편의를 위해 긴 호흡의 글을 여러 문단으로 나눠주신 저자의 수고로 틈틈이 자투리 시간에도 문단 단위로 읽을 수 있는 책이 되었습니다. 각각의 문단이 하나의 의미를 갖는 독립된 짧은 글이기에 문단 단위로 읽어가도 좋습니다. 19장에 약 430여 문단의 분량입니다. 하루에 한 두 문단씩 틈틈이 읽으면 1년간 활용할 수 있는 좋은 묵상집이 됩니다. 부모의 모습을 보며 자연스레 인생을 배워가는 자녀들처럼, 저자의 묵상을 보며 각자의 예수읽기를 발견하고 매 순간 예수를 읽고, 닮고, 그를 따라 살아가시길 응원합니다. 날마다 자신의 부족함을 깨닫고(지우, 知愚) 그 자리를 그리스도로 채워가는 모두가 되시길 소망합니다.

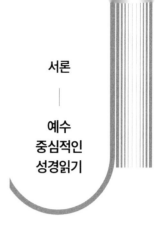

서론

예수 중심적인 성경읽기

읽기는 저자와 독자가 텍스트를 매개물로 만나는 일입니다. 해석은 저자와 생각을 섞겠다는 뜻입니다. 세상의 수많은 텍스트들 중에서 안심하고 전인을 섞어도 괜찮은 텍스트는 성경밖에 없습니다. 성경을 읽고 해석하는 것은 자신의 전부를 걸고 텍스트의 궁극적인 주어가 되시는 하나님을 만나 그분의 생각을 만지는 일입니다. 운명이 걸린 일이기에 성경의 올바른 해석을 위해 인생을 건 사람들이 많습니다. 그들의 대부분은 성령의 가르침을 받을 것입니다. 그러나 성령의 동일한 가르침을 받더라도 해석의 관점과 기준과 방법이 저마다 다를 것이기에 해석된 내용은 해석자의 수만큼 다채로울 것입니다.

저는 성경에 대한 여러 해석과 독법 중 바울의 예수 중심적인 해석학, 예수 지향적인 해석학, 즉 예수 읽기를 추천하고 싶습니다. 바울은 예수와 그의 달리신 십자가 외에는 아무것도 알지 않기로, 자랑하지 않기로 작정한 분입니다. 당연히 구약을 읽을 때도 그는 예수만 알고자 했을 것입니다. 성경은 궁극적인 의미에서 예수를 가리켜 기록된 것이기 때문에, 바울에게 이것은 너무도 당연한 해석학적 고백입니다. 바울은 받은 계시가 너무나도 큰 분입니다(고후 12:7). 허나 바울이라 할지라도 언제나 교만하여 부풀어 오를 수 있기에 사단의 가시가 언제나 그를 꾹 누른 듯합니다. 이 가시가 그에게는 일종의 십자가로 작용했을 것 같습니다. 바울은 지식이 사람을 교만하게 한다고 말합니다(고전 8:1). 그가 받은 막대한 양의 계시가 그를 교만의 벼랑으로 내몰 수도 있었지만, 오히려 그 가시가 바울을 보호해 주었을 것입니다. 예수와 그의 십자가는 바울이 교만에 빠지지 않도록 지켜준 해석의 가시였을 것입니다.

해석의 닻을 예수에게 내리지 않으면, 성경읽기는 결국 인간의 호기심이 기우는 방향으로 표류할 것입니다. 새롭게 등장하는 해석은 그저 새롭다는 호기심과 지금까지 한번도 시도하지 않았다는 희소성 때문에, 진리를 드러내는 것과 무관하게 학자들의 각광을 받고 막대한 분량의 학구열을 한동안 차지할 것입니다. 더 새롭고 더 희소한 해석이 등장하기 전까지는 짧짤한 인기를 누릴 것입니다. 그런데 관심과 인기의 갈아타기 현상은 알다시피 그 주기가 그리 길지 않습니다. 새로움에 대한 느낌이 소멸하는 기간에 비례하는 듯합니다. 새로움의 수명은 짧지만 새로움의 중독성은 시간의 역사에서 한번도 소멸된 적이 없습니다. 누가는 아테네 사람들이 사도 시대에도 "가장 새로운 것을 말하고 듣는 것 이외에는 달리 시간을 쓰지 않"았다고 말합니다(행 17:21).

새로운 해석의 등장을 고대하고 지지하는 분들이 인용하는 예수의 말씀이 있습니다. "오직 새 포도주는 새 부대에 넣느니라"(막 2:22). 여기에서 "새 포도주"는 예수님이고 "새 부대"는 복음을 가리키는 말인 듯합니다. 그런데 예수라는 진리의 새 포도주가 담긴 복음의 새 부대는 낡지도 않고 닳지도 않습니다. 진리와 복음은 영원히 변하지 않습니다. 그래서 해 아래에는 새로운 진리도 없고 새로운 복음도 없으며, 고로 새로운 부대는 필요하지 않습니다. 그리스도 중심적 성경읽기가 대단히 고전적인 독법임을 부인할 수는 없습니다. 그러나 지금까지 그것을 대체할 다른 독법은 없었으며 앞으로도 없을 것입니다.

바울의 예수 중심적인 해석학을 따르면 성경의 복잡하고

다채롭고 풍요로운 의미가 예수라는 단조로운 의미로 축소되는 위험이 있다고 지적하는 분들이 계십니다. 일리가 있습니다. 아마도 본문의 의미와 예수와의 맹목적인 연결이나 동일시로 인한 교조적인 읽기의 오류를 염려해서일 것입니다. 실제로 이것은 예수 중심적인 성경읽기에서 주의해야 할 점입니다. 성경을 해석함에 있어 예수라는 전제와 목적을 가지고 성경을 펼치는 것도 중요하고, 성경을 읽되 합리적인 해석의 결과로 예수에 이르는 것도 중요합니다. 해석의 두 접근법은 서로를 보완하기 때문에 병행해야 하는 것이지 결코 택일의 대상이 아닙니다. 전제 없는 해석은 존재할 수 없습니다. 인간은 자신을 전적으로 부인하지 못하고 자신을 벗어날 수도 없기 때문에 누구도 순수하게 객관적인 상태에 이르지는 못합니다. 그래서 성경을 해석할 때 예수를 전제하고 예수를 목적으로 삼아 읽으면 좋습니다. 동시에 예수라는 목적에 도달하는 과정에서 논리와 합리성, 그리고 개연성을 무시하면 안됩니다.

한편 이러한 독법이 교조적인 읽기일지 모른다는 우려는 예수에 대한 지식의 결핍에서 비롯된 것입니다. 예수는 결코 단순한 의미가 아닙니다. 바울은 그리스도 안에는 "지혜와 지식의 모든 보화가 감추어져 있다"고 말합니다(골 2:3). 감추어져 있기 때문에 알지 못하여 예수를 단조롭게 볼 수도 있습니다. 그러나 헛되거나 거짓된 지혜와 지식이 아닌 참된 "지혜와 지식의 모든 보화"는 진실로 예수 안에 있습니다. 이는 예수께서 모든 지혜와 지식보다 크시다는 말입니다. 같은 맥락에서, 성경 텍스트에 담긴 모든 의미의 총합도 예수라는 무한한 바다로 수렴될 수 있습니다. 성경의 모든 의미는 예수보다 크지 않습니다. 성경은 예수보다 더 복잡하거나 다채롭거나 풍요롭지 않습니다. 그렇기에 성경의 예수 중심적인 읽기는 성경의 모든 텍스트를 있는 그대로 존중하는 최고의 독법입니다. 수천 년이 걸려도 온전한 읽기에 도달하지 못할 만큼 깊고, 아무리 많은 사람들이 동일한 독법으로 읽더라도 단조롭고 획일화된 해석이 의미 없이 반복되지 않을 것입니다. 아무리 먼 미래에도 그런 읽기의 효력은 결코 소멸되지 않을 것입니다.

성경은 진실로 예수님에 대하여 증거하는 책입니다. 이는 빈 말이 아닙니다. 성경을 몰라서 하는 말도, 학술적인 무식의 발로도, 맹목적인 신앙의 조장도 아닙니다. 예수님 자신이 하신 말입니다. 구약에 등장하는 많은 인물들과 사건들은 장차 오실 예수를 다양한 방식으로 예언하고 있습니다. 때로는 직언과 암시의 방식으로, 때로는 선명하거나 희미하게, 때로는 멀리서 혹은 가까이에서, 엄중하거나 부드럽게 예수를 말합니다. 성경 속 그 어떤 것도 예수와 무관하지 않습니다. 지극히 작은 베들레헴 성읍 하나조차도 말입니다. 성경은 예수님을 만나기 전까지는 죽은 문자일 뿐입니다. 모든 성경에서 예수를 읽어낼 때 독자는 심장이 뛰고 희열을 느낄 것입니다. 성경의 각 페이지에 엎드려 있던 말씀이 깨어나 강한 운동력을 발휘하여 독자를 살리고 세상을 바꿀 것입니다.

예수라는 안경으로 성경을 보십시오. 모든 것이 다르게 보입니다. 성경을 읽었어도 예수님을 만나지 못하고 그에게로 나오지도 않는 것은 성경을 예수님에 대한 증거로 읽지 않은 탓입니다. 성경을 예수의 증거로서 읽지 않으면 예수께로 나오지 않고 나올 수도 없습니다. 그러나 예수를 고려하며 성경을 읽으면 성경의 맥이 잡힙니다. 예수를 지향해야 성경의 본질을 만납니다. 성경을 올바르게 읽으면 예수라는 의미에 도달하게 됩니다.

구약에 등장하는 몇 사람만 유심히 보십시오. 아담은 죄로 말미암아 세상에 저주가 임하고 죽음이 들어오게 한 최초의 사람인데, 예수는 의로 말미암아 세상에 복이 임하고 영원한 생명이 들어오게 하신 분입니다. 에녹은 하나님과 동행하며 죽음을 보지 않고 하늘로 들려진 최초의 사람인데, 예수는 일평생 하나님과 동행하되 죽음을 당하고 부활하여 하늘로 들려진 분입니다. 노아는 하나님의 택하심을 따라 의로운 자가 되어 방주를 지으라는 명령에 순종하여 인류가 홍수로 멸망되지 않게 한 사람인데, 예수님은 하나님의 보내심을 받아 죄라는 홍수에 휩쓸리고 있는 인류를 구원하는 영적인 방주가 되신 분입니다.

아브라함은 하나님의 택하심을 받아 모든 민족에게 복의 통로가 된 사람인데, 예수는 믿음의 조상에게 주어진 약속의 실제적 성취로서 이를 믿는 모든 민족에게 주어진 복 자체가 되신 분입니다. 이삭은 약속의 자녀이고 그에게서 난 자라야 믿음의 후손이라 불리는 사람인데, 예수님은 오직 그에게서 난 자만이 진정한 믿음의 후손이 되게 만드신 분입니다. 야곱은 열 두 지파의 조상인데, 예수는 열 두 지파가 속한 혈통적인 이스라엘 민족뿐만 아니라 온 천하의 모든 열방들 중 믿음으로 주님의 참 백성이 된 자들의 근원이 되신 분입니다. 요셉은 형들의 배신과 증오라는 악을 선행의 계기로 삼아 하나님의 백성을 구원한 사람인데, 예수님은 모든 사람들의 배신과 저주를 받으며 온 세상의 악을 친히 짊어지시고 부당한 처형을 당하심으로 인류에게 영생을 제공하는 선을 이루신 분입니다.

모세는 이스라엘 백성을 노예의 신분에서 해방시킨 후 하나님의 율법을 받아 그 백성에게 전달한 사람인데, 예수님은 이 세상의 모든 죄인들을 영적인 노예의 신분에서 해방시킨 후 성령의 내주라는 방식으로 모든 신자에게 말씀 자체이신 자신을 선물로 주신 분입니다. 여호수아는 하나님이 약속하신 가나안 땅으로 이스라엘 백성을 이끌고 들어간 사람인데, 동일한 의미의 헬라어 이름을 가진 예수님은 만세 전부터 예비된 천국으로 모든 믿음의 사람들을 이끌고 들어가신 분입니다.

다윗은 이스라엘 최고의 왕으로서 그의 왕위가 영원히 유지될 것이라는 하나님의 약속이 주어진 사람인데, 예수님은 그 왕위의 궁극적인 실체로서 솔로몬과 그 후손들이 이루지 못한 영원한 하나님의 나라를 세우시고 그 나라의 영원한 왕이 되신 분입니다. 솔로몬은 재산과 지혜에 있어 모든 왕들보다 큰 사람인데, 예수님은 하늘과 땅의 모든 존재와 권세를 소유하시고 지혜에 있어서는 그 무한한 풍부함과 심오함의 테두리도 가늠조차 할 수 없는 분입니다. 구약에 나오는 예수님을 가리키는 내용들을 일일이 다 열거하면 끝이 없을 것입니다.

신약은 예수님이 던지신 "너희는 나를 누구라 하느냐"는 질문에 대한 여러 사도들과 저자들의 답입니다. 신약은 당연히 다양한 각도에서 바라본 예수님과 그의 몸인 교회를 증거하고 있습니다. 이처럼 구약과 신약은 출세와 형통을 위한 교훈이나 처세술 꾸러미가 아닌, 예수라는 보배가 담긴 책입니다. 이 설교집은 구약과 신약이 예수님에 관하여 기록한 몇몇 구절들에 근거하여 예수에 관한 증거의 조각들을 수집하고, 그 조각들로 예수의 다채로운 초상을 그려본 것입니다.

본문의 역사적 사실을 규명하고, 문법적인 규칙을 발견하고, 화자와 청자의 정체성을 밝히는 일은 성경을 해석함에 있어 매우 중요한 요소들입니다. 이는 아무리 강조해도 지나침이 없습니다. 그러나 그런 해석학에 안주하면 예수와 무관하게 보이는 본문들이 많이 보일 것입니다. 성령의 가르침을 통해 성경을 읽은 사도들의 독법으로 성경을 읽는다면 모든 구절에서 예수님이 보일 것입니다. 그에게로 나아가는 길이 보일 것입니다.

비록 격과 질에 있어서는 사도들과 완전히 다르지만 저도 그런 해석학의 소박한 몸부림이 낳은 결과물을 책의 형태로 독자들의 손에 내밉니다. 이 책을 읽는 분들이 모든 성경에서 예수님을 만나는 경건의 훈련에 뛰어들어, 그리스도 없는 성경 해석학의 문제를 극복하고 그리스도 중심적인 성경

해석학의 전문가요 그 해석의 직접적인 수혜자가 되기를 진심으로 원합니다. 성경에서 예수를 만나지 못한다면 우리가 아무리 학문적인 훈련을 잘 받았어도 경건에 있어서는 똑똑한 미아가 되고 말 것입니다.

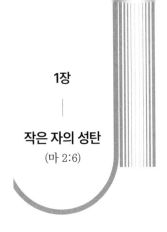

1장

작은 자의 성탄

(마 2:6)

> 그리고 유대 땅 베들레헴아 너는 유대 지도자들 중에 결코
> 가장 작지 아니하다 왜냐하면 너에게서 내 백성 이스라엘
> 을 목양할 통치자가 나올 것이기 때문이다(사역)

성경은 예수의 출생일에 대해 큰 관심을 보이거나 상세한 정
보를 제공하지 않습니다. 중요한 사건과 관련된 때와 기한
의 공개에는 대체로 인색함을 보입니다. 성경만이 아니라 사
도시대 직후의 교부들도 성탄의 정확한 날짜에 대해서는 거
의 언급하지 않습니다. 특정한 날에 과도한 의미를 부여하
는 것도 일종의 우상숭배 행위로 전락할 수 있음을 미연에
방지하기 위함인 듯합니다. 그러나 성탄일의 추정을 완전히
차단한 것은 아닙니다. 그 의미가 너무도 중요하기 때문입니

다. 성탄일과 성육신의 의미를 언제나 깊이 생각하고, 이날 하루를 넘어 일년 내내 누리고도 남을 그 은혜와 영광을 생각하며 감사하는 날이 되면 좋겠습니다.

오늘날 우리에게 익숙한 성탄절(12월 25일)의 기원에 대해 유력한 가설 중의 하나는 "흑암에 앉은 백성이 큰 빛을 보았다"(마 4:16)는 마태의 기록에 근거한 것입니다. 기독교가 합법화된 이후에 콘스탄틴 황제는 로마교와 기독교의 융합을 도모했습니다. 태양신을 기념하는 태양의 날(Sunday)과 주님의 부활을 기념하는 주일(Lord's Day)이 동일하기 때문에 황제가 그날을 공휴일로 삼았다고 설명합니다. 274년 아우렐리우스 황제가 '무적의 태양신'(Sol Invictus)을 로마의 공식적인 신으로 삼고 숭배한 날은 12월 25일로 일년 중 낮의 길이가 가장 짧고 밤이 가장 긴 동지였습니다. 기독교에서는 그 동지를 "흑암"으로 여기며 예수라는 "큰 빛"이 임한 성탄절로 삼아도 괜찮다고 생각하여 황제에게 동의를 표했다고 합니다. 어떤 사람들은 가브리엘 천사가 마리아를 만나 임신을 알린 성자의 수태 고지일(3월 25일 + 임신 9개월)과 동방 박사들이 예수께 선물을 전달한 공현 대축일(1월 6-10 여일)에 근거하여 12월 25일을 예수의 출생 시점으로 삼았다고 말합니다.

이러한 겨울 출생설에 반대하는 입장도 있습니다. 이 주장은 예수의 출생이 "목자들이 밤에 밖에서 자기 양떼를 지"켰던 날이라는 누가복음 2장 8절에 근거한 것입니다. 여기에서 "밖에서"로 번역된 단어(ἀγραυλοῦντες)는 '밖에서 야영하다' 혹은 '농경지'를 뜻합니다. 목자들이 농경지에 출입할 수 있고 동시에 밤에도 양떼를 밖에서 돌보는 게 가능한 기간은 겨울일 수 없다는 것입니다. 때문에 오순절(6월)과 초막절(10월) 사이일 것이라 주장합니다. 어떤 분들은 이 기간 중에서도, 예수의 출생은 새로운 시대를 여는 사건이기에 유대교의 신년에 해당하는 나팔절(유대력 7월 1일, 태양력 9-10월)일 것이라고 말합니다. 즉, 겨울이 아니라 결실의 계절인 가을이라고 보는 것입니다.

　성탄의 날짜와는 달리, 성경은 성탄의 장소에 대해서는 큰 관심을 보입니다. 미가와 마태의 기록에 의하면, 예수의 출생지인 유대 땅 베들레헴 성읍은 가장 작은 곳입니다. 그러나 예수를 가리켜 기록된 구약의 모든 성경에서 사람이든 지역이든 사건이든 사물이든 각각의 종류에서 지극히 작은 것이라고 할지라도 그리스도 예수와 연결되어 있다면 결코 작지 않습니다. 이러한 그리스도 중심적인 관점으로 성경을 읽으면 버려도 될 불필요한 것이 하나도 없습니다. 모든 사물과 사건, 사태와 상황은 그 본질과 의미와 가치를 오직 그리스도 안에서만 얻습니다. 그러나 예수 밖에서는 아무리 큰 것이라고 할지라도 버려지고 작아지고 불필요한 것이 될 것입니다.

성탄절은 대부분의 사람들이 기뻐하는 날입니다. 만남과 쉼과 음식과 선물이 있으니 얼마나 기쁘고 좋습니까? 그러나 이것은 아마도 신앙적인 기쁨이 아니라 문화적인 기쁨일 것입니다. 그 기쁨이 문화적인 익숙함에 근거한 것이라면 아마도 영적인 기쁨에 대한 갈증의 부재일 수도 있기에, 성탄절을 기뻐하지 않는 상태보다 못할 수도 있습니다. 그럼에도 불구하고 예수께서 태어나신 날을 모두가 기뻐하는 것은 너무도 좋은 일입니다.

예수의 탄생 당시에는 성탄에 대한 사람들의 기호가 두 가지로 나뉘었습니다. 마태는 별을 따라 성탄의 현장을 찾아가는 동방의 박사들이 "매우 크게 기뻐하고 기뻐"한 것을 긍정적인 뉘앙스로 기록하고 있습니다(마 2:10). 누가의 기록에 의하면, 천사들도 성탄을 "온 백성에게 미칠 큰 기쁨의 좋은 소식"으로 여깁니다(눅 2:10). 천사들이 전한 소식을 들은, 야밤에도 근무해야 했던 목자들도 성탄으로 인해 기쁨의 찬송을 부릅니다(눅 2:20). 이처럼 하늘과 땅의 존재들, 고단한 유대인과 열정적인 이방인이 성탄을 동일하게 기뻐한 것은 성탄의 우주적인 가치와 의미를 역설하는 듯합니다. 그런데 마태는 그 박사들과 천사들의 황홀한 반응과 극도의 온도차를 보이는 부정적인 반응의 주인공인 헤롯 왕과 모든 대제사장, 백성의 서기관들도 언급하고 있습니다.

왕, 대제사장, 서기관은 당시의 교계와 정계의 주도권과 이권을 장악한 자들로 모두 부유하고 유력한 계층에 속합니다. 그런데 유대인을 가장 선한 길로 이끌어야 할 공인의 신분인 그들에게, 성탄절은 동방 박사들의 증언처럼 "유대인의 왕"이 오신 날임에도 불구하고 "내적인 불안을 조성하는"(ταράσσω) 아주 불쾌한 날일 뿐입니다(마 2:3). 그들은 감정적인 불쾌함을 넘어 무엇에 홀린 것처럼 집단적인 살기를 꺼냅니다. 그들 중에 헤롯은 "유대인의 왕"으로 태어날 "아기를 찾아 죽이려"고 했습니다(마 2:13). 최고의 권력을 가진 왕이 무방비 상태의 약자인 아기를 죽이려는 것은 누가 보더라도 부끄러운 일이었기 때문에 왕은 이 일을 숨겨야만 했습니다. 그는 동방 박사들의 행로를 막고 "아기에 대하여 자세히 알아보고 찾거든 내게 고하여 나도 가서 그에게 경배하게 하라"는 경건한 문장으로 자신의 시커먼 저의를 가립니다(마 2:8).

그러나 박사들은 꿈에 특이한 지시를 받고 귀향의 동선

을 바꿉니다. 헤롯에게 보고하는 계획을 접고 곧장 고향으로 돌아가는 다른 길을 찾아 떠납니다. 예수의 아버지 요셉도 꿈에 유사한 지시를 받고 야밤에 애굽으로 급한 걸음을 옮깁니다. 헤롯은 자신이 속은 줄을 알고 보다 강력한 분노를 게워내며 대단히 섬뜩한 지시를 내립니다. 그 지시는 두 살 이하의 아이들을 모두 죽이라는 것입니다. 마치 모세 시대에 히브리 남자 아이들이 태어나면 나일강에 던져 죽이라고 명령했던 애굽의 바로처럼 말입니다. 실제로 헤롯은 베들레헴 및 그 주변에서 태어난 아이들 중 "두 살부터 그 아래로 다 죽"입니다(마 2:16). 희생된 아기들은 헤롯이나 대제사장, 서기관 등과 같은 고위직 자제들이 아닌 작고 가난한 자들의 자식들이었을 것입니다. 마태는 이 사건을 예레미야 선지자의 예언이 성취된 것이라 말합니다(렘 31:15). 너무도 끔찍한 이 학살 때문에 위로 받기를 거절하는 슬픔의 큰 곡소리가 동네의 다른 모든 소리를 삼킵니다.

사람들이 기뻐하는 성탄의 이면에는 이렇게 뼈아픈 사연이 있습니다. 기쁨과 슬픔, 감격과 분노가 교차하는 이 성탄의 의미를 가장 잘 보여주는 구절들 중의 하나는 마태가 동방 박사들의 입으로 인용한 미가 선지자의 예언일 것입니다. "그리고 유대 땅 베들레헴아 너는 유대 지도자들 중에 결코 가장 작지 아니하다 왜냐하면 너에게서 내 백성 이스라엘을 목양할 통치자가 나올 것이기 때문이다." 그러나 미가가 기록한 원문은 조금 다릅니다. "너 베들레헴 에브랏은 유다의 천 [성읍들] 중에서 [비록] 작더라도 너에게서 이스라엘을 다스리는 자가 나오리라 그의 근본은 아득한 옛날부터, 영원부터 있다"(미 5:2). 가장 작은 베들레헴 에브랏과 지극히 위대하고 영원하신 이스라엘 백성의 통치자가 어울리지 않는 관계를 맺습니다.

여호수아 15장에는 유다 지파가 분배 받은 땅 이야기가 나옵니다. 유다는 비록 장남은 아니지만 예수의 계보를 이어가는 지파로 이스라엘 역사에서 차지하는 비중이 가장 크기 때문인지 제일 먼저 땅 분배를 받습니다. 또한 장자인 르우벤은 아버지의 후처와 동침했고 시므온과 레위는 할례를 수단으로 삼아 집단적인 학살을 저질렀기 때문에 넷째 아들인 유다에게 땅 분배의 우선권이 주어진 것 같습니다. 게다가 유다는 요단 서편에서 가장 넓고 비옥한 땅을 기업으로 받았으며 성읍들의 수효는 무려 120개가 넘습니다(수 15:20-63). 미가가 그 숫자보다 훨씬 많은 "천"(אֶלֶף)이라는 단어를 사용한 것은 유다의 모든 성읍들을 말하려는 것 같습니다. 그러나 "천"이 무엇을 가리키는 말인지는 분명하지 않습니다.

마태의 기록을 보면 "에브랏"이 없어지고 한 성읍의 이름만 언급하기 때문에 아마도 "천"이 성읍의 수효를 가리키는 것이라고 추정할 수 있습니다. 그 성읍들 중 베들레헴 에브랏이 있습니다. 그런데 미가 선지자의 기록에 의하면 그 성읍은 유다의 성읍들 전체보다 많은 "천" 성읍들 중에서 작은 곳이라고 하였기 때문에 가장 작은 곳입니다. 그래서 동방 박사들도 미가의 "작다"는 말을 "가장 작은"(ἐλάχιστος)으로 이해한 듯합니다. 마태는 박사들의 최상급 표현을 교정하지 않고 그대로 놔둡니다. "가장 작은" 곳이기 때문에, 베들레헴 에브랏은 아마도 똑똑하고 부유하며 유력한 자의 고장이 아닌 가난하고 비천하며 연약하고 소외된 자들의 마을이었을 것입니다. 마을의 어떠함과 주민의 어떠함은 대체로 연결되어 있습니다.

그런데 "가장 작다"는 당시의 객관적인 평가와는 달리, "베들레헴 에브랏"(בֵּית־לֶחֶם אֶפְרָתָה)은 '떡집의 풍요로움' 혹은 '풍요로운 떡집'을 뜻합니다. 눈으로 보는 이 마을의 외모는 초라하나, 마음으로 보는 그 마을의 의미는 결코 초라하지 않습니다. 그 이유에 대해 미가는 바로 그곳에서 이스라엘 백성을 다스리는 지도자가 나올 것이라고 말합니다. 사실 베들레헴 에브랏은 가장 작은 고을이기 때문에 유대인의 눈에는 갈릴리 나사렛과 유사하게 결코 "무슨 선한 것이 날 수" 없는 곳입니다(요 1:46). 그러나 미가의 예언은 사람들의 그런 상식을 뒤집어 엎습니다. 베들레헴 안에 역설적인 의미의 공존은 이스라엘 역사에도 있었습니다. 베들레헴 에브랏은 라헬이 막내 베냐민을 낳고 죽어서 장사된 곳입니다(창 35:19). 또한 다윗이 이새의 아들로 출생한 곳입니다(삼상 17:58). 그래서 안타까운 죽음과 뜻깊은 출생이 공존한 곳입니다.

미가는 이스라엘 백성을 다스리는 최고의 왕 다윗이 베들레헴 출신인 것처럼 이후에도 그 백성을 다스리는 자가 앞으로 나올 것이라고 했습니다. 동방 박사들은 예언된 자가 바로 "유대인의 왕"이며 하나님의 백성을 "목양할 통치자"가 될 것이라고 했습니다. 다윗과 예수 둘 다 지극히 작은 베들레헴 고을에서 태어나 이스라엘 백성을 다스리는 왕과 목자가 되었습니다. 다만 전자는 민족적인 차원에서, 후자는 영적인 차원에서 그 백성을 다스리는 왕입니다. 동방 박사들의 입에서 "유대인의 왕"이라는 말을 들은 헤롯은 그를 "그리스도"(Χριστός)라고 부릅니다. 헤롯은 예수를 메시아로 알아본 첫 사람인 듯합니다. 그런데 기쁨과 경외심이 아니라 분노와 적개심을 뿜어내며 그 메시아를 죽이려고 했습니다. 이처럼 헤롯과 그 일당에게 성탄절은 기쁨의 날이 아니라 분노의 날이었습니다.

성탄은 누구를 위한 것일까요? 지극히 작은 고을 베들레헴 에브랏이 답입니다. 거룩하신 하나님의 아들은 베들레헴 안에서도 유지들의 저택이 아닌 여관의 빈방 하나조차 없어 가게 된 초라한 마굿간의 더러운 말구유에 포대기로 싸인 등을 붙이셔야 했습니다. 이렇게 초라하고 퀴퀴한 곳에 누운 아기 예수를 보고서도 실망하지 않고 크게 기뻐한 동방 박사들의 반응이 신기하기만 합니다. 이는 그들이 환경이 아니라 사람을 주목했기 때문에 가능한 일입니다. 여기에서 주목할 것은 장소가 사람을 가리키고 있다는 것입니다. 베들레헴 에브랏은 "유대의 천" 성읍들 중에서 작은 곳인데, 마태는 "유대 지도자들(ἡγεμόσιν) 중에" 가장 작지 않다는 표현으로 바꿉니다. 게다가 마태는 "너"(σύ)라는 장소의 의인화를 통해 베들레헴 에브랏을 가장 작은 사람의 상징으로 삼습니다. 더군다나 베들레헴 에브랏 중에서도 마굿간의 말구유는 지극히 작고 초라한 장소인 동시에 부패한 본성을 가진 지극히 작은 사람들을 암시하는 곳입니다. 말구유의 의인화 관점에서 보면, 하나님의 아들은 만물보다 부패한 우리의 마음에 오신 동시에 심령이 가난하고 의로 말미암아 핍박과 조롱을 당해 인생이 헐고 상하여 지극히 낮아진 그런 자들에게 오신 것입니다.

누가의 기록에 의하면, 예수께서 오신 성탄의 공식적인

이유는 성령의 임재로 말미암아 본격적인 공생애를 시작할 때의 목적과 무관하지 않습니다. 즉, "가난한 자에게 복음을 전하게 하시려고 내게 기름을 부으시고 나를 보내사 포로 된 자에게 자유를, 눈 먼 자에게 다시 보게 함을 전파하며 눌린 자를 자유롭게 하고 주의 은혜의 해를 전파하게 하려 하심이라"(눅 4:16-18). 가난한 자, 포로 된 자, 눈 먼 자, 눌린 자, 즉 겸손할 수밖에 없고 하나님 없이는 살 수 없는 낮은 자들에게 성탄이 높은 곳에서 임합니다. 지극히 작은 자들에게 지극히 높으신 분이 오십니다. 작은 자들은 주변에 큰 자들이 있기 때문에 작은 것입니다. 큰 자들에게 순응하는 것은 작은 자들의 일상일 수밖에 없습니다. 사람들은 이런 순응적인 일상을 비참한 인생으로 여깁니다.

일상적인 순응은 오히려 위대한 주님의 성탄을 맞이하는 연습과 준비인 것 같습니다. 예수를 진정한 왕으로 맞이하는 자는 낮은 곳에서 그에게 순응하는 작은 자입니다. 그래서 작다는 것은 결코 나쁜 것이 아닙니다. 오히려 그 반대입니다. 큰 자들은 평소에 주변의 이웃에게 군림하고 지시하고 명령하고 지배하는 것이 익숙해서 만왕의 왕 앞에서도 좀처럼 고개를 숙이지 않습니다. 주님은 사람들이 그에게 순종할 때에 주님으로 증거되시는데, 그에게 순종하지 않는 큰 자들은 주님을 주님으로 인정하지 않습니다. 물론 몇 번의 이벤트 차원에서 순종할 수는 있습니다. 그러나 참된 순종은 일회성 행위가 아니라 지속적인 상태이며 범사의 일상입니다. 그러므로 높은 자들에게 주님의 탄생은 기쁜 성탄이 아닙니다. 육신과 안목의 정욕, 이생의 자랑에 취한 교만하고 방자한 높은 사람들은 성탄을 경계하고 나아가 헤롯처럼 성탄의 숨통마저 조입니다.

이처럼 성탄의 영광과 기쁨과 평강은 크고 높은 자들이 아니라 작고 낮은 자들에게 있습니다. 성탄의 수혜자가 되는 방법은 자신이 낮고 작은 자가 되는 것입니다. 나아가 성탄절에 부유하고 유력한 자들을 찾아가지 않고, 가난하고 연약하고 외롭고 억울한 사람들을 찾아가는 것입니다. 그것이야말로 예수의 발자취를 따라 성탄의 진정한 의미를 고백하고 구현하며 증거하는 일입니다. 우리가 그렇게 하지 않는다면 성탄은 어쩌면 우리에게 찾아오지 않을지도 모릅니다. 그렇다면 부하고 높은 분들은 어떻게 성탄을 맞이할 수 있을까요? 성탄의 영광과 기쁨이 낮은 자들, 작은 자들, 가난한 자들, 연약한 자들에게 임한다는 원리에 근거하여, 그런 분들을 찾아가면 그들에게 오시는 예수와 성탄의 기쁨을 누릴 수 있습니다. 날마다 그런 분들을 찾아가는 것은 일 년 내내 예수의 오심을 기념하는 것입니다.

마태는 미가 선지자의 기록을 인용하며 베들레헴 에브랏이 유대 땅에서 가장 작지만 결코 작지 않다는 반론을 펼칩니다. 이는 에브랏의 면적과 인구의 크기 때문이 아닙니다. 그곳에서 예수가 나셨기 때문입니다. 모든 존재의 가치와 의미의 크기는 그 안에 누가 있느냐에 달려 있습니다. 우리의 인생은 높고 위대한 자들을 찾아가 그들과 섞이는 방식으로 위대하고 높아지는 것이 아닙니다. 예수께서 우리에게 임하셔야 우리의 가치와 의미가 위대하게 바뀝니다. 예수는 지극히 높으신 하나님의 아들이며, 만물을 존재하게 만드신 창조주요, 그의 백성을 죄에서 건지신 구원자요, 하늘과 땅의 모든 권세를 가지신 통치자요, 아버지 하나님의 나라를 이끄실 상속자요, 무한하고 영원하고 불변하시는 하나님이십니다.

그런 예수께서 임하시면 베들레헴 고을처럼 지극히 작은 사람도 결코 작지 않게 됩니다. 속이던 자도 참되게 되고, 무명하던 자도 유명하게 되고, 죽은 자도 살아나고, 근심하던 자도 항상 기뻐하게 되고, 가난하던 자도 많은 사람들을 부요하게 하고, 아무것도 없던 자도 모든 것을 가진 자로 변합니다(고후 6:8-10). 그렇기 때문에 다른 어떠한 사람보다 작지 않습니다. 심지어 한 민족이나 한 시대보다 작지도 않습니다. 이러한 이유로 주님께서 그 안에 계신 사람은 "하나가 천을 쫓으며 둘이 만을 도망하게 하"는 것도 가능하고(신 32:30), "믿음으로 나라들을 이기기도 하"는 것입니다(히 11:33).

이 세상에서 크기의 차이를 가져오는 어떠한 변수도 예수라는 성탄의 주인공 앞에서는 아무것도 아닙니다. 그 효력을 상실합니다. 그래서 지극히 크신 예수께서 오시는 성탄은 모든 차이를 없앱니다. 신분이나 계급의 차이, 부의 차이, 외모의 차이, 가문이나 인맥의 차이, 남녀노소의 차이, 인종의 차이, 국적의 차이 등 어떠한 종류의 차이도 예수께서 오시기만 하면 모두 종적을 감추고 다양성과 조화로 변합니다. 유대인과 헬라인, 종과 자유인, 남자와 여자가 다 그리스도 안에서는 하나라는 바울의 선언은 한 치의 오류도 없습니다(갈 3:28).

구원과 심판은 늘 등을 맞대고 있습니다. 지극히 작은 고을의 긍정적인 의미는 지극히 작은 자들에게 성탄이 임했다는 것이지만, 부정적인 의미는 세상이 지극히 위대하신 분을 지극히 작은 곳으로 몰아넣어 배척했다는 것입니다. 여기에는 하나님을 대하는 세상의 거만한 자세와 무례한 태도가 반영되어 있습니다. 예수께서 낮고 작은 곳에 오신 것 자체가 높고 큰 자들의 문제를 지적하고 꾸짖는 것입니다. 낮고 작은 자들이 생기지 않도록 모두의 형편을 균등하게 하는 사랑의 나눔과 돌봄이 없었다는 현실을 꼬집은 것입니다. 종이나 자유자나, 남자나 여자나, 부자나 빈자나, 높은 자나 낮은 자나, 큰 자나 작은 자나 어떠한 차별도 없이 예수께서 임하시는 진정한 샬롬의 세상을 만들라고 지시하는 것입니다. 예수는 그렇게 어디에서 태어나신 것 그 자체만으로도 놀라운 진리를 보여 주십니다. 지극히 초라하고 작은 고을 하나로도 그 고을과 자신을 출생의 방식으로 섞으시며 우주를 뒤흔드는 훈계와 책망을 하십니다.

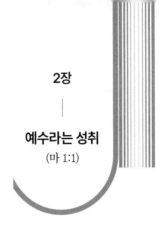

2장

예수라는 성취

(마 1:1)

아브라함과 다윗의 자손 예수 그리스도의 태생[에 관한]
기록이다(사역)

구약의 족보는 예수와 무관하지 않습니다. 그래서 우리와
도 무관하지 않습니다. 출신과 성장의 배경은 다양하나, 우
리 모두가 그리스도 안에서 아브라함과 다윗의 가계에 속하
고 하나님께 속한 자녀임을 확인하고 싶습니다. 성경은 족
보를 중요하게 생각하고 유대인도 고대부터 족보를 중요하
게 여겨 왔습니다. 사회에서 족보는 한 사람의 혈통을 확인
하고 역사적 신원을 증명하는 기능을 가지고 있습니다. 성
경에서 족보는 인간의 인격과 신앙의 부실함을 보여주는 동
시에 신실하신 하나님께서 우리와 맺으신 언약의 성취를 위

해 얼마나 열심히 일하고 계신지를 입증합니다. 이는 마치 구속사의 경로와 전체적인 흐름을 보여주는 지도와 같습니다. 이 말씀이 우리 개개인의 영적인 족보를 갱신하는 계기가 되기를 원합니다.

　　예수님의 계보를 기록하는 것은 대단히 어려운 일입니다. 그의 출생이 일반인의 경우와 너무나도 다르기 때문입니다. 예수는 결혼으로 인한 남녀의 성적인 결합으로 태어나지 않고 성령으로 말미암아 처녀에게 잉태되고 출생하신 분입니다. 그럼에도 예수님은 분명 육신의 부모가 계셨고 이를 기록하지 않을 수 없기에 마태와 누가는 이 신비로운 출생의 증거를 기록으로 남깁니다. 마태는 세리라는 직업의 특성상 인구와 가족과 숫자에 남다른 감각을 가진 분으로, 예수의 특이하고 복잡한 족보를 기록할 적임자였습니다. 그리고 누가는 의사로서 예리한 관찰력과 정교한 기술뿐만 아니라 역사에 대한 감각까지 몸에 배어 있어 한 사람의 역사적 정체성을 규명하는데 전혀 손색이 없는 분입니다. 예수님의 계보가 중요한 이유는 구약의 예언과 신약의 성취 사이의 관계를 규명해 주기 때문입니다.

　　구약에 언급된 족보의 기록을 보십시오. 역대상 1장부터 3장까지는 아담부터 솔로몬과 스룹바벨까지의 계보를 소개하고 있습니다. 여기에 창세기와 룻기의 계보를 합하면 아담부터 다윗까지 이어지는 계보가 나옵니다. 유대인을 존중하며 구약을 깊이 연구하고 복음서를 쓴 마태는 예수님을 이스라엘 민족의 시조에 해당하는 아브라함과 그 왕위가 영원할 것이라는 예언의 주인공 다윗의 자손으로 소개하며 계보에 엄선된 이름을 적습니다. 누가가 적은 예수의 계보를 마태의 것과 비교할 때 우리는 예수의 정체성을 더 깊이 이해할 수 있습니다. 누가는 헬라인, 즉 이방인 출신으로 유대인의 전통에 제한되지 않은 사고를 소유한 분입니다. 그는 계보의 마지막 부분에 하나님의 이름을 적습니다. 이는 예수가 하나님의 아들임을 강조하기 위한 것입니다. 그리고 누가가 기록한 예수의 혈통적 계보에는 마태의 기록과는 달리 아브라함을 넘어 아담까지 소급되고 있습니다. 그리스도 예수와 온 인류의 연관성을 강조하는 듯합니다. 이처럼 누가가 기록한 족보는 유대인과 이방인, 헬라인과 야만인 모두를 포괄하는 온 인류가 예수와 연관성을 가진다는 범 세계적 구원의 역사의식 속에서 작성된 것입니다.

마태가 기록한 예수의 계보 : 아브라함 – 예수	누가가 기록한 예수의 계보 : 하나님 – 예수
마태복음 계보(41): 아브라함, 이삭, 야곱, 유다(다말), 베레스, 헤스론,	누가복음 계보(76): 하나님, 아담, 셋, 에노스, 가이난, 마할랄렐, 야렛,

람, 아미나답, 나손, 살몬(라합), 보아스(룻), 오벳, 이새, 다윗(14대) / 다윗(밧세바), 솔로몬(다윗의 아내들 8명 / 첩들 10명 중 8번째 아내 밧세바의 소생 중 넷째 아들), 르호보암, 아비야, 아사, 여호사밧, 요람, 웃시야, 요담, 아하스, 히스기야, 므낫세, 아몬, 요시야(14대) / 여고냐, 스알디엘, 스룹바벨, 아비훗, 엘리야김, 아소르, 사독, 아킴, 엘리웃, 엘르아살, 맛단, 야곱, 요셉(마리아), 예수 (14대)	에녹, 므두셀라, 레멕, 노아, 셈, 아박삿, 가이난, 살라, 헤버, 벨렉, 르우, 스룩, 나홀, 데라, 아브라함, 이삭, 야곱, 유다, 베레스, 헤스론, 아미나답, 나손, 살몬, 보아스, 오벳, 이새, 다윗, 나단(밧세바의 셋째 아들), 맛다다, 멘나, 멜레아, 엘리아김, 요남, 요셉, 유다, 시므온, 레위, 맛닷, 요림, 엘리, 예수, 에르, 엘마담, 고삼, 앗디, 멜기, 네리, 스알디엘, 스룹바벨, 레사, 요아난, 요다, 요섹, 서머인, 맛다디아, 마앗, 낙개, 에슬리, 나훔, 아모스, 맛다디아, 요셉, 얀나, 멜기, 레위, 맛닷, 헬리, 요셉, 예수 (76대)

예수님의 계보에 대한 마태와 누가의 차이점을 조금 더 살펴봅시다. 마태의 기록은 요셉과 관련된 사건들에 각별한 관심을 쏟습니다. 그래서 그의 기록에는 마리아의 임신에 대한 요셉의 반응, 천사가 꿈에 나타나 상황을 설명한 일, 요셉이 그 설명을 듣고 순응한 일, 꿈에서 이집트로 피하라는 천사의 지시, 요셉이 가족을 데리고 피신한 일, 꿈에서 이스라엘 땅으로 돌아가라 한 천사의 지시, 돌아가서 나사렛에 정착한 일 등이 예수의 출생과 유아기의 중요한 내용으로 나옵니다. 이는 한 사람의 계보를 남성 중심으로 소개해야 이해하고 공감하는 유대인을 의식하며 그들의 눈높이에 맞춘 의도적인 기록처럼 보입니다. 요셉의 족보는 당시의 사

람들이 이해하는 예수님의 법적인 계보로서 다윗의 아들 "솔로몬"의 가계로 이어집니다.

누가는 마리아와 관련된 사건들을 중심으로 기록했습니다. 즉, 가브리엘 천사가 마리아를 방문한 일, 마리아가 친족 엘리사벳을 찾아간 일, 마리아가 여호와를 찬양한 일을 기록하고, 예수의 실종 사건에서 요셉이 아닌 마리아의 말을 인용하고 있습니다. 누가가 기록한 족보는 마리아의 족보이며, 그것은 다윗의 아들 "나단"의 가계로 이어집니다.

이러한 차이가 있음에도 불구하고, 마태와 누가는 동일하게 예수님의 출생을 마리아와 연결하고 있습니다. 마리아라 일컫는 한 처녀의 몸에서 태어났기 때문에 혈통을 따라서는 마리아의 아들이고, 요셉은 예수의 친 아버지가 아니라 법적 아버지인 셈입니다. 먼저 마태는 "야곱은 마리아의 남편 요셉을 낳았으니 마리아에게서 그리스도라 칭하는 예수가 나시니라"(마 1:16)고 기록합니다. 마태는 예수님의 계보를 언급하며 아버지 요셉을 예수의 아버지가 아닌 "마리아의 남편"으로 소개하고 마리아에게서(εκ) 예수가 나셨다고 말합니다. 누가는 "사람들이 아는 대로는 요셉의 아들이니 요셉의 위는 헬리요"(눅 3:23)라고 기록합니다. 그런데 누가는 "사람들이 아는 대로는 요셉의 아들"이란 표현을 통해 예수가 당시에 요셉의 아들로 알려져 있음을 밝힙니다. 성경은 이러한 법적 계보라는 당시의 관행도 존중하되 성령의 능력으로 잉태된 신적인 출생의 사실을 더 중요하게 여깁니다.

누가의 기록에 의하면 요셉의 아버지는 헬리인데, 마태는 요셉을 야곱의 아들로 적시합니다. 이 차이는 어떻게 된 것일까요? 헬리의 가정을 보면 아들이 없고 딸이 둘인데, 세베대의 아들들의 어머니와 마리아가 그 둘입니다(요 19:25, 마 27:56). 헬리에게 아들이 없고 헬라어에 사위라는 단어가 없기 때문에 누가는 사위인 요셉을 헬리의 아들로 표기했을 가능성이 높습니다.

마태는 초월적인 방법으로 예수를 잉태한 마리아의 경우가 받아들일 수 없는 스캔들이 아님을 알리고자, 비정상적인 방법으로 아이를 낳은 다말과 다른 남편이 있는 여인 밧세바(정상적인 결혼의 관계가 아닌 잘못된 관계로 인한 잉태)를 언급하고, 이방인 출신의 라합과 룻의 이름(유대인의 혈통이 아닌 성령으로 말미암은 잉태)도 족보에 넣습니다. 성령으로 말미암아 잉태된 예수의 출생은 요셉이 아닌 마리아의 혈통에서 비롯된 것입니다. 즉, 다윗의 아들 솔로몬의 혈통이 아니라 동일한 다윗의 아들 나단의 혈통에 따른 것입니다. 그 이유는 마태복음 1장 11절에 언급된 여고냐 (여고니야, 고니야, 여호야긴) 때문입니다. 여고냐는 그의 악한 행동으로 인해 다윗의 왕위를 이어갈 사람이 그에게서 나오지 않을 것이라는 하늘의 심판을 받습니다. 예레미야 선지자의 기록을 보십시오. "너희는 이 사람이 자식이 없겠고 그의 평생 동안 형통하지 못할 자라 기록하라 이는 그의 자손 중 형통하여 다윗의 왕위에 앉아 유다를 다스릴 사람이 다시는 없을 것임이라 하시니라"(렘 22:30). 이는 만약 요셉의 혈통에서 예수가 나왔다면, 위의 판결을 따라 예수는 다윗의 왕위를 계승할 수 없었을 것이라는 말입니다. 역사적인 사실을 보더라도, 여고냐의 왕위를 계승한 사람은 그의 아들이나 자손이 아닌 3살 위의 숙부 시드기야였습니다.

마태가 요셉의 모든 가계를 다 열거하지 않은 것은 자의적인 편집이 아닌 성령의 감동으로 이루어진 일이며, 따라서 계보의 신뢰성은 결코 훼손되지 않습니다. 에스라의 경우를 보십시오. 에스라 7장 1-5절에서, 자신이 제사장 가계의 일원임을 증명할 때 역대상 6장 1-15절에 나오는 제사장 명단의 일부를 생략하고 말합니다. 만약 계보의 신뢰성에 문제가 있었다면 초대교회 시대에 유대인과 이방인이 예수님의 법적인 메시아 자격에 문제를 제기했을 것인데 그런 반박의 문헌들은 하나도 없습니다. 마태는 스룹바벨을 스알디엘의 아들로 여깁니다. 이것은 구약의 다른 성구들과 일치하는 입장입니다(에스라 3:2, 느 12:1, 학 1:14, 눅 3:27). 그러나 역대상 3장 19절에는 스룹바벨이 브다야의 아들로 언급되어 있습니다. 그는 브다야의 친아들일 가능성이 높습니다. 시숙 결혼에 의해 스알디엘의 법적 아들 혹은 브다야의 사망 이후에 스알디엘의 아들로 양육을 받아 법적인 인정을 받게 되었을 가능성도 있습니다. 이러한 족보들을 볼 때, 마리아와 요셉의 족보를 통해 예수의 계보를 밝히는 것은 결코 부당하지 않습니다.

다시 본문으로 돌아갑시다. "아브라함과 다윗의 자손 예수 그리스도의 계보라." 왜 마태는 예수를 아브라함과 다윗의 자손으로 소개하고 있을까요? 마태복음 자체는 1차적으로 유대인을 대상으로 저술된 책입니다. 유대인의 이해를 따라 메시아는 아브라함 자손, 다윗 자손으로 태어나야 했습니다. 마태복음 1장 2-6절의 첫 열 네 세대는 이스라엘 역사의 태동과 왕국의 형성에 이르는 약속과 인내의 시기로 아브라함 및 다윗을 처음과 나중으로 언급하고 있습니다. 6-11절까지의 다음 열 네 세대는 이스라엘 왕정 시대를 요약한 것입니다. 12-16절까지의 마지막 열 네 세대는 바벨론 포로 시대와 귀환 후 메시아를 대망하던 때입니다. 메시아 대망의 끝자락에 예수님이 언급된 것은 예수께서 메시아가 되시며 새로운 시대의 개막을 알리는 일종의 서곡과 같은 분이심을 말하려는 것입니다.

예수는 아브라함의 자손입니다. 이는 예수가 믿음의 조상에게 한 약속의 성취이기 때문입니다. 믿음의 조상에게 준 두 가지의 약속을 보십시오. "너를 축복하는 자에게는 내가 복을 내리고 너를 저주하는 자에게는 내가 저주하리니 땅의 모든 족속이 너로 말미암아 복을 얻을 것이라 하신지라"(창 12:3). "내가 내 언약을 나와 너 및 네 대대 후손 사이에 세워서 영원한 언약을 삼고 너와 네 후손의 하나님이 되리라"(창 17:7). 축복의 범위가 이스라엘 민족에게 국한되지 않고 땅의 모든 족속을 포함하고 있습니다. 이방 출신의 다말과 라합과 룻이 예수님의 족보에 등장하는 것은 유대인과 이방인, 남자와 여자를 불문하고 온 천하 만민이 그리스도 예수로 말미암은 복음의 수혜자가 될 것이라는 사실을 보여줍니다. 여기에 "네 후손"(זַרְעֲךָ)이 의미하는 바가 중요한데 바울은 "자녀들"이 아니라 "오직 한 사람을 가리켜 네 자손이라" 하셨다고 말합니다(갈 3:16). 그 자손은 바로 그리스도 예수입니다.

그리고 예수님은 다윗의 자손입니다. 이는 예수가 다윗에게 준 영원한 왕위에 대한 약속의 성취이기 때문입니다. 나단 선지자를 통해 다윗에게 전달된 하나님의 약속을 보십시오. "내가 네 뒤에 네 씨 곧 네 아들 중 하나를 세우고 그 나라를 견고하게 하리니 그는 나를 위하여 집을 건축할 것이요 나는 그의 왕위를 영원히 견고하게 하리라"(대상 17:11-12). 역사적인 면에서 이 약속은 솔로몬과 그 이후의 왕들에게 적용되지 않습니다. 역사는 솔로몬이 이어간 혈통적인 다윗의 왕위가 영원히 지속되지 못했다는 것을 교훈하고 있습니다. 천사가 마리아를 찾아와 한 말에서 우리는 다윗의 영원한 왕위에 대한 하나님의 약속이 예수에게 주어진 것임을 알 수 있습니다. "주 하나님께서 그 조상 다윗의 왕위를 그에게 주시리니 영원히 야곱의 집을 왕으로 다스릴 것이며 그 나라가 무궁하리라"(눅 1:32-33). 요셉이 애굽 왕 바로 앞에서 공직자로 선 때가 30세였고(창 41:46), 다윗도 왕으로 등극하던 때가 30세였던 것처럼(삼하 5:4), 예수도 본격적인 공생애를 시작한 것이 30세입니다(눅 3:23). 예수께서 달리신 십자가 위에 "유대인의 왕"이라는 글자가 새겨진 것은 그가 다윗의 자손임을 드러내는 것과 연관되어 있습니다.

이제 마태와 누가가 기록한 예수의 계보에 대해 요약하고 싶습니다. 예수님을 중심으로 본다면, 마태는 예수님의 법적 혈통을 기록하고 누가는 예수님의 생물학적 혈통을 열거하고 있습니다. 요셉을 중심으로 본다면, 마태는 요셉의 생물학적 혈통을 언급하고, 누가는 요셉의 법적 혈통을 소

개하고 있습니다. 그러나 마태와 누가는 동일하게 그리스도
예수가 마리아의 아들임을 분명히 밝힙니다. 마태는 예수의
정체성을 아브라함과 다윗의 아들이라고 말합니다. 이는 두
사람에게 준 하나님의 두 약속이 모두 그리스도 예수에게
성취되기 때문입니다.

성경 전체의 모든 약속들이 그리스도 안에서 "아멘"이 된
다는 것은 그가 아브라함과 다윗의 자손이란 사실과 무관
하지 않습니다. 우리에게 중요한 것은 우리도 아브라함과 다
윗의 자손이 된다는 것입니다. 누구든지 그리스도 예수 안
에 있으면 하늘의 축복이 임하는 아브라함의 자손이 되며
다윗에게 주어진 왕위를 누리는 왕 같은 제사장이 될 것입
니다. 우리는 요셉이나 마리아의 계보가 아니라 성령으로
말미암아 만들어진 계보에 참여하게 됩니다. 모든 사람들
은 하나의 계보를 가지고 있지만, 그리스도 안에서는 두 개
의 계보를 갖습니다. 혈통에 따른 생물학적 계보와 성령에
따른 영적 계보입니다. 이 땅에서 살아가며 겪는 가족의 문
제로 인한 아픔과 혈통에 따른 상처와 슬픔은 예수님의 영
적 계보를 이어가고 그 안에서 은혜를 누림으로 치유될 수
있습니다.

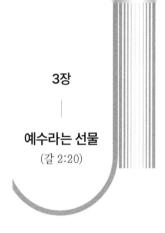

3장

예수라는 선물
(갈 2:20)

나는 그리스도와 더불어 십자가에 못 박혔습니다 이제는
더 이상 내가 사는 것이 아니고 그리스도께서 내 안에서
사십니다 지금 내가 육체 가운데서 사는 것은 나를 사랑하
고 나를 위하여 자신을 건네 주신 하나님의 아들을 믿는
믿음 안에서 사는 것입니다(사역)

성탄절이 올 때마다 예수님을 더욱 깊이 생각하게 됩니다.
많은 사람들이 성탄절을 영원하신 분이 짧은 시간이 되시
고, 무한하신 분이 좁은 공간이 되시고, 위대한 창조자가 초
라한 피조물이 되시고, 의로우신 분이 죄인이 되시고, 만물
을 먹이시는 분이 어미의 젖으로 연명하는 아기가 되시고,
생명이신 분이 죽음을 취하기 시작하신 날이라고 말합니다.

이 설명들은 모두 일리가 있습니다. 그런데 저는 "예수라는 선물"을 숙고하며 그의 이름을 기념하고 싶습니다. 성탄의 밤은 성령께서 친히 우체부가 되셔서 예수라는 선물을 배달하신 날입니다. 이 천상의 택배로 인해 지금까지 하늘에는 아버지 하나님께 영광이, 이 땅에는 그를 기뻐하는 사람들 중에 평화가 지속되고 있습니다.

학창 시절의 저는, 비록 성적은 바닥을 헤맸지만 학구열은 조금 있었던 것 같습니다. 도서관을 자취방 비슷하게 활용할 정도로요. 어느 날 제가 자리 잡은 열람실의 테이블 위에서 새 책을 발견했습니다. 요세푸스의 책이었습니다. 그것은 누군가가 저에게 선물한 책이었습니다. 누가 주었을까요? 어떤 후배였습니다. 왜 주었을까요? 제가 그 책을 좋아했기 때문입니다. 이 선물은 누구를 위함인가요? 저를 위한 것입니다. 이 선물은 어떻게 취하면 될까요? 그냥 손으로 받으면 됩니다. 이 선물을 어떻게 누리면 됩니까? 어렵지 않습니다. 그냥 펼쳐서 읽으면 됩니다. 이 선물은 무엇을 위함인가요? 저로 하여금 더 열심히 공부해서 더 좋은 사람이 되고 더 행복한 인생을 누리게 하기 위함입니다. 동시에 그 후배가 책을 통해 나와 좋은 관계를 맺기 위함입니다. 이처럼 선물에는 다양한 요소들이 어우러져 있습니다. 간략하게 보면, 선물은 일곱 가지의 요소들, 즉 선물 자체, 선물을 주는 자, 주는 이유, 선물을 받는 자, 받는 방법, 누리는 방법, 주는 목적 등으로 구성되어 있습니다. 이러한 요소들과 관련하여 예수라는 선물의 포장을 열어봅시다.

예수는 그 자체로 선물입니다. 코로나 시대의 언어로 말한다면, 이 예수는 온 인류를 전염시켜 부패하게 만들고 온 세계가 해결하지 못해 결국 포기한 죄의 유일한 백신입니다. 모든 종류의 죄, 죄의 어떠한 변종도 해결하는 전천후 백신입니다. 지금까지 인류의 역사에 알려지지 않은, 앞으로 나타날 모든 죄까지도 제거하는 영원한 백신입니다. 그런데 어떻게 사람이 선물인가요? 사람도 선물일 수 있습니다. 성경은 우리에게 주어진 자녀를 하나님이 주신 선물 혹은 "상급"으로 규정하고 있습니다(시127:3). 남편과 아내도 서로에게 선물일 수 있습니다. 우리 개개인이 어떤 이에게는 존재 자체로 선물입니다. 선물을 선물로 인지하지 못하는 게 문제일 뿐입니다.

나는 과연 누군가에게 어떠한 선물이고, 또한 얼마나 많은 사람들에게 선물입니까? 혹시 나 자신이 어떤 이에게는 선물이 아니라 형벌로 존재하고 있지는 않습니까? 그런데 예수는 어떠한 선물입니까? 동방에서 온 박사들이 준 예물들에 그 의미가 암시되어 있습니다. 그 세 예물은 만물을 주관하는 말씀을 나타내는 황금(구약에서 하나님의 말씀은 정금보다 더 귀한 것으로 이해됨)과 가장 존귀하고 신적인 성품을 나타내는 유향과 죽음에 의한 희생적인 사랑을 나타내는 몰약입니다. 예수님은 하늘과 땅에서 더 이상 더 좋을 수 없는 최고의 선물입니다. 왜냐하면 그는 하나님 자신이고 하나님의 아들이고 하나님의 말씀이고 온 세상의 왕이시기 때문입니다.

이 선물은 이미 믿음의 조상에게 주어진 것입니다. 하나님은 자신이 아브라함에게 "지극히 큰 상급"이 되신다고 했습니다(창 15:1). 바울에 의하면, 예수라는 선물은 일단 주어지면 다른 모든 것들을 다 주겠다는 신적인 의지라 해도 좋을, 참으로 위대하고 포괄적인 선물입니다(롬 8:32). 따라서 예수라는 선물을 받으면 더 이상 다른 어떠한 것도 필요하지 않습니다. 그래서 바울은 그리스도 예수를 얻기 위해 다른 모든 것들을 배설물로 간주하고 심지어 해로운 것으로 여깁니다(빌 3:8). 죽어서 주님 곁으로 가는 것이 다른 어떠한 것보다도 좋다고 말합니다(빌 1:23). 이는 예수라는 선물을 가장 가까운 곳에서 취하려는 열망의 표현입니다. 같은 맥락에서 아브라함의 신앙을 가진 아삽은 여호와를 가까이 하는 것이 자신에게 최고의 복이기 때문에 이렇게 말합니다. "하늘에는 주 외에 누가 내게 있으리요 땅에서는 주밖에 내가 사모할 이 없나이다"(시 73:25). 이 시인에게 하늘과 땅 모든 곳에서 사모하고 가까이 할 유일한 대상은 하나님 자신입니다. 하나님은 그에게 사모함을 촉발하는 유일한 분입니다. 우리의 사모함과 욕망의 끝은 늘 무엇을 향하고 있습니까?

예수라는 선물이 다른 무엇과도 바꿀 수 없는 최고의 선물인 이유가 있습니다. 첫째, 이 선물은 일회적인 것이 아닌 영원한 것입니다. 우리에게 선물로 주어진 예수는 몇 번 사용하면 닳아 없어지는 것이 아니라 세상 끝날까지 우리와 항상 함께 계십니다. 둘째, 이 선물은 유일합니다. 예수라는 선물은 다른 어디에도 없습니다. 이 세상에는 예수와 맞바꿀 다른 어떠한 대체물도 없습니다. 셋째, 이 선물은 가장 고귀합니다. 욥기는 예수를 가리키는 지혜와 명철이 진주나 산호나 순금이나 은으로도 그 값을 감당하지 못하기에 그 무엇과도 바꿀 수 없는 존재라고 말합니다(욥 28:15-19). 넷째, 이 선물은 모든 것을 아우르는 종합적인 것입니다. "그 안에는 지혜와 지식의 모든 보화가 감추어져 있느니라"(골 2:3). 우리가 예수를 선물로 가진다면 다른 모든 것을 가지는 셈입니다.

이런 선물을 주신 분은 누구입니까? 아버지 하나님과 그의 아들입니다. 아버지는 아들을 우리에게 선물로 주시며 그 아들도 우리에게 자신을 주십니다. 갈라디아서에 의하면, 그리스도 예수는 스스로 "자기를 주신"(δόντος ἑαυτὸν) 분이시고 그가 그렇게 자신을 주신 이유는 "하나님 우리 아버지의 뜻" 때문입니다(갈 1:4). 나아가 갈라디아서는 예수가 자신을 "건넨" 분이라고 말하지만, 로마서는 아버지 하나님이 아들을 우리에게 "건넨" 분이라고 말합니다(롬 8:32). 두 서신은 예수를 선물처럼 건넨 주체가 아버지 하나님과 예수 자신 모두임을 나타내기 위해 동일한 단어인 "건네다"(παραδίδωμι)를 사용합니다.

하나님은 이렇게 독생자의 생명을 우리에게 선물로 주실 정도로 우리를 위하시는 분입니다. 하늘과 땅과 그 가운데 있는 모든 것들의 주인이신 분, 그 모든 것들을 통치하는 분께서 그 모든 것들 중에서 최고의 선물로 예수를 우리에게 주셨다면 우리보다 더 위하시는 대상은 이 세상에 없을 것입니다. 그래서 바울은 말합니다. "만일 하나님이 우리를 위하시면 누가 우리를 대적할" 수 있을까요?(롬 8:31) 하나님이 우리를 위하시면 어떠한 불의와 어둠, 어떠한 거짓과 박해도 우리를 대적하지 못합니다. 결국에는 우리가 이깁니다.

그렇다면 이 선물을 받는 자는 누구입니까? 다른 누구도 아닌 바로 나 자신입니다. 예수가 나의 선물이 아니라면 성탄절은 다른 공휴일과 다를 바가 없습니다. 사람들이 예수에 대해 누구라고 하는지도 인지해야 하겠지만 "너희는 나를 누구라 하느냐"는 예수님의 물음은 우리 각자의 고유한 답변을 촉구합니다. 나의 선물, 나의 주, 나의 하나님, 나의 예수라는 답변을 말입니다. 그런데 나는 누구입니까? 하나님은 내가 누구라고 예수라는 선물을 주십니까? 나는 하나님 앞에서 연약하고 무지하고 비천한 죄인이요, 하나님을 대적하며 감히 그분과 우열을 가리고자 한 원수 아닙니까? 한 마디로, 선물을 받을 만한 자격이 1도 없는 자입니다. 선물과 선물의 수혜자 사이에는 존재의 격차가 너무도 커 보입니다. 사실 자격으로 따지자면, 하나님의 선물은 나와 같은 인간이 아닌 다른 존재가 받는 것이 더 타당한 것 같습니다. 성경은 인간의 타락한 본성을 설명할 때에 "만물보다 거짓되고 심히 부패한 것"이라고 말합니다(렘 17:9). 존재의 밑바닥을 치는 최악의 피조물이 어떠한 존재도 도달할 수 없는 최고의 선물을 받는다는 것보다 더 모순적인 일이 어디에 있습니까?

그런데 하나님은 이토록 모순적인 일을 단행하셨습니다. 우리를 사랑하시기 때문입니다. 냉정하고 정확하게 계산하여 이루어진 행위가 아닙니다. 우리를 향한 사랑에 완전히 취하신 하나님의 지극히 모순적인 사랑의 증거가 바로 우리에게 주어진 예수라는 선물입니다. 그래서 바울은 그리스도 예수께서 우리를 위하여 죽으신 이 기괴한 행위는 우리를 향한 아버지 하나님의 사랑을 확증하신 것이라고 했습니다(롬 5:8). 이 진리를 모르고 하나님을 이해하는 것은 결코 가능하지 않습니다. 하나님은 사랑이십니다. 사랑은 신의 존재만큼 신비롭습니다. 예수는 그 신비로운 사랑의 선물입니다. 하나님의 사랑을 알아야 예수를 알고, 예수를 알아야 하나님의 사랑을 이해할 수 있습니다.

예수라는 사랑의 선물을 받으면 우리에게 놀라운 변화가 생깁니다. 그 변화는 예수님이 하나님의 아들이기 때문에 그를 선물로 받은 우리도 하나님의 아들이 된다는 것입니다. 아들이신 예수님이 하나님의 상속자인 것처럼, 그를 선물로 받은 우리도 하나님의 상속자가 됩니다. 예수님은 영원하신 분이기 때문에 그분을 선물로 받으면 영원한 생명을 얻습니다. 예수님은 죄인의 형체를 입고 죽으셨기 때문에 그를 선물로 받은 우리도 죄에 대하여는 자신을 죽은 자로 여깁니다. 예수님은 다시 사셨기 때문에 그를 선물로 받은 우리도 반드시 다시 살아날 것입니다. 예수님은 하늘로 올라가 아버지 하나님의 보좌 우편에 앉으셨기 때문에 우리도 그를 선물로 받으면 그와 나란히 하나님의 보좌 우편에 앉는 특권을 얻습니다. 예수님은 죽음과 부활을 통해 죄와 어둠과 거짓과 마귀의 권세를 이기셨기 때문에 그를 선물로 받은 우리도 그 모든 권세를 이기며 음부의 권세가 우리를 건드리지 못합니다. 예수님은 나에게 추가되는 소유물이 아닌, 나의 근본까지 바꾸시는 신비로운 분입니다.

이 예수를 선물로 받는 방법은 무엇입니까? 믿음입니다. 바울은 믿음으로 말미암아 그리스도 예수가 우리의 마음에 거하시게 된다고 말합니다(엡 3:17). 즉, 믿음으로 예수라는 선물을 수령하고 소유하는 것입니다. 내 안에 예수님은 없고 나 자신으로 가득 차 있다면 믿음의 상태를 점검해 보십시오. 어떠한 차별도 없이 누구든지 믿음으로 그리스도 예수를 주라 고백하면 이 선물의 수혜자가 될 것입니다. 이 선물은 물질이 아니기 때문에 손으로 받거나 현찰로 받아 이 땅 어딘가에 보관하는 것이 아닌 영적인 것입니다. 영적인 선물을 받는 유일한 방법은 우리의 믿음이고 믿음으로 받은 이 선물은 오직 우리의 영혼에만 보관됩니다. 모든 선물은 소중하게 다루어야 합니다. 연인이 선물한 스카프가 쓰레기통에서 발견되면 그 연인의 마음은 얼마나 불쾌하고 아플까요? 하물며 하나님의 무한한 선물을 함부로 다룬다면 그 불쾌함의 크기 역시 무한할 것입니다. 선물을 가장 소중하게 다루는 방법은 존재의 중심인 우리의 마음에 담아두는 것입니다. 예수라는 선물은 인격적인 존재이기 때문에 마음의 중심에 왕으로 모시는 것이 옳습니다.

보이지 않는 인격적 존재로 예수를 선물로 받는다는 것의 의미는 무엇입니까? 이 질문에 대한 답은 선물의 목적과 결부되어 있습니다. 선물이 주어지는 보편적인 목적은 누림에 있습니다. 그 누림의 구체적인 내용은 어떤 것입니까? 바울은 그리스도 예수가 "나를 위하여"(ὑπὲρ ἐμοῦ) 그분 자신을 주셨다고 말합니다. "나를 위하다"는 말은 1) 나를 사랑하신 것, 2) 나의 죄를 속하신 것, 3) 나를 구원하신 것만이 아니라 4) 내 안에 예수께서 사시는 것까지 의미합니다. 나를 위하여 자신의 생명을 선물하신 분을 누린다는 것, 그래서 주어진 선물의 목적이 성취되는 것은 바로 네 번째 것으로서 내가 사는 것이 아니라 예수가 내 안에서 사시는 것이라고 바울은 말합니다. 예수님이 내 안에 사시는 이 해괴한 방식의 삶은 어떻게 가능합니까? 우리가 그분을 믿는 "믿음 안에서"(ἐν πίστει) 살아갈 때만이 가능합니다. 이렇게 예수라는 선물을 받은 사람의 인생은 믿음에서 믿음에 이르는 삶입니다. 우리를 향한 예수님의 사랑에 보답하는 우리의 사랑은 믿음으로 인해 주님께서 우리 안에 사시도록 하는 것입니다.

내가 아니라 예수님이 내 안에 사시는 것은 하늘의 선물이 주어진 자의 합당하고 마땅한 삶입니다. 바울이 살던 1세기에 선물은 아무에게나 주어지지 않았습니다. 일단 주어지면 선물의 수여자와 수혜자 사이에 관계가 형성되고 그 관계에 합당한 보답이 뒤따라야 했습니다. 『증여론』(1925)을 쓴 모스가 연구한 것처럼 고대의 선물은 "자발적인 동시에 의무적인 것, 사욕이 없는 것인 동시에 자기 이익을 추구하는 것이며, 대가 없는 것인 동시에 강제적인 것"입니다. 좋은 선물의 사례는 받을 만한 사람에게 선물을 하고 받은 사람이 그 선물을 준 사람에게 보답하는 것입니다. 그런데 우리가 절대 받을 만한 사람이 아님에도 받았다면 얼마나 더 큰 감사로 보답해야 할까요? 그분이 나를 가지시고 이제는 내가 아니라 그분이 내 안에서 사시는 이러한 감사의 보답이야말로 수혜자의 마땅한 도리입니다. 그런데 이 도리는 억지로 하는 것이 아니라 자발적인 마음으로 수행하는 것입니다. 이 도리는 당위적인 것인 동시에 자발적인 것입니다. 이는 바울에게 복음을 전파하는 것이 부득불 할 일임과 동시에 자발적인 의지로 행한다(고전 9:16-17)는 입장과 결이 같습니다. 왜 자발적인 선택입니까? 예수께서 내 안에 사시는 것이 내가 내 안에서 사는 것보다 더 기쁘고 즐겁고 행복하기 때문입니다.

예수님이 우리 안에 사신다는 말은 예수님의 신분이 내

신분이 되고, 예수님의 성품이 내 성품이 되고, 예수님의 생각이 내 생각이 되고, 예수님의 뜻이 내 뜻이 되고, 예수님의 기쁨이 나의 즐거움이 되고, 예수님의 행위가 나의 행위가 됨을 뜻합니다. 예수라는 선물을 받은 사람은 이렇게 예수처럼 되고 예수처럼 사는 자입니다. 예수는 참으로 특이한 선물입니다. 수령자의 신분과 인생을 달라지게 만듭니다. 예수가 우리에게 선물로 주어지면, 우리는 하나님의 자녀가 되고, 우리의 인생은 불행에서 행복으로, 저주에서 축복으로, 죄인에서 의인으로, 불의에서 공의로, 악에서 선으로, 미움에서 사랑으로, 분노에서 용서로, 파괴에서 세움으로, 거짓에서 진리로, 어둠에서 빛으로, 죽음에서 생명으로 바뀝니다.

성탄절은 어떤 날입니까? 아버지 하나님이 예수라는 사랑의 선물을 배송하신 날입니다. 믿음의 조상에게 자신이 최고의 선물이 되신다고 하신 약속이 성취되는 날입니다. 구약 전체가 약속하는 선물의 실체가 드디어 모습을 드러낸 역사의 "마지막 날"입니다(히 1:2). 하늘이 빛을 잃고 땅이 진동하여 하늘과 땅의 체질이 녹아 없어지며, 주님께서 새 하늘과 새 땅의 문을 여시려고 십자가 여정의 첫발을 내디디신 날입니다. 이제는 우리에게 하늘의 태양과 달과 별이 아니라, 하나님 자신과 그의 영광이 우리에게 영원한 빛이 되는 그런 새 하늘과 새 땅에서 살아가는 인생의 씨앗이 뿌려진 날입니다. 그렇게 최고의 선물로서 우리에게 주어지신 예수님은 이제 우리 안에 사시며 우리는 그의 몸으로서 삽니다. 얼마나 놀랍고 감사한 일입니까? 어떻게 나팔을 불어 기념하지 않을 수 있고 어떻게 침묵의 어금니를 깨물 수 있겠습니까?

우리에게 선물이 되신 예수님이 우리 안에서 사시면, 우리가 만나는 모든 사람에게 우리는 하나의 선물이 되고 우리 안에 사시는 예수도 그들에게 선물로서 주어질 것입니다. 우리의 작은 친절과 배려와 칭찬과 용서와 봉사와 위로는 타인에게 큰 선물이 될 것입니다. 그것들은 또한 예수를 선물하는 방식입니다. 그렇게 예수의 증인으로 살아가며 타인에게 예수를 선물하는 것은 성탄절을 제대로 기념하는 삶입니다. 성탄절이 우리에게 묻습니다. 당신은 누구에게 하늘의 선물입니까?

4장

예수라는 성전
(대하 7:13-14)

13 만약 내가 그 하늘을 닫고 비를 내리지 않거나, 만약 내가 메뚜기를 명하여 그 땅[의 소산]을 먹게 하거나, 만약 내가 전염병을 나의 백성 가운데로 보낼 때 14 내 이름으로 일컫는 내 백성이 스스로 겸손하게 하고 기도하며 나의 얼굴을 구하고 그들의 악한 길들에서 돌아서면 내가 하늘에서 듣고 그들의 죄를 용서하고 그들의 땅을 고치리라(사역)

성전은 하나님을 만나는 곳입니다. 그런데 예수로 말미암지 않고서는 하나님께 나아갈 수 없습니다. 구약의 성전은 예수님의 그림자요, 신약의 예수는 궁극적인 성전이 되십니다. 본문은 성전을 완공한 솔로몬이 하나님께 드린 기도의 응답으로 주어진 하나님의 말씀입니다. 저의 눈에는 예수 안에서 그에 의해 이루어질 일처럼 보입니다.

세상에는 크게 세 종류의 재앙이 있습니다. 전쟁과 기근과 병입니다. 이러한 재앙의 원흉은 유명한 책의 제목처럼 "총, 균, 쇠"일 것입니다. 전쟁은 칼과 총으로 말미암은 정치적인 폭력의 결과이고, 기근은 양식의 부족으로 말미암은 경제적인 탐욕의 결과이고, 병은 해로운 바이러스 혹은 병균들로 말미암은 생태계적 무질서의 결과입니다. 폭력과 탐욕과 무질서의 원인은 어디에 있을까요? 그것은 태초에 아담이 저지른 죄로 말미암은 것입니다. 범죄한 아담에게 내리신 하나님의 판결을 보십시오. "네가 네 아내의 말을 듣고 내가 네게 먹지 말라 한 나무의 열매를 먹었은즉 땅은 너로 말미암아 저주를 받고 너는 네 평생에 수고해야 그 소산을 먹으리라"(창3:17). 아담의 죄로 말미암아 땅이 저주를 받은 것입니다. 이 저주로 인간은 일평생 수고할 수밖에 없게 되었습니다. 심은 대로 거둔 것입니다. 지금도 땅은 정상이 아닙니다. 땅에 내려진 저주는 취소되지 않았습니다. 바울도 "피조물이 허무한 데 굴복하고", "썩어짐에 종 노릇하고", "피조물이 다 이제까지 함께 탄식하며 함께 고통을 겪고 있다는 것을 우리가 안다"고 말합니다(롬 8:20-22).

코로나 바이러스 같은 흉물의 창궐은 땅이 저주를 받은

증거들 중 하나일 뿐입니다. 전염병은 이 세상에 늘 존재합니다. 그런데 인간이 욕심이 많아지거나 과도한 호기심을 가지고 생태계를 건드릴 때 인상을 구기고 심술을 부립니다. 땅의 저주도 우리의 죄 때문이고, 그 저주의 한 증거인 전염병도 우리의 욕심이 인간의 서식지로 불러낸 것입니다. 물론 전염병을 촉발시킨 직접적인 책임자가 있을 것입니다. 그에게 징벌을 가할 수는 있겠지만 그렇다고 해서 문제가 해결되는 것은 아닙니다. 사실 전염병 문제의 책임에는 인류의 조상인 아담과 하와부터 그 이후의 모든 사람들 중 어느 누구도 배제되지 않습니다. 그럼에도 불구하고 하나님은 이 전염병을 신적인 정의의 도구로 쓰십니다. 전쟁과 기근의 경우도 예외가 아닙니다. 이처럼 세상의 재앙을 해석함에 있어 인간의 잘못과 하나님의 선용 중에 어떠한 것을 배제하는 것은 올바르지 않습니다.

본문은 인간의 죄로 말미암은 형벌로 주어지는 기근과 전쟁과 전염병에 대한 이야기를 다루고 있습니다. 하늘이 닫히고 비를 내리지 않아 기근이 발생하고, 메뚜기와 같은 자들이 백성의 양식을 탐하여 전쟁이 일어나고, 전염병이 이스라엘 백성 가운데서 유행하는 상황을 묘사합니다. 본문은 솔로몬이 성전을 건축한 이후에 하나님께 드린 기도의 응답으로 주어진 것입니다. 솔로몬의 통치 때로부터 이스라엘 백성은 성전을 중심으로 공동체 생활을 했습니다. 그 성전은 다윗이 왕위에 오른 이후로 30년간 건축을 준비했고, 그의 아들 솔로몬이 즉위한 이후에 7년동안 지어 기원전 957년에 완공한 것입니다. 이스라엘 백성이 성전을 중심으로 살아가는 이유는 그곳에서 하나님을 만나고 하나님의 명령이 주어지기 때문입니다. 하나님이 거하실 집을 완공한 솔로몬은 먼저 회중을 축복하고 이스라엘 하나님 여호와께 찬양을 드립니다.

그리고 솔로몬은 기도를 드립니다. 언약을 지키시고 은혜를 베푸시는 하나님의 유일성을 고백하고, 하늘과 하늘들의 하늘도 용납할 수 없는 하나님의 무한성을 언급하며, 그럼에도 자신이 건축한 너무나도 작고 초라한 성전에 계신다는 사실에 탄성을 지릅니다. 그리고 자신과 이스라엘 백성이 자신의 거처에서 성전을 향하여 드리는 모든 기도에 응답해 달라고 말합니다. 이스라엘 가운데 발생하는 모든 일에 공의를 집행해 달라고 말합니다. 죄를 범하여 적에게 패하고 하늘이 닫히고 기근과 전염병과 각종 재앙이 임할 때 이스라엘 백성이 주의 이름을 부르며 하나님을 인정하고 그들의 죄에서 떠나면 그들의 죄를 용서해 주시고, "마땅히 행할 선한 길"을 가르쳐 주시고, "주의 백성에게 기업으로 주신 땅에 비를" 내려 달라는 기도를 드립니다(대하 6:2-30). 여기서 주목할 점은 이스라엘 백성만이 아니라 이방인이 동일하게 기도해도 동일하게 응답해 주시길 바란다는 점입니다(대하 6:32-33). 이처럼 기도의 응답에 있어 이스라엘 백성과 이방인 사이에는 차별이 없습니다. 성전은 과연 "만민이 기도하는 집"(사 56:7)입니다. 구약 안에서도 성전은 이방인과 무관하지 않습니다. 성전이 그러하듯, 예수라는 성전도 만민을 위한 분입니다.

솔로몬의 기도가 끝나자 불이 하늘에서 내려와 제물들을 태우고 성전에는 여호와의 영광이 가득 찼습니다. 이후 완공을 축하하는 7일간의 의식이 끝나자 하나님이 솔로몬을 찾아 오십니다. 본문은 하나님이 솔로몬의 기도에 그대로 응답하신 내용을 기록하고 있습니다. 응답의 내용은 솔로몬의 기도와 다르지 않습니다. 그런 내용이 담긴 본문에서 우리는 형벌로 주어지는 재앙의 종류를 확인하고, 그 재앙들을 대하는 우리의 자세가 어떠해야 하는지를 배우고, 우리의 처신에 대한 하나님의 응답은 어떤 것인지를 알게 될 것입니다. 여기서 우리가 기억해야 할 것은 예수님이 성전을 자신의 육신으로 여기시며 "그 성전을 헐라"(요 2:19-21)고 하셨다는 점입니다. 이는 솔로몬 성전을 향해 드려지는 모든 기도가 예수라는 최고의 성전과 무관하지 않다는 말입니다. 예수님은 "그 성전을 헐라"는 명령으로 사람의 손으로 지은 성전이 기도 응답의 궁극적인 열쇠가 아니라는 사실을 강조하고, 자기 안에서 하나님의 약속이 모두 '예'가 되고 자신이 기도의 응답을 가능하게 하는 성전의 실체임을 드러내고 계십니다.

본문은 하늘과 땅과 질병과 관련된 세 가지의 재앙을 언급하고 있습니다. 여기에서 주목할 것은 하나님 자신이 이 모든 재앙들의 주체라는 사실입니다. 솔로몬은 이 사실을 "주의 벌"(대하 6:26)이라는 표현으로 암시만 했습니다. 그러나 하나님이 자신을 재앙의 주어로 삼으신 표현은 하나님이 악의 저자라는 것이 아니라 이 땅에서 일어나는 모든 재앙의 주관자가 되심을 우리에게 알리기 위한 것입니다. 주관자가 되신다는 것은 모든 재앙의 해결책이 하나님께 있고 해결을 위해 우리는 하나님께 나아가야 함을 뜻합니다. 이 사실을 강조하기 위해 하나님은 재앙이 아니라 응답과 관련된 문장에서 일부러 "나"(אֲנִי)라는 1인칭 대명사를 쓰십니다. 이는 또한 하나님의 주된 관심사가 이스라엘 백성에게 재앙을 주는 것이 아님을 뜻합니다. 예레미야 선지자도 이것을 말합니다. "여호와의 말씀이라 너희를 향한 나의 생각을 내가 아나니 평안이요 재앙이 아니니라 너희에게 미래와 희망을 주는 것이니라"(렘 29:11). 그러므로 우리가 회복을 위해 하나님께 나아가 엎드리는 것은 하나님의 의도와 생각에 부합하고, 그분을 기쁘시게 하는 일입니다.

첫 번째 재앙은 하나님이 하늘을 닫아 비를 내리지 않으시는 것입니다. 하늘은 인간의 삶에 대단히 큰 영향을 끼칩니다. 하늘의 도움 없이는 이 땅의 비옥한 상태가 유지되지 못합니다. 하늘이 땅에 끼치는 가장 중요한 요소는 빛과 비입니다. 비는 온 땅의 양식이고 빛은 생명체로 하여금 성장하고 열매를 맺게 합니다. 물론 비는 과학의 관점에서 보면 구름 중에서도 난층운과 적란운의 자식입니다. 그러나 성경에서 비를 내리는 구름은 때에 맞게 주어지는 하나님의 은총을 뜻합니다(잠16:15). 은총을 수여하는 권한이 하나님께 있듯 비를 내리고 말고의 권한도 하나님께 있습니다. 욥기는 하나님 이외에 과연 "비에게 아비가 있느냐"고 묻습니다(욥 38:28). 하나님은 비를 생성하는 분이시고, 이른 비와 늦은 비처럼 비의 시기를 정하시고, 비를 어디에 내릴지도 정하시고, 비를 얼마나 많이 내릴지도 정하시는 분입니다. 하나님은 비가 내리는 요인과 과정과 장소와 분량과 시기 전체를 주관하는 분이시기 때문에 비의 소유권과 처분권은 전적으로 하나님께 있다고 말합니다.

노아의 시대에 하늘이 너무 많이 열리고 궁창이 터져 홍수가 임한 것과는 달리, 하늘에서 비가 내리지 않아 발생하는 기근의 심각성도 만만치 않습니다. "내가 너희에게 철따라 비를 주리니 땅은 그 산물을 내고 밭의 나무는 열매를 맺으리라"(레 26:4). 이런 맥락에서 모세는 하나님이 주시는 젖과 꿀이 흐르는 가나안 땅을 "하늘에서 내리는 비를 흡수하는 땅"이라고 말합니다(신 11:11). 하나님이 가나안 땅에 "이른 비, 늦은 비를 적당한 때"에 내리시면 풍성한 "곡식과 포도주와 기름을 얻을 것"입니다(신 11:14). 그런데 이 말씀을 뒤집어서 보면 무서운 메시지가 나옵니다. 즉, 비가 없으면 땅은 생물들을 산출하지 못하고 밭의 나무는 열매를 맺지 못합니다. 그런 땅에서는 어떠한 동물이나 사람도 생존할 수 없습니다. 이런 의미에서 에스겔은 하나님의 심판을 받는 자들을 가리켜 "진노의 날에 비를 얻지 못한 땅"이라고 말합니다(겔 22:24). 우리가 속한 가정이나 교회나 국가에는 은총의 비가 내리고 있습니까? 하나님이 비를 주시거나 주시지 않는 것의 의도는 어디에 있을까요? 이에 대해 예레미야 선지자는 주님께서 우리로 하여금 인간의 본질, 즉 여호와 경외에 이르게 하시려는 것이라고 말합니다(렘 5:24). 하늘은 인간의 능력을 벗어난 곳입니다. 당연히 하늘에서 발생하는 문제는 인간이 해결할 수 없습니다. 하나님이 하늘의 주관자이십니다. 하늘의 모든 문제를 푸는 열쇠는 오직 하나님께 있습니다. 그래서 하늘은 때때로 비와 관련된 문제를 통해 하나님의 존재와 주권을 알립니다.

두 번째 재앙은 하나님이 메뚜기를 명하여 땅의 소산을 먹어 없어지게 만드시는 것입니다. 하늘이 열리고 비가 내리는 만물의 작용만이 아니라 모든 만물의 존재도 하나님께 의존하고 있습니다. 즉, 만물의 존재는 하나님의 말씀에서 비롯되고 만물의 존속은 하나님의 명령에 의존하며 만물의 용도는 하나님의 소유권과 처분권에 달려 있습니다. 하나님의 명령이 미치지 않는 피조물은 하나도 없습니다. 하나님은 메뚜기도 주관하시며 이리저리 옮기기 위해 마음대로 명하시는 분입니다. 메뚜기의 서식지와 출몰지와 서식의 기간과 메뚜기 떼의 크기를 명령으로 주관하실 수 있습니다. 특정한 지역에 메뚜기 떼를 보내시면 그 메뚜기 떼는 그 지역의 소산을 먹어 없앱니다. 이러한 메뚜기 재앙을 사람의 힘으로는 제어할 수 없습니다. 주님께서 그 메뚜기를 거두시기 전까지는 재앙의 희생물이 될 수밖에 없습니다.

　　그런데 원문에서 메뚜기가 먹은 것은 "땅의 소산"이 아니라 그냥 "그 땅"(הָאָרֶץ)입니다. 메뚜기가 땅을 먹는다는 의미는, 애굽에 내린 메뚜기 재앙에 근거해서 본다면 "메뚜기가 온 땅을 덮어 땅이 어둡게 되"는 것입니다(출 10:15). 메뚜기가 지면에 너무도 많아서 마치 땅을 다 먹어 치운 듯한 상황을 의미하는 것입니다. 또한 땅을 먹는다는 것은 인간이 살아가는 삶의 터전이 파괴되는 것을 뜻합니다. 메뚜기는 땅을 먹지 못하는 곤충인데 어떻게 땅을 먹을까요? 저에게는 이것이 역설적인 표현으로 보입니다. 결코 먹을 수 없는 곤충이 땅을 먹어서 없앴다는 것이 불가능한 일임에도 이렇게 말씀하신 것은 그 일이 이 땅에서 우연히 일어날 수 있는 사건이 아니라 "주의 벌"이라는 사실을 드러내기 위함입니다. 땅이 없어지면 땅의 소산도 없어지고 그러면 인간을 비롯한 동물들도 땅에서 생존할 수 없게 됩니다. 하늘의 문제 때문에 땅이 황폐하게 되는 것도 하나님의 벌이고, 하늘에 문제가 없는데도 땅이 황폐하게 되는 것 역시 하나님의 벌입니다. 비가 내려 땅이 좋아지고 그곳에서 많은 소출이 나온다 할지라도 인간의 양식이 아니라 메뚜기의 위장을 채우는 끼니가 되는 것 역시 하나님의 벌입니다. 메뚜기를 사람의 은유라고 한다면 사람들에 의한 약탈과 파괴로 말미암은 땅의 초토화와 양식의 실종도 하나님의 벌일 것입니다. 물론 메뚜기의 광기와 횡포에 대해서도 별도의 정의로운 심판과 합당한 벌이 주어질 것입니다. 이처럼 두 번째 재앙은 땅에서 일어나는 모든 종류의 문제를 포괄하고 있습니다.

세 번째 재앙은 전염병이 이스라엘 백성 가운데로 퍼지는 것입니다. 하나님은 인간이 통제할 수 없는 세균이나 바이러스 등에 의한 전염병을 다스리는 분입니다. 전염병을 특정한 개인이나 민족에게 보내기도 하시고 없애기도 하십니다. 한편 사람들은 전염병의 원인들을 다양하게 분석합니다. 인간의 탐욕에 근거한 과도한 개발로 생태계는 파괴되고, 인간과 접촉하지 않던 동물들이 서식지를 잃고 사람들의 주거지로 이동하여 그들에게 기생하는 희귀한 균들이 인간에게 옮겨진 것이라고 말합니다. 바이러스 학자인 최강석 박사는 지구상에 존재하는 바이러스 개수가 160만개이며, 그 중에서 발견된 것은 1%일 뿐이라고 말합니다. 그래서 학자들은 현재의 바이러스 문제는 사람들 사이에 거리를 유지하는 행위적인 백신으로 대처하고, 미래의 바이러스 문제는 생태계의 질서를 보존하는 생태적인 백신으로 대처해야 한다고 말합니다. 이는 일리가 있는 분석과 해법이며 저도 동의하는 바입니다.

그러나 인간의 탐욕에 의한 전염병 발생의 먼 원인은 이 땅에 자비로운 정의를 행하시는 하나님께 있습니다. 본문에서 보이는 특이한 점은 전염병이 이방인이 아니라 이스라엘 백성 가운데로 퍼진다는 것입니다. 솔로몬의 아버지인 다윗의 시대에는 실제로 전염병 때문에 이방인이 아닌 이스라엘 백성만 7만명이 죽습니다. 과거에도 전염병은 징계의 수단으로 사용된 것입니다. 그러므로 "내가 전염병을 나의 백성 가운데로 보낸다"는 것은 결코 생소한 말씀이 아닙니다. 전염병도 하늘의 문제와 땅의 문제처럼 인간의 통제를 벗어난 재앙들에 속하는 것입니다. 전염병 문제는 하나님의 은총 없이는 해결되지 않습니다. 지금 우리가 그런 현실을 경험하고 있습니다.

지금까지 언급한 세 종류의 재앙들 중에서 하나님의 도움 없이 해결될 수 있는 것은 하나도 없습니다. 그래서 하나님께 도우심을 구해야 하는데 하나님은 우리에게 구하는 방법을 설명해 주십니다. 먼저 하나님은 자기 백성을 "내 이름으로 일컫는 내 백성"이라 하십니다. 하나님과 그 백성 사이에는 하나님의 이름이 걸려 있습니다. 이는 마치 하나님이 자신의 운명을 그 백성과 섞으신 듯합니다. 하나님은 그 정도로 자기 백성을 아끼고 사랑하십니다. 그런 백성에게 하나님은 재앙의 때에 자신에게 나아와 기도하면 회복시켜 주신다는 약속을 하십니다.

하나님께 나아오는 방식은 네 가지로 구성되어 있습니다. 첫째, 자신을 겸손하게 낮추는 것(יִכָּנְעוּ)입니다. 겸손의 의미는 자신보다 타인을 낮게 여기고 높이는 것입니다. 존재의 무게가 같은 인간에게 자신을 낮추는 것이 어려울 수 있습니다. 그러나 하나님은 인간과 비교할 수 없도록 무한히 위대하신 분입니다. 인간은 그런 하나님과 비기려고 했고 지금도 비기려는 교만은 인간의 마음에 뱀처럼 똬리를 틀고 있습니다. 그러나 하나님이 나보다 높으신 분이라는 사실, 나는 그분 앞에서 먼지만도 못하다는 사실을 인정하는 것은 결코 어렵지 않습니다. 본문에서 "자신을 낮추다(스스로 낮추고, 14절)"는 말은 복종의 의미도 담겨 있습니다. 하나님 앞에서의 진정한 겸손은 그의 말씀에 순종하는 것입니다. 순종은 불순종의 자리를 떠나 하나님께 돌이키는 것을 뜻합니다. 재앙의 해결은 어렵거나 복잡하지 않습니다. 순종하면 되는 일입니다.

둘째, 기도하는 것입니다. 기도는 스스로 필요를 채울 수 없는 피조물이 스스로 계시는 창조자의 도움을 구하는 것입니다. 모든 피조물은 창조의 원리로서 창조자 의존성을 가지고 있습니다. 우리의 기도는 그런 관계성을 인정하는 것입니다. 피조물 본연의 자리는 기도하는 곳입니다. 만민이 기도하는 성전은 창조자 의존적인 피조물의 본성이 가장 선명하게 드러나는 곳입니다. 하나님께 기도하지 않으면 스스로 해결책을 찾든지 하나님 아닌 다른 신이나 존재에게 무릎을 꿇을 수밖에 없습니다. 이것은 하나님이 원하지 않으십니다. 해결책을 다른 이에게서 얻는 경험을 하면 그에게 의존하는 경향성이 생깁니다. 이것은 창조의 질서에 어긋나는 일입니다. 그래서 하나님께 기도하지 않는 것은 그 자체로 죄입니다. 사무엘은 이스라엘 백성을 위해 기도하지 않고

쉬는 것을 여호와께 저지르는 죄라고 말합니다(삼상 12:23). 이 죄는 존재론적 차원에서, 그리고 사역적인 차원에서 저지르는 죄일 것입니다. 그렇다고 해서 기도를 종교적인 숙제로 여기지는 마십시오. 기도는 주님께서 우리에게 주신 최고의 복입니다. 누구든지 예수의 이름으로 기도하면 시행하실 것이라는 기도의 약속보다 더 포괄적인 복은 없습니다.

셋째, 하나님의 얼굴을 구하는 것입니다. 이 말의 의미는, 시인의 고백처럼 도움을 주시고 구원해 주신다는 뜻이며, 이 말의 반대로 얼굴을 돌린다는 것은 하나님이 우리를 버리시고 떠나시는 것을 뜻합니다(시 27:9, 80:19). 하나님의 얼굴을 구한다는 것은 무엇보다 하나님의 영광을 구한다는 뜻입니다. 어떠한 기도를 하더라도 그 기도의 끝은 하나님의 영광을 향함이 좋습니다. 그리고 얼굴을 구한다는 것은 그분과의 대면을 구하는 것입니다. 그런데 하나님의 얼굴을 본다는 것은 우리에게 최고의 영광과 지극히 간절한 소원인 동시에 그의 얼굴을 "보고 살 자가 없"다는 문제가 있습니다(출 33:20). 모든 인간은 죄를 범하여 하나님의 영광에 이르지 못하고 있습니다(롬 6:23). 죄 때문에 하나님을 볼 수도 없고 본다면 죽습니다. 그래서 하나님은 아담과 하와가 죄를 범하였을 때 에덴에서 추방하십니다. 이 추방은 그들을 살리려는 하나님의 사랑에 근거한 일입니다. 이렇게 하나님과 우리의 관계를 가르고 하나님의 얼굴을 가리는 것은 죄입니다(신 31:18, 사 59:2, 겔 39:24). 하나님은 죄인에게 당신의 얼굴을 보여 주시지 않습니다. 죄인이 죽지 않도록 얼굴을 가리신 것은 형벌인 동시에 죄인을 보호하신 것입니다.

다니엘은 우리가 "우리의 죄악을 떠나고 주의 진리를 깨달"으면 "우리 하나님 여호와의 얼굴을 기쁘게" 하는 것이라고 말합니다(단 9:13). 종합해 보면, 하나님의 얼굴을 구한다는 것은 죄악을 떠나 하나님께 나아가 주를 만나고 주와 동거하며 주의 진리를 깨닫는 것을 뜻합니다. 그리스도 예수는 죄의 없음이고, 진리 그 자체이십니다. 그가 우리 안에 거하시고 우리가 그분 안에 거하면 하나님의 얼굴도 기쁘시게 되는 것입니다. 우리가 하나님의 얼굴을 볼 수 있는 유일한 방법이 여기에 있습니다. 예수를 바라보는 것입니다. 예수님은 친히 "나를 본 자는 아버지를 보았"다(요 14:9)고 말씀하십니다. 하나님의 얼굴을 보면 죽지만 예수님의 얼굴을 보면 죽지 않습니다. 응시하고 바라봐도 괜찮은, 그래도 죽지 않는 하나님의 유일한 얼굴은 예수밖에 없습니다. 예수의 이름으로 아버지 하나님의 얼굴을 구하면 됩니다.

넷째는 자신의 악한 길들에서 돌아서는 것입니다. 회개는 말에 있지 않습니다. 솔직한 자백 혹은 선한 언어의 발설을 회개라고 오해하는 분들이 계십니다. 그러나 회개는 역동적인 것입니다. 악한 길에서의 떠남이며 선한 행실로 돌이키는 것입니다. 본문에서 단수가 아니라 복수로 언급된 "그들의 악한 길들"(דַּרְכֵיהֶם הָרָעִים)은 그들의 악한 생각하기, 악한 말하기, 악한 습관, 악한 관계 등을 아우르는 말입니다. 삶의 총체적인 악함이라 해도 무방합니다. 이것은 하나씩 고치고 교정하는 방식으로 해결되는 문제가 아닙니다. 방향을 완전히 꺾어서 "돌이키는"(יָשֻׁבוּ) 것입니다. 아예 그 길에서 떠나는 것입니다. 방향의 전환과 떠남, 악한 길들과의 단호한 결별이 답입니다. 사람들은 자신에게 문제가 생겨도 제 자리에 서서 그 문제가 빨리 수습되는 해법을 찾습니다. 하지만 하나님은 악한 삶을 돌이키고 그 길에서 떠나라고 하십니다. 자기 백성에게 근원적인 해결책을 제시해 주십니다.

하나님의 말씀을 따라 재앙의 때에 자신을 겸손하게 낮추고, 하나님께 기도하고, 그의 얼굴을 구하며 자신의 악한 길들에서 돌이키면 반드시 선한 응답을 주십니다. 그 응답은 세 가지로 구성되어 있습니다. 첫째, 하나님은 우리의 기도를 하늘에서 들어 주십니다. 하나님은 목석이 아니십니다. 우리의 기도를, 모든 종류의 소리를 들으시되 마음의 신음(출 2:24)과 고통의 무음조차 들으시는 분입니다. 입에서 언어로 빚어내는 사연만이 아니라 형언할 수 없는 마음의 기구한 사연까지 들으시고, 설명이 가능한 것만이 아니라 도무지 이해되지 않는 불가해한 것까지도 들으시고, 언어의 기도뿐만 아닌 행위의 기도도 다 들으시는 전천후 청력을 가지신 분입니다. 하나님이 귀를 기울여 주신다는 것은 우리를 향한 인격적인 존중이자 우리의 문제를 해결해 주신다는 적극적인 의도입니다. 그렇기 때문에 듣지 않으심은 인격적인 단절을 뜻합니다. 하나님이 만약 귀를 닫으시고 듣지 않으시면, 수많은 사람들이 지구가 통째로 스피커가 될 만큼 커다란 소리로 매일 기도한다 할지라도, 단 한마디도, 단 한 순간도 전달되지 않습니다.

둘째, 하나님은 기도하는 자의 죄를 용서해 주십니다. 기도를 들으시고 일순위로 응답해 주시는 항목은 죄입니다. 인간에게 죄 문제의 해결보다 더 중요하고 더 시급한 문제는 없습니다. 죄는 이 세상에서 발견되는 모든 악한 것들이 현상에 불과할 정도로 그것들의 종합보다 더 심각한 것입니다. 하늘이 닫히고 비가 실종되고 메뚜기가 땅을 삼키고 전염병이 공동체에 창궐하는 것보다도 심각한 일입니다. 이는 이 죄가 노아의 시대에 커다란 홍수로도 해결되지 못하고 물의 재앙 이후에도 여전히 악함이 인간의 골수에 박혀 있다는 창세기의 기록이 잘 증거하고 있습니다. 죄 문제가 해결되지 않으면 육체는 물론 영혼도 죄의 노예로 살아갈 수밖에 없습니다. 인생의 목에 죄의 쇠고랑이 채워져 있는 한 어디를 가더라도 자유롭지 않습니다. 무엇을 하더라도 늘 결박되어 있고 위축되어 있게 됩니다. 지극히 행복하고 즐거운 순간에도 무언가에 억눌려 있게 됩니다. 죄는 눈에 보이지도 않고 만질 수도 없어서 그 누구도 스스로 해결할 수 없습니다. 사람이 해결하지 못할 뿐만 아니라 홍수에 의한 물 심판이나 유황불에 의한 불 심판이나 지진에 의한 땅 심판으로도 해결되지 않습니다. 하늘과 땅과 바다의 모든 것을 동원해도 해결할 수 없습니다. 그러나 하나님은 우리가 회개하면 해결해 주십니다. "만일 우리가 우리 죄를 자백하면 그는 미쁘시고 의로우사 우리 죄를 사하시며 우리를 모든 불의에서 깨끗하게 하실 것이요"(요일 1:9). 죄에서 해방시켜 주시고 모든 불의의 더러움도 깨끗하게 제거해 주십니다. 이것은 하나님만 하실 수 있는 일입니다. 죄 용서는 인간에게 주어지는 모든 복의 시초이기 때문에 하나님은 이것부터 해결해 주십니다.

셋째, 하나님은 기도하는 자의 땅을 고쳐 주십니다. 땅을 고쳐 주신다는 것은 땅에서 일어나는 모든 문제들을 해결하고 회복시켜 주신다는 말입니다. 개인적인 문제, 사회적인 문제, 국가적인 문제, 국제적인 문제, 정치적인 문제, 문화적인 문제, 심리적인 문제, 경제적인 문제, 종교적인 문제 등 어떠한 종류의 문제도 고쳐 주십니다. 태초에 하늘과 땅을 창조하신 분입니다. 만드신 이가 고치기도 하십니다. 사람에게 불가능해 보이는 것이라 할지라도 주님께는 능치 못하심이 없습니다. 인간은 태초부터 지금까지 땅을 파괴하고 더럽히는 일만 저질러 왔습니다. 인간의 손길이 닿는 영역마다 골병이 들지 않은 부분이 하나도 없습니다. 물이든 공기든 땅이든 바다든, 심지어 극미시 세계와 극거시 세계도 인간이 건드리면 무질서와 혼돈이 생깁니다. 모든 종류의 생태계가 몸살을 앓습니다. 그런데 하나님은 땅을 고쳐 주신다고 하십니다. 하나님은 빈말을 하시지 않습니다. 공허한 관념을 읊조리는 분도 아닙니다. 한다면 하십니다.

문제가 없는 개인이나 공동체나 국가는 없습니다. 근원까지 소급해 보면, 모든 문제의 원인은 죄와 무관하지 않습니다. 그런데 그 죄는 너무도 심각해서 이 세상에 존재하는 모든 가용한 재앙들을 통해 그 심각성이 알려져야 하고 해결되어야 하는 것입니다. 하나님은 하늘과 땅과 생물을 다 동원하여 죄의 실체를 드러내고 그것을 제거하는 기도의 4중적인 방법도 알려 주십니다. 그 방법은 우리가 겸손하게 자신을 낮추고, 오직 하나님께 기도하고, 그리스도 안에서 하나님의 얼굴을 구하고, 악한 길에서 실제로 떠나는 것입니다. 교만하고 다른 대상을 찾고 다른 얼굴을 구하고 악한 길에 눌러 앉아 있으면 기도를 드려도 기도가 아닙니다. 어떠한 문제도 해결되지 않습니다. 해결되는 듯해도 더 심각한 문제의 준비일 뿐입니다. 올바르게 기도하면 하나님은 반드시 들으시고 우리의 죄를 해결해 주시고 그 죄의 결과로서 주어지는 형벌도 거두어 주십니다. 형벌의 흉터가 하나도 없도록 아주 깨끗하게 땅을 고쳐 주십니다. 이는 사람의 약속이 아니라 하나님의 약속이며 누구도 폐기할 수 없습니다.

믿음의 선배들을 보십시오. 3년 동안 비가 내리지 않았으나 엘리야가 기도하자 가뭄의 재앙이 사라지고 비가 내립니다(약 5:17-18). 이스라엘 백성을 강타하여 7만 명을 죽게 한 전염병 때문에 다윗이 기도하자 하나님은 "그 땅을 위한 기도를 들으"시고 이스라엘 백성에게 내리는 재앙을 그치셨습니다(삼하 24:25). 애굽에서 메뚜기가 온 땅을 어둡게 덮고 채소와 열매와 식물을 하나도 남지 않게 먹어 치우는 재앙이 임하였을 때 모세가 기도하자 하나님은 "강렬한 서풍을 불게 하사 메뚜기를 홍해에 몰아넣"어 주셨습니다(출 10:15-19). 솔로몬 왕에게 주신 하나님의 약속은 쉽게 바뀌는 공수표가 아닙니다. 사람들의 귀를 속이는 수사적인 공약도 아닙니다. 약속을 완벽하게 이행하신 실체가 있는 것입니다. 실체가 있는 하나님의 모든 약속들은 모두 그리스도 안에서 절정에 이릅니다. 솔로몬 성전에서 주어진 약속은 궁극적인 면에서 그리스도 안에서 모두 이루어 주십니다. 예수라는 성전 안에서는 무엇이든 기도하면 이루어 주십니다. 그분이 친히 시행하실 것이기 때문입니다. 솔로몬 성전에 가지 않더라도 우리가 어디에 있든지, 언제든지 예수라는 성전의 이름으로 기도하면 하나님은 반드시 응답해 주십니다.

전 세계를 강타한 전염병은 어쩌면 하나님의 글로벌한 메시지일 지도 모릅니다. 온 세상에 편만한 죄의 심각성을 알리는 경고음일 수 있습니다. 정부와 방역담당 기관들은 가능한 최고의 방법들을 동원하여 국민의 안전을 지킬 것입니다. 그러나 교회에는 코로나의 창궐이 전하는 하나님의 메시지를 읽고 그것을 반영해야 할 종교의 대사회적 책임이 있습니다. 교회가 부하고 강하고 똑똑해서 교만에 빠져 있지는 않습니까? 하나님께 나아가 기도하지 않고 다른 대상과 다른 방법들을 물색하는 데만 골몰하고 있지는 않습니까? 하나님의 영광이 아니라 교회의 덩치를 키워 자기 영광의 바벨탑을 쌓고 있지는 않습니까? 입술로는 잘못을 인정하고 용서를 구하지만 여전히 오만하고 거짓된 자들의 악한 자리에 태만한 엉덩이를 붙이고 있지는 않습니까? 최고의 성전이신 예수님의 몸 된 교회가 여호와의 성전이 되어야 하고 우리는 그곳에서 하나님께로 나아가야 합니다. 하지만 교회가 기도하지 않은 채 코로나 바이러스 문제가 끝난다면 교회는 과연 하나님 앞에 무슨 면목으로 나아가며, 이 세상에서 무슨 낯짝을 들고 살 수 있겠습니까? 세상은 전염병 문제의 사회적인 진단과 해법을 시도하는 것이 맞지만, 교회의 해석과 실천은 성경의 가르침을 따라 하나님 앞으로 나아가 인류의 모든 죄 용서를 구하고 다른 누구보다 먼저 악한 길에서 떠나는 종교적인 것이어야 하지 않겠습니까?

5장

예수라는 선
(창 50:18-21)

18 그의 형들이 또 친히 와서 요셉의 앞에 엎드려 이르되 우리는 당신의 종들이니이다 19 요셉이 그들에게 이르되 두려워하지 마소서 내가 하나님을 대신하리이까 20 당신들은 나를 해하려 하였으나 하나님은 그것을 선으로 바꾸사 오늘과 같이 많은 백성의 생명을 구원하게 하시려 하셨나니 21 당신들은 두려워하지 마소서 내가 당신들과 당신들의 자녀를 기르리이다 하고 그들을 간곡한 말로 위로하였더라

본문은 요셉의 인생을 통해 하나님의 선하심을 설명하고 있습니다. 그러나 요셉과 유사한 인생을 사신 예수님은 최고의 신적인 선하심을 드러내고 있습니다. 본문에 나오는 요

셉 이야기를 통해 우리는 예수라는 선의 그림자가 요셉의 인생에 드리워진 것을 살펴볼 것입니다.

인간은 누구든지 편안하고 좋은 환경을 원합니다. 고통과 견디기 힘든 시련의 바다에 뛰어드는 사람은 없습니다. 불가피한 재앙이라 할지라도 그곳에 머물러 있기를 소원하는 사람은 없을 것입니다. 할 수만 있다면 가능한 한 빨리 벗어나고 싶어 합니다. 이는 하나님을 모르는 불신자만 그러하지 않고 믿는 자에게도 적용되는 말입니다. 세상의 모든 사람들과 인간이든 동물이든 생명을 가진 모든 존재는 사랑과 돌봄을 고대하고 있습니다. 그런데 오늘 말씀에 소개된 요셉은 그런 소원과 바람이 철저하게 거절된 인물로 묘사되고 있습니다.

구약을 읽으며 가장 강력하게 우리의 마음을 사로잡는 신앙의 거인들 중 요셉을 앞서는 인물은 없을 것입니다. 그는 신구약 전체의 교훈과 의미를 다 담아 놓은 계시적인 삶을 살았습니다. 다윗도 탁월한 분이지만 밧세바와 간음하고 우리아를 죽인 흠결이 있습니다. 그러나 성경은 요셉이 거의 온전한 삶을 살았다고 말합니다. 지혜롭고 총명하여 애굽의 국무총리 역할을 훌륭하게 수행한 분입니다. 신앙의 표본이고, 축복의 사람이고, 높은 지위도 얻은 사람인데,

삶의 실제 내막을 살펴보면 피눈물 나는 억울함과 고난으로 얼룩져 있습니다.

믿음의 사람도 고달픈 삶에서 자유롭지 않습니다. 물론 그가 어려서 아버지의 집에 있었을 때는 따뜻한 온실의 보호를 받으며 아버지의 특별한 사랑 속에서 홀로 채색옷을 걸치는 부요하고 여유 있는 삶을 살았습니다. 그러나 그런 달콤한 나날은 짧게 지나가고 폭풍우가 몰아치는 고난의 삶이 인기척도 없이 찾아옵니다. 아버지의 편애로 시기심이 극에 달한 형들에 의해, 요셉은 마치 하나님의 편애로 독이 오른 가인에 의해 아벨의 고결한 생명이 땅에 파묻힌 것처럼, 애굽 상인들의 거친 손에 팔립니다. 그리고 왕실의 수비대장 격인 보디발의 집에 물건처럼 노예로 다시 팔립니다. 그곳을 성실하고 진실하게 섬겨 주인의 인정을 받지만 보디발 아내의 모함으로 억울한 누명을 쓰고 감옥에 갇힙니다.

그곳에서 요셉은 상처와 원한에 사로잡힌 노예가 아니라 간수와 죄수들을 섬기는 자유로운 노예의 길을 택합니다. 그렇게 많은 사람들을 섬기다가 고위급 정치범의 꿈을 해석해 주고, 복권되면 자기를 기억해 달라는 부탁을 합니다. 요셉의 해석대로 두 정치범 중 한 사람이 풀려났지만 그의 요청은 휴지 조각 버려지듯 망각되고 맙니다. 망각을 빙자한 배신일지도 모릅니다. 그렇게 열심히 섬겼으면 어떤 보답이 있어야 했습니다. 그런데 요셉은 보답의 마지막 소망까지 망각으로 소멸되는 현실의 냉혹함과 마주쳐야 했습니다. 정말 자신의 인생에서 지우고 싶은 시기였을 것입니다. 그가 자신의 장남 이름을 "잊어 버리게 하다"는 의미의 므낫세로 지은 것을 보면, 그가 얼마나 큰 고통의 세월을 보냈는지 쉬이 짐작할 수 있습니다. 시편 기자는 요셉의 고난을 이렇게 묘사하고 있습니다. "그의 발은 차꼬를 차고 그의 몸은 쇠사슬에 매였으니(시 105:18)." 히브리어 원문은 이렇게 번역될 수 있습니다. "그 발에 있는 착고로 겸손해지고 쇠가 그 영혼을 꿰뚫었다." 육신의 고통만이 아니라 그의 영혼을 관통하는 절대적인 고독과 아픔이 있었다는 말입니다.

결국 요셉은 애굽 왕의 꿈을 해석해 주고 제국에서 2인자의 자리에 오릅니다. 그러나 실제로는 왕의 권세를 가집니다. 애굽의 바로는 말합니다. "너는 내 집을 치리하라 내 백성이 다 네 명을 복종할 것이니 나는 너보다 높음이 보좌뿐이니라 … 내가 너로 애굽 온 땅을 총리하게 하노라 하고 자기의 인장 반지를 빼어 요셉의 손에 끼웠다(창 41:40-42)." 그는 애굽 온 땅에서 요셉의 허락 없이는 수족을 놀릴 자가 없을 것이라는 말을 덧붙입니다. 이처럼 요셉은 한 시대의 주도권을 장악한 제국의 최고 권력자가 된 것입니다. 그런데 놀라운 것은 그가 비록 그렇게 높은 신분에 오르고 최고의 권력을 가졌으며 온 땅의 재물이 그의 것이라고 할 정도로 부요한 사람이 되었으나, 보복의 칼을 뽑지 않았다는 것입니다. 한 사람의 인격과 경건은 최고의 권력이 주어졌을 때에 본색을 보입니다. 감옥이 아니라 총리의 자리에서 요셉의 내공은 더욱 돋보입니다.

형들이 양식을 구걸하는 신분으로 요셉에게 왔습니다. 서로가 형제임을 확인한 이후 형들은 두려움에 사로잡혀 있습니다. 스스로를 종이라 규정하며 바닥에 엎드립니다. 그때 요셉은 이렇게 말합니다. "두려워 마소서 내가 하나님을 대신할 수 있습니까? 당신들은 나를 해하려 하였으나 하나님은 그것을 선으로 바꾸사 오늘과 같이 만민의 생명을 구원하게 하시려 하셨나니 당신들은 두려워 마소서." 아마 형들을 보고 참수형을 명할 수도 있었을 것입니다. 요셉은 그렇게 할 권세도 있었고, 그렇게 한다 할지라도 아무도 '부당하다' 항변할 자가 없을 정도로 정당한 명분까지 있었지만, 요셉은 이처럼 완벽한 찬스를 십분 활용할 아무런 의지도 없어 보입니다. 보복의 마음이 전혀 없습니다. 그들을 미워하는 것도 아니고 과거의 행실을 되돌려 주려고도 하지 않습니다. 오히려 자신을 애굽으로 팔아 넘긴 것은 형들이 한 일이 아니라 하나님이 행하신 섭리라고 말합니다. 참으로 원숙한 믿음의 사람입니다. 여기서 우리는 창세기에 나타난 가장 아름다운 믿음의 사람으로 요셉을 등장시킨 하나님의 의도를 읽을 필요가 있습니다. 즉, 요셉을 통해 우리에게 교훈하기 원하시는 하나님의 깊은 뜻을 더듬어야 한다는 것입니다. 이런 맥락에서, 저는 요셉이 어떻게 이토록 원숙한 신앙에 이를 수 있었는지 질문하고 싶습니다. 이에 대한 답변으로 그의 인생에서 다소 어두웠던 두 토막을 살피고 싶습니다.

먼저 형들은 시기심 때문에 요셉을 미디안 상인들의 손에 넘겼고 그들은 다시 요셉을 이스마엘 사람들의 손에 팔아 넘겼습니다. 아버지에겐 요셉이 사자에게 찢겨 죽었을 것이라고 말하며 그의 옷에 피를 묻혀 물증으로 가져갔습니다. 인간으로 할 수 있는 짓이 아닙니다. 이것만 생각하면 증오심이 부글부글 끓을 일입니다. 그런데 성경 어디에도 요셉이 하나님께 불평하며 형들을 원망한 흔적이 없습니다. 이스마엘 사람들은 "광야의 들나귀 같이(창 16:12)" 살았다고 성경은 말합니다. 아버지의 따뜻한 사랑의 품에서 총애를 받던 아들이 거칠기 이를 데 없는 자들의 둔탁한 손에 이끌려, 지인들 하나 없는 차갑고 싸늘한 애굽 땅에 떨어져 맞이한 첫날밤의 어두움이 얼마나 짙었을지 생각해 보십시오. 공포와 슬픔과 고독과 분노와 원한이 사무친 밤이었을 것입니다.

그럼에도 불구하고 악착같이 탈출해서 아버지의 집으로 달려가 형들의 극악한 범죄를 고발하고 어두운 거짓을 밝히려고 하지 않았습니다. 늘 아버지는 자기 편이라는 사실을 알면서도 말입니다. 요셉이 탈출해서 아버지께 알렸다고 가정해 보십시오. 아마도 아버지와 형들은 의절했을 것이고, 요셉은 적개심과 보복으로 가득한 형들과의 관계를 괴로워하며, 남은 인생을 그저 들판의 평범한 목동으로 살아갔을 것입니다. 형들이 자신을 캄캄한 시련의 길로 내몰고 간 그 장면만 확대하면 아마도 그런 인생이 이어졌을 것입니다. 그러나 요셉은 안목이 그렇게 좁은 사람이 아닙니다. 숨은 하나님의 섭리를 보는 안목이 있었습니다. 형들의 잘못으로 초래된 비극을 오랜 기간 맞이해야 했음에도 불구하고 그는 그 너머에서 일하시는 하나님의 섭리를 놓치지 않습니다. 형들의 뼈저린 배신을 체험하며 그는 이러한 진리를 가슴에 새겼을 것입니다.

요셉은 보디발의 집에서 열심히 일합니다. 신명을 바쳐 몸이 부서져라 일합니다. 그래서 인정을 받습니다. 그러자 보디발의 아내가 요셉에게 다가와 잠자리를 요구합니다. 그녀는 육신의 정욕에 사로잡혀 자신의 권력으로 요셉을 겁탈하려 했습니다. 요셉은 그럴 수 없다며 뿌리치고 나오는데 그녀의 손에 외투라는 오해의 소지를 남깁니다. 당시 노예는 신발도 없었고 옷도 걸치지 않았는데 외투를 입었다면 요셉의 지위가 상당했을 것으로 짐작됩니다. 요셉의 정중한 요청이, 결국엔 외투를 벗겨 그를 노예의 밑바닥 신분으로 내모는 겁탈이라는 모함으로 변합니다. 억울하고 분통이 터지는 일입니다. 저 같았으면 목숨을 담보로 시시비비를 가리고 그 여인의 교활한 거짓에 응당한 보복을 가했을 것입니다. 그러나 요셉은 그렇게 하지 않습니다. 보디발의 아내가 옳았기 때문에 그렇게 한 것이 아닙니다. 요셉이 인생을 그렇게 한 토막만 보았다면 분명히 억울함을 호소하며 진위를 밝히려고 했을 것입니다. 너무 억울한 일을 당하면 가슴에 한으로 맺히는 법입니다. 그 억울함을 입으로 꺼낼 때 그나마 그런 한이 조금은 풀리는 법입니다. 그러나 요셉은 그 사건에 대해 "나는 히브리 땅에서 끌려온 자요 여기서도 옥에 갇힐 일은 행하지 않았다(창 40:15)"는 정도로만 언급했을 뿐입니다. 사실 집안 일이라면 덕스럽게 자기만 알고 넘어갈 수 있습니다. 그러나 그 진실이 밝혀지지 않으면, 더구나 내가 감옥에서 억울한 고생의 대가를 지불해야 하는 그런 상황이면 이야기가 다릅니다. 하지만 요셉은 그것이 눈 앞에 뻔히 펼쳐지고 있음에도 불구하고 자신의 손상된 정직과 지위 회복에는 관심을 보이지 않습니다.

요셉이 갇힌 감옥은 단순히 잡범들이 수용되는 감옥이

아니라 정치범이 갇히는 곳입니다. 언제 끝날지 모르는 옥살이가 시작된 것입니다. 요셉의 죄가 얼마나 큰 것이었습니까? 장관급의 각료 집안에서 안방마님을 겁탈하려 했다면, 게다가 신분이 외국에서 끌려온 노예라면, 곧장 목이 날아갔을 것입니다. 그럼에도 불구하고 무기징역 판결을 받았다면, 보디발의 호의로 해석될 여지까지 있어 보입니다. 사실 아내의 정욕을 잘 아는 보디발이 요셉을 참수형 대신에 감옥에 보낸 것이라고 해석할 여지도 충분합니다. 주목할 부분은 만약 보디발의 그런 호의를 요셉이 알았다면, 자기의 억울한 사정을 풀어 진실을 규명하는 것이 자기의 불행한 사태를 모면할 수 있는 길이었을 텐데도 그는 그 길을 택하지 않았다는 것입니다. 어떤 사람들은 요셉이 마음씨가 좋은 사람이라 생각할 수 있습니다. 요셉이 그렇게 너그러울 수 있었던 것은 왜일까요? 그는 보이는 것이 전부가 아니라는 사실을 의식하는 자입니다. 인생을 길게 보았으며, 눈에 보이는 사람들, 특히 권세를 잡은 사람들의 손에 의해서 인생이 좌우되지 않고 늘 하나님의 도도한 섭리가 그 배후에 보다 근원적인 원인으로 감추어져 있다는 사실을 믿었던 것입니다.

요셉은 억울함을 겪었지만 그런 억울한 고통이 있었기 때문에, 신구약 전체의 의미가 담긴 계시적인 인생이 된 것입니다. 가시밭길 같은 인생을 살아왔기 때문에 그를 통해 드러난 복음의 향기가 세계의 중심이라 할 수 있는 애굽 전역을 진동시킬 수 있었던 것입니다. 아가서에 보면 왕이 술람미 여인을 보고 이렇게 말하는 부분이 나옵니다. "여자들 중에 내 사랑은 가시나무 가운데 백합화 같도다(아 2:2)." 가시나무 가운데 있는 백합화는 바람이 불면 이리저리 흔들리게 되고 주변에 있는 가시에 찢기게 되며 찢길수록 짙은 향기를 발합니다. 믿음으로 고난을 맞이하는 성도도 마치 가시에 찔려 더욱 짙은 사랑과 진리의 향기를 발하는 백합화와 같습니다. 하나님은 우리를 참으로 향기로운 사람이 되도록 고난의 계곡으로 이끄실 때가 있습니다. 고난 속에서 찢기고 시련 속에서 연단된 신앙의 소유자야말로 진정 향기로운 성도라고 할 수 있습니다.

고난은 믿음으로 맞이하는 게 좋습니다. 요셉이 고난 속에서 승리할 수 있었던 것은 하나님의 선하심을 믿었기 때문입니다. 하나님이 선하신 분이라는 확신이 없으면 성립할 수 없는 게 믿음입니다. 하나님을 아는 지식에서 믿음이 생깁니다. 요셉은 그 하나님이 어떤 분이신지 알고 그래서 그 하나님을 전적으로 의존하는 신앙을 가지고 있었던 것입니다. 고난을 당하면 당할수록, 그 고난이 크면 클수록 요셉의 마음에는 하나님에 대한 신뢰가 더욱 두텁게 쌓였습니다. 보디발의 집에 끌려가 마당을 쓸 때, 바로의 집에 지극히 큰 지위에 있을 때, 왕을 대신해서 나라를 다스릴 때도 요셉은 한결같이 하나님을 의지했습니다. 돈이 많아서 하나님을 덜 의지하고 지위가 높다 하여 하나님을 덜 의지하지 않았습니다. 어떠한 환경에 있든지 하나님을 전심으로 의지하고 하나님을 의뢰하며 사는 사람이 바로 고난 속에서도 인격과 신앙의 짙은 향기를 풍깁니다.

요셉은 무엇을 믿은 것일까요? 그는 하나님의 섭리를 믿었습니다. 하나님의 뜻에는 나타난 뜻이 있고 감추어진 뜻이 있습니다. 나타난 뜻은 성경에 기록되어 있습니다. 예수님을 믿지 않으면 심판을 받고 지옥에 갑니다. 이것은 객관적인 사실이며 여기엔 하나님의 의지가 드러나 있습니다. 하나님을 믿는 사람들이 어떻게 살아야 하는가에 대해서도 성경에 명확하게 계시되어 있습니다. 다 살아보지 않아도 성령의 도움으로 성경을 읽고 깨달으면 세상을 아는 이치, 인생을 사는 이치를 충분히 배울 수 있습니다. 반면 감추어진 하나님의 뜻도 있습니다. 그 하나님의 감추어진 뜻을 우리는 은밀한 섭리라고 부릅니다. 하나님은 왜 요셉이 형들에 의해 노예로 팔려 애굽까지 끌려가 종노릇을 하도록 내버려 두셨을까요? 정말 이해가 되지 않습니다. 더구나 보디발의 집에서 성실히 봉사했고 그것을 인정받아 그 집안의 총무가 되었는데 왜 그의 아내가 자기를 좋아하고 겁탈하려 했는지, 믿음으로 하나님의 뜻대로 순종을 했는데 왜 감옥에 가야 하는지는 당시의 요셉도 분명히 알지 못했을 것입니다.

하나님의 감추어진 뜻은 하나님의 일정한 뜻이 다 이루어질 때까지 살아 보아야 알 수 있습니다. 물론 '너와 함께하겠다, 너를 크고 위대한 사람으로 만들겠다' 이런 것들은 말씀하실 수 있습니다. 요셉에게 해와 달과 열 한 별이 절하고, 곡식단이 절하는 것도 보여 주셨습니다. 그러나 구체적인 실현에 대해서는 형들도 요셉도 알지 못했습니다. 하나님은 왜 몇 년 몇 월 몇 시에 국무총리가 된다는 것을 가르쳐 주시지 않은 것일까요? 인간이 간사하기 때문입니다. 인간은 코로 숨만 쉬어도 스스로 존재하는 것처럼 착각할 만큼 그 간사함의 기질이 무모할 정도로 강합니다. 만약 우리가 미래의 세세한 일들을 다 알고 있다면 결코 하나님을 의지하지 않을 것입니다. 그의 도움도 필요하지 않다고 생각할 것입니다. 하나님은 우리에게 불필요한 존재로 여겨질 것입니다. 그러나 하나님은 우리에게 자신을 향한 인격적인 신뢰를 원하고 계십니다.

전도자는 이렇게 말합니다. "하나님의 하시는 일의 시종을 사람으로 측량할 수 없게 하셨도다 … 하나님이 이같이 행하심은 사람으로 그 앞에서 경외하게 하려 하심인 줄을 내가 알았도다(전 3:11-14)." 요셉은 형들의 시기로 애굽에 팔려갈 때도 하나님을 향한 시선을 접지 않았습니다. 억울한 누명을 쓰고 감옥에 갔을 때도 하나님을 붙들었습니다. 점점 하나님께 온전히 의뢰하는 사람이 되어 갔습니다. 결국 깨달음의 끝에 왔습니다. 형들은 자신을 해하려 했으나 하나님이 그것을 선으로 바꾸시는 섭리까지 깨닫게 된 것입니다. 사실 하나님이 우리로 인생을 살아가며 많은 일들을 만나게 하시는데, 그 모든 일들이 믿음으로 사는 이들에게 항상 달콤하고 좋은 것은 아닙니다. 믿음으로 살아도 아픈 것은 아픈 것입니다. 다만 그것을 믿음으로 감사하게 여길 뿐입니다. 자기에게 죄 지은 사람을 용서하는 것은 대단히 힘듭니다. 요셉의 생애는 형들과 한 여인 때문에 피눈물 나는 고통이 있었고 죽을 것 같은 위협들이 있었지만, 자기가 상인에게 넘겨지고 감옥에 가게 된 모든 일들의 배후에 하나님이 계신다는 보이지 않는 사실을 믿음으로 붙들었습니다. 이런 하나님의 보이지 않는 섭리를 믿는 신앙 때문에 자기를 해하려고 했던 사람들을 용서하며 그들에게 복의 근원이 될 수 있었던 것입니다.

요셉이 출옥하게 되었을 때가 30세입니다. 애굽의 고고학 자료에 따르면, 요셉의 시대에 30세가 공무를 담임할 수 있는 법정 연령이란 사실이 밝혀졌습니다. 30세가 되어야 공직에 취임할 수 있었다는 말입니다. 만약 요셉이 어린 나이에 세상에 등장하게 되었다면 때가 아니었을 것입니다. 요셉의 신앙과 인격이 어느 정도 익었을 때, 그리고 그의 나이가 그 시대의 문화에 맞아 떨어질 무렵이 되어서야 그를 무대에 올리시는 오묘한 하나님의 섭리가 있었던 것입니다. 요셉이 애굽의 총리가 된 것은 꿈을 해석한 것도 있지만, 그것만을 가지고는 그 오랜 세월 동안 국무총리 신분으로 그 위기의 나라를 다스릴 수 없었을 것입니다. 그는 노예의 신분으로 밑바닥 생활을 했고, 보디발의 큰 집에서 총무의 일을 하며 유능한 인물로 준비되어 갔습니다. 지도자의 필요한 자질을 갖추게 하셨던 것입니다. 하나님의 섭리 속에서 그렇게 하신 것입니다. 그 안에서 애굽의 정치에서 일어날 수 있는 모든 일들을 미리 경험하게 하셨던 것입니다. 바닥에서 기는 것부터 시작해서 시기하는 사람들 사이에 에워싸인 상황도 경험하고, 여인의 달콤한 유혹도 경험하고, 사람들의 배신도 경험하고, 애매하게 고난 당하는 것도 경험하고, 그러면서 한 사람의 지도자로 성숙해 갔던 것입니다. 하나님의 섭리는 우리가 마음으로 계획하나 그 걸음을 그의 뜻대로 인도해 가시는 것입니다.

하나님의 섭리가 없는 고난은 없습니다. 의인이 당하는

고난의 가시는 우리를 아프게 하지만 그리스도 예수의 거룩한 향기를 발하게 합니다. 하나님이 함께하신 요셉이 애매하게 당한 고난은 그의 믿음만을 성장시킨 것이 아닙니다. 가족들과 백성들과 온 민족들을 유익하게 했습니다. 복의 근원이란 그런 것입니다. 자신이 복을 받는 것보다 타인에게 복이 되는 것, 그것이 하나님의 뜻입니다. 참된 복은 나로 말미암아 모든 사람들이 하늘의 신령한 복을 누리게 되는 것입니다. 믿음의 조상에게 약속하신 말씀이 요셉의 고통스런 가시밭길 인생을 통해 입체화된 것입니다. 아브라함을 부르실 때 언약의 백성들을 부르신 목적이 잘 나타나 있습니다. "땅의 모든 족속이 너로 말미암아 복을 얻을 것이라"(창 12:3). 복의 근원이란 그 사람과 만나면 어찌하든 덕을 본다는 것입니다. 그 사람과 손을 잡으면 이익을 본다는 것입니다. 한 동료가 되면 하나님이 주시는 축복의 상에서 떨어지는 부스러기 떡이라도 얻는다는 것입니다.

그런데 오늘날 교회는 복의 근원이 아니라 악의 근원으로 추락하고 있습니다. 예수를 믿는다고 해서 덕 좀 보고자 교회에 왔는데 오히려 앙상한 등의 얇은 껍질까지 벗겨 먹으려고 합니다. 세상 사람들은 예수를 잘못 믿는 사람들을 경험하며 교회를 향해 독설을 쏟아내고 있습니다. 이것은 거룩과 진리에 대한 핍박이 아니라 교회가 스스로 하나님의 얼굴에 분노를 퍼붓는 짓입니다. 우리로 말미암아 이방인 중에 하나님의 이름이 멸시를 받습니다. 그러나 우리는 하나님을 믿고 하나님의 자녀가 되어 복의 원천이 되라고 부름을 받은 자입니다. 하나님을 전적으로 의지하고 그렇게 살아갈 때 요셉과 함께 하셔서 악을 선으로 바꾸시는 하나님이 우리와 함께 하심으로 같은 역사를 이어가실 것입니다. 그러므로 사람들로 하여금 우리를 마음껏 이용하고 우리를 핍박하고 애매한 고난과 역경에 빠지게 하여 결국 복음의 짙은 향기가 마음껏 풍기게 합시다. 물이 흐르는 주위의 땅에는 물기가 가득 배이고, 메마른 땅에 강이 흐르면 주변이 아름다운 숲으로 변하는 것처럼 말입니다.

소인배가 아니라 대인배로 살아 갑시다. 약간의 손해만 봐도 발끈하며 타인을 비판하는 소인배는 인생을 살아도 더불어 깊은 인생을 살아갈 아름다운 동지가 주변에 없습니다. 잘못된 정치가가 되면 늘 자리만을 따라 이리저리 움직이는 철새가 될 수 있고, 잘못된 사업가가 되면 늘 이익만을 따라 좌우로 눈을 돌리는 야비한 기업인이 될 수 있습니다. 섭리를 믿고 따르는 인생이란 황량한 벌판을 가로 지르는 한 줄기의 강물과 같습니다. 그때그때 시시비비를 따지지 않고 그저 묵묵히 흘러가는 것입니다. 흘러가며 만나는 무수히 많은 악들도 하나님께서는 선으로 바꾸어 주실 것입니다.

이제 악을 선으로 바꾸시는 하나님을 증명하는 요셉의 인생과 예수님의 인생을 비교해 봅시다. 요셉은 형제로서 대등한 형들의 배신만 받았지만, 예수님은 자신이 창조하고 생명을 유지해 준 종들, 소유된 백성에게 배척을 당합니다. 요셉은 10명의 형제들에게 배척을 당했지만 예수님은 인류의 역사 전체에, 그리고 지금도 수십억의 사람들에게 무수한 배척과 조롱을 당하고 계십니다. 배신의 규모가 다릅니다. 요셉은 죽임을 당할 뻔했지만 예수님은 실제로 죽임을 당합니다. 요셉은 배척될 때 고대 어느 부족의 작은 소년이었을 뿐입니다. 그러나 예수는 하나님의 아들로서 배척을 당하셨습니다. 요셉과 예수 사이에는 신분과 권위의 무한한 격차가 있습니다. 그리고 권세의 크기와 범위와 길이에 있어서도 비교할 수 없는 격차가 있습니다. 요셉은 애굽에서 총리직에 몸담은 80년간 복수의 칼을 뽑지 않고 선함을 보였지만, 예수는 하늘과 땅의 모든 권세를 영원히 가지신 분임에도 불구하고 이 땅에 오신 이래로 복수하지 않으셨으며 이전부터 영원히 하나님의 선하심을 보이시는 분입니다. 주님의 백성 모두가 구원에 이르도록 지금도 하나님의 보좌 우편에서 기도하고 계십니다. 요셉이 자신의 인생을 통해 보여준 하나님의 선하심은 예수님이 보이신 하나님의 선하심에 비하면 그저 작은 맛보기일 뿐입니다.

예수님은 지극히 선하신 하나님의 아들로서 진실로 선하신 분입니다. 아버지 하나님과 동일하게 예수는 선 자체이고 선의 근원이며 최고의 선입니다. 그럼에도 불구하고 그는 사람들이 자신을 선하다고 평가하자 하늘에 계신 아버지 하나님 외에는 선한 자가 없다며 손사래를 쳤습니다(막 10:18). 신적인 선하심의 한 조각을 보여준 요셉의 인생과는 달리, 예수는 이 세상의 모든 죄를 짊어지고 자신의 죽음을 통해 그 모든 죄를 해결하여 신적인 평화라는 선을 이루시며 하나님의 선하심 전체를 보여주신 분입니다.

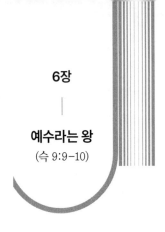

6장

예수라는 왕
(슥 9:9-10)

9 너는 심히 기뻐하라 시온의 딸이여 너는 외치라 예루살렘 딸이여 보라 너의 왕이 너에게 오는도다 그는 공의롭고 구원을 베풀며 겸손하여 숫나귀 즉 암나귀의 새끼인 젊은 숫나귀를 탄다 10 내가 에브라임 병거와 예루살렘 말을 끊겠고 전쟁의 활도 끊으리라 그가 열방에게 평화를 말하겠고 그의 통치는 바다에서 바다까지, 유브라데 강에서 땅끝까지 이르리라(사역)

성탄절은 온 인류에게 가장 소중한 선물이 주어진 역사적 사실을 기념하는 날입니다. 믿음의 조상에게 약속하신 "지극히 큰 상급" 즉 하나님 자신이 우리에게 실질적인 선물이 되신 날입니다. 저는 오늘 포장지를 뜯으며 그 선물의 구체적인 내용 하나를 확인하고 싶습니다. 구약은 그리스도 예수를 가리켜 기록된 책입니다. 스가랴서의 위 본문은 예수께서 세상에 왕으로 오심을 500여년 전에 예언하고 있습니다. 그의 제자들은 스가랴가 기록한 이 예언의 내용을 따라 실제로 예수께서 나귀 새끼를 타고 예루살렘 성으로 왕처럼 들어가신 것을 복음서에 기록하고 있습니다(마 21:7, 눅 19:35). 스가랴는 우리에게 선물로서 오시는 예수를 평화의 왕이라고 말합니다. 그런데 그 왕의 정체성은 세 가지로 구성되어 있다고 말합니다. 첫째는 의로우신 것이고, 둘째는 구원을 이루시고 베푸시는 것이고, 셋째는 겸손하신 것입니다. 의로움과 구원과 겸손은 오늘날 복음을 전파하는 모든 목회자와 성도가 갖추어야 할 가장 중요한 자질들이 아닐까 생각합니다.

> 9 너는 심히 기뻐하라 시온의 딸이여 너는 외치라 예루살렘 딸이여 보라 너의 왕이 너에게 오는도다 그는 공의롭고 구원을 베풀며 겸손하여 숫나귀 즉 암나귀의 새끼인 젊은 숫나귀를 탄다(사역)

먼저 스가랴는 심히 기뻐하고 외치라고 명합니다. 다짜고짜 명령부터 내리는 것은 기쁨과 탄성의 이유가 너무도 분명하고 너무도 위대하기 때문에 예의부터 갖추라는 의미입니다. 이는 한 사람이 일평생 소비할 수 있는 감정 에너지의 총량을 다 쏟아 부으라는 명령과 같습니다. 사실 우리의 인생에는 심히 기뻐하고 탄성을 지를 만한 일이 많지 않습니다. 최대치의 감정을 쏟아낸 경험을 돌아보면 죽었다가 살아날 때, 결혼할 때, 자녀를 출산할 때, 자녀를 결혼시킬 때인 것 같습니다. 그러나 문제는 생존과 결혼과 출산과 출가의 기쁨이 그리 오래 지속되지 않는다는 것입니다. 감정 에너지를 일시적인 기쁨의 땔감으로 태운 이후에는 대체로 이상한 허전함과 덧없음이 마음에 타다 만 재처럼 남습니다. 하지만 스가랴는 자신 있게 심히 기뻐하고 있는 힘껏 외치라고 말합니다. 그 이유는 이것들이 사라지지 않을 것이기 때문입니다.

이 기쁨과 감격이 너무도 확실하고 마땅한 것이어서 선지자는 추측이나 청원이 아니라 명령을 내립니다. 사실 이 땅에서 인생이 경험하는 모든 기쁨과 감격은 예수에 대한 기쁨과 감격의 비유에 불과하며 예고편일 뿐입니다. 예수에 대한 기쁨과 감격을 위해서는 감정을 아끼지 않아도 되고 조절할 필요도 없습니다. 가용한 모든 감정을 다 쏟아 내십시오. 실제로 예수로 말미암아 우리에게 주어진 기쁨과 감격은 이 세상의 모든 사람들과 모든 시대의 기쁨들과 감격들을 모조리 합한 것보다 더 큰 것입니다. 그런데도 그 기쁨과 감격을 발견하지 못하고 누리지 못한다는 것은 참으로 큰 비극이 아닐 수 없습니다. 예수의 기쁨과 감격을 상실한 감정은 갈 바를 알지 못하고 방황할 것입니다. 길을 잃은 감정은 다양하게 오용되고 남용되어 슬픔과 불행의 불씨로 작용할 것입니다.

스가랴가 극도의 기쁨과 탄성을 명하는 대상은 '요새 혹은 보루'를 의미하는 "시온"과 '평화의 터전'을 의미하는 "예루살렘"의 딸입니다. 이 딸은 평화의 마지막 보루와 기초 위에서 살아가는 자입니다. 그런데 놀라운 것은 평화의 보루인 예루살렘 성읍이 지금도 전쟁과 분쟁이 끊이지 않고 있다는 것입니다. 사실 평화는 땅이나 도성에 있지 않습니다. 참된 평화는 다른 외적인 요소들에 의해 확보되지 않고 오직 예수님 안에서만 존재합니다. 예루살렘의 딸이 심히 기뻐하고 탄성을 지르는 이유는 민족이나 지역의 우월성이 아닌 장차 오실 예수님 때문입니다. 시온이 시온답고, 예루살렘이 예루살렘다울 때는 예수님이 그 보좌에 앉으실 때입니다. '성도'라는 성전이 성전다울 때도 예수님이 성도의 마음에 좌정하실 때입니다. 예수님은 그렇게 모든 것의 참된 의미가 되십니다.

스가랴는 장차 오실 예수님을 "너의 왕"(מַלְכֵּךְ)이라고 말합니다. 인간은 본성상 자신의 왕을 고대하고 있습니다. 하나님을 왕으로 모시기 싫어 반역한 이후로 지금까지 인류는 마치 잃어버린 인간의 정체성을 찾으려는 듯 왕의 빈자리를 채우려는 본성적인 욕구에 사로잡혀 있습니다. 그런데 불행히도 모든 사람들은 그 왕좌에 자신을 앉힙니다. 동시에 자신을 지켜주고 행복으로 이끌어줄 어떤 가시적인 왕을 찾습니다. 이스라엘 백성의 역사에서 왕처럼 그들을 보호하고 지켜주고 이끌었던 사람으로 모세가 있습니다. 모세 이후에는 여호수아, 여호수아 이후에는 사사들이 왕의 직무를 맡았으며, 사사시대 이후에는 인간 왕들이 등장하여 다스렸고, 왕정시대 이후 BC 6세기 초반에 활동한 스가랴의 시대에는 북이스라엘과 남유다 모두 멸망하고 그 왕들도 모두 사라진 때입니다.

그런데 또 다른 왕으로서 "너의 왕이 너에게" 온다는 예언은 뭔가 새로운 시대를 여는 신호처럼 들립니다. 이 예언은 지금까지 인류의 역사에서 인간을 다스렸고 다스릴 모든 지도자가 진정한 왕이 아니라는 의미를 내포하고 있습니다. 과연 이 세상에, 인류의 모든 역사에 "나의 왕"이라고 일컬을 수 있는 왕이 어디에 있을까요? 어디에도 없습니다. 구약의 무대에 등장했던 모든 왕들은 그리스도 예수를 왕으로서 사모하게 하고, 기대하게 하고, 더욱 갈망하게 하고, 더욱 애타게 기다리게 하는 맛보기와 같습니다. 때로는 선정으로 진정한 왕을 희미하게 보여주고, 때로는 폭정으로 진정한 왕의 필요성을 절감하게 하는 방식으로 왕에 대한 갈망을 키웁니다. 가정에는 가장이 있고, 학교에는 교장이 있고, 병원에는 병원장이 있고, 국가에는 대통령이 있지만 늘 아쉬움이 있습니다. 멋진 지도자의 모습을 보이는 때라도 그 아쉬움은 해소되지 않습니다. 이는 예수를 왕으로 모시지 않은 세상의 필연적인 아쉬움이 아닌가 싶습니다. 아쉬움이 없어지는 유일한 방법은 모든 공동체의 모든 지도자가 자신의 통치 행위를 통해 하나님을 왕으로서 보여주는 것입니다. 예수님은 왕이신 하나님을 가장 잘 드러내신 분입니다. 그는 하나님을 정확하고 온전하게 드러내는 계시의 완성이 되십니다.

예수님은 하나님을 보여주는 왕으로서 이 세상에 오신 분입니다. 스가랴는 하나님을 보여주는 왕의 삼중적인 요소가 있다고 말합니다. 첫째는 의로움, 둘째는 구원 혹은 자유, 셋째는 겸손입니다. 첫째, 심히 기뻐하고 감격하며 탄성을 질러야 할 왕으로 오시는 예수님은 의로우신 분입니다. 여기에서 "의롭다"(צַדִּיק)는 말은 무엇을 뜻할까요? 성경에서 이 단어는 노아의 경건을 설명할 때에 처음으로 나옵니다. 그 의미는 두 가지의 요소로 이루어져 있습니다. 먼저 노아

는 "그의 시대에" 혹은 "동시대의 사람들 중에서" 흠이 없었
다고 말합니다. "흠이 없다"는 것은 '온전하다' 혹은 '순전하
다' 등의 의미를 가지고 있습니다. 이것은 마치 고대의 도덕
적인 기준으로 볼 때 책잡을 흠이 없었다는 의미로 들리지만
사실은 하나님 앞에서의 흠 없음을 뜻합니다. 다음으로 노
아는 하나님과 동행한 자라고 말합니다. 이는 노아가 범사
에 하나님을 인정하고 하나님의 뜻을 존중하고 그 뜻의 성
취를 위해 살았다는 말입니다. 그리고 덧붙여 욥에게서 발
견되는 의는 어떠한 절망의 상황 속에서도 하나님의 옳으심
을 포기하지 않고 마지막 호흡을 다해 인정하는 것입니다.
예수님은 이 세 가지로 구성된 의로움을 완벽한 수준으로
갖추신 분입니다.

의로우신 왕으로 오신 예수는 온 인류 가운데서 유일하
게 전혀 흠이 없습니다. "너는 내 앞에서 행하여 완전하라"(창
17:1)는 믿음의 조상에게 하신 명령을 완벽하게 행하셔서 인
성을 따라서도 하나님 앞에서 유일하게 완전하게 되신 분입니
다. 하나님 앞에서만 완전하지 않고 세속의 법정으로 소환
을 당하셨을 때에도 그에게서 아무런 죄를 찾지 못했습니다
(요 19:6). 세속적인 유죄의 혐의가 전혀 없다는 빌라도의 공
식적인 판정을 받습니다. 예수님이 보여주신 것처럼 하나님
과 사람 앞에서 어떠한 흠도 없는 것이 의로움의 의미입니

다. 그리고 예수님은 하나님과 철저히 동행하신 분입니다. 어디에 가시든지, 무엇을 하시든지 범사에 "아버지가 내 안에", "내가 아버지 안에" 있는 상태를 항상 유지하신 분입니다. 이것은 아버지의 계명을 완전하게 준행하신 순종을 뜻합니다. 누구든지 아버지 하나님의 계명을 지키면 그의 사랑 안에 거합니다. 동행은 그런 것입니다. 아버지의 뜻을 나의 뜻으로, 아버지의 섭리를 나의 인생으로 수용하는 방식으로 그분과 동행하는 것입니다. '의로움'은 '옳음'의 다른 말입니다. 아버지 하나님의 옳으심을 옳다고 인정하는 방식은 순종에 있습니다. 예수님은 아버지의 옳으심을 온전한 순종의 방식으로 완벽하게 인정하신 분입니다. 욥은 자신의 건강과 가족과 재산을 통째로 상실하고 빼앗기는 절망의 상황에서 하나님의 이름이 찬양을 받으시기 합당함을 끝까지 인정하는 의로움을 보였지만, 예수님은 신이라는 신분과 지위를 스스로 버리시고 자신의 생명까지 버리시는 순간에도 아버지의 뜻대로 되기를 원하며 하나님 아버지의 옳으심을 인정하신 것입니다. 생명이 십자가에 매달리는 가장 억울한 상황 속에서도 아버지의 원대로 되기를 원하신 분입니다. 그래서 예수님은 옳으시고, 그래서 그분은 의로우신 것입니다. 나아가 그는 우리에게 진정한 의로움의 본이 되셨으며 자신이 친히 우리의 의로움이 되셨습니다.

왕의 두 번째 요소는 구원을 이루시고 베푸시는 것입니다. 여기에서 구원을 의미하는 "노쇠"(נושע)는 "운신의 폭을 넓히다 혹은 자유롭게 하다"는 동사 "야쇠"(ישע)의 수동태 분사로 쓰여진 말입니다. 즉, 구원은 어떠한 결박에서 풀려나 넓은 곳으로 나아가 무엇이든 할 수 있도록 자유롭게 된 상태를 의미합니다. 그러므로 구원은 두 가지의 요소, 즉 어떤 결박에서 벗어나는 해방과 어떠한 방해도 없이 최고의 궁극적인 선으로 나아가는 폭넓은 자유로 이루어져 있습니다. 예수님이 왕으로서 우리에게 이루어 주신 구원은 우리가 저주와 죽음과 어둠과 거짓과 마귀의 권세와 죄로부터 해방되어, 창조의 때부터 인간에게 베푸신 하나님을 영화롭게 하는 자유를 누리는 것입니다. 이 자유를 바울은 "영광의 자유"(τὴν ἐλευθερίαν τῆς δόξης)라고 부릅니다(롬 8:21). 저는 이것을 '영광을 마음껏 추구하는 자유'라고 표현하고 싶습니다.

하나님을 영화롭게 하는 구체적인 내용은 우리가 이웃을 사랑하는 것입니다. 그래서 바울은 구원을 받아 자유를 가진 우리에게 이렇게 말합니다. "형제들아 너희가 자유를 위하여 부르심을 입었으나 그 자유로 육체의 기회를 삼지 말고 오직 사랑으로 서로 종 노릇하라"(갈 5:13). 자유의 용도는 누군가를 사랑하는 것에 있습니다. 사랑은 자유를 전제하지 않으면 가능하지 않습니다. 명령을 내리시는 하나님은 인간에게 결코 순종을 강요하지 않으시고 언제나 자유로운 선택의 여지를 남겨 두십니다. 그 첫 사례는 인간에게 부여된 그 자유로 하나님을 사랑하지 않고 그분의 명령을 거부한 최초의 사람인 아담과 하와입니다. 아담과 하와는 하나님을 자신들의 신으로서 거절하고, 이스라엘 백성은 하나님을 그들의 왕으로서 거절합니다. 물론 하나님의 계명을 지키는 자가 하나님을 사랑하는 자입니다. 그런데 그 사랑이 인간의 자발적인 선택에 근거하지 않고 강요된 것이라면 그것은 진정한 사랑이 아닙니다. 아담과 하와는 진정한 사랑의 기회를 자유로운 의지로 포기한 것입니다.

우리에게 해방과 자유라는 구원은 어떻게 주어진 것일까요? 눈에 보이는 적들을 제거해서 주어지는 구원이 아닌 눈에 보이지 않는 죄에서의 해방과 자유라는 구원은 주먹과 힘으로 주어지는 것이 아닙니다. 자신의 생명을 내어 주신 예수님의 희생적인 사랑으로 말미암아 주어지는 것입니다. 예수님은 우리에게 군림하는 왕이 아니라 우리에게 구원을 베푸시기 위해 자기의 생명을 버리신 왕입니다. 그래서 이렇게 말씀하신 것입니다. "인자가 온 것은 섬김을 받으려 함이 아니라 도리어 섬기려 하고 자기 목숨을 많은 사람의 대속물로 주려 함이니라"(마 20:28). 왕은 타인을 구원하기 위해 자신의 생명을 아끼지 않는 자입니다. 백성을 이용하지 않고 백성의 기쁨과 행복을 위해 기꺼이 죽음을 선택하는 자입니다. 세상에서 왕은 대접을 받는 자의 대명사로 인식되고 있지만, 우리의 왕은 우리를 섬기려고 섬김의 대명사인 종의 모습으로 오신 분입니다. 예수님은 왕으로서 종이 되셨고, 이로써 종인 우리를 왕으로 바꾸시고 그 왕으로 하여금 사랑의 종으로 섬기며 살게 하십니다. 왕과 종, 종과 왕의 이 절묘한 엇갈림은 아무리 심각한 무질서와 혼돈과 불법이 창궐해도 흔들림 없이 공의롭게 세상을 이끄시는 하나님의 섭리입니다. 이 섭리가 세상의 질서가 되도록 우리가 그 질서의 통로로 쓰임 받기를 원합니다.

왕의 세 번째 요소는 겸손입니다. 여기에서 "겸손한"을 의미하는 형용사 "아니"(עָנִי)는 '불쌍한 혹은 압제를 당한' 혹은 '가난한'을 뜻합니다. 우리의 왕이신 그리스도 예수는 지극히 겸손하신 분입니다. 실제로 예수님은 부요하신 분이지만 우리를 부요하게 하시려고 가난하게 되셨고, 강하신 분이지만 우리를 강하게 하시려고 압제를 당하셨고, 불쌍한 우리의 형체로 자신을 낮추셔서 우리를 불쌍히 여기사 하나님의 자녀된 신분으로까지 높여 주신 분입니다. 주님의 이러한 겸손에 대하여, 바울은 그분이 하나님의 본체이시기 때문에 신적인 영광이 합당한 분이지만 자신을 하나님과 동등한 존재로 여기지 않으시고 오히려 자신을 비우시고 종의 형체를 취하시고 사람들과 같이 되셨으며 사람의 모양으로 나타나신 이후에도 자신을 더 낮추시고 죽기까지 순종하신 분이라고 말합니다(빌 2:6-8). 스가랴는 지극히 높으신 분이 지극히 낮은 종의 모습으로 자신을 낮추신 이 무한한 겸손을 평화의 왕이 갖추어야 할 마지막 요소라고 말합니다.

겸손한 평화의 왕은 최고의 가마 혹은 병거를 타거나 최고의 준마에 오르지 않고 '숫나귀, 즉 암나귀의 새끼인 젊은 숫나귀'의 등에 타십니다. 실제로 요한은 예수께서 500년 이전에 기록된 스가랴의 예언을 따라 나귀 새끼를 타고 예루살렘 성으로 오신다고 말합니다(요 12:15). 나귀 새끼를 탄다는 말의 의미는 다양합니다. 고대근동 시대에 나귀는 사람들이 들기 싫어하고 스스로 짊어질 수 없는 짐을 짊어지는 운반용 가축을 뜻합니다. 그런 나귀를 타신 예수님은 누구도 들기 싫어하고 스스로 해결할 수 없는 온 세상의 죄라는 가장 무거운 짐을 짊어지신 분입니다. 또한 나귀는 전쟁이 아닌 평화를 상징하기 때문에 평화의 의미를 전할 때 사신을 말이 아니라 나귀에 태워서 보냅니다. 예수님은 심판하기 위해 오시지 않고 하나님과 인간 사이의 평화를 위해 오신 분입니다. 마지막으로 나귀는 겸손을 뜻합니다. 만약 나귀가 겸손을 뜻한다면, 나귀 새끼는 더 큰 겸손을 의미할 것입니다.

겸손은 겸손하게 되려는 노력으로 취할 수 있는 것이 아닙니다. 말과 행위로 연출하는 것도 아닙니다. 겸손은 우리의 됨됨이와 결부되어 있습니다. 겸손한 말과 행위는 겸손한 자에게서 저절로 나오는 결과일 뿐입니다. 바울이 표현한 예수님의 겸손에서 꾸며진 말과 행위는 찾아볼 수 없습니다. 우리가 여전히 겸손한 말과 행위를 위해 노력하고 있다면 아직 겸손한 것이 아닙니다. 겸손은 하나님의 은혜로 주어지는 것입니다. 어떤 방식으로 주어지는 것일까요? 이와 더불어, 겸손한 것은 스스로 낮아지는 것인데 어떻게 왕의 속성일 수 있을까요? 낮아지는 겸손과 높아지는 왕은 어울릴 수 없는 조합으로 보입니다. 그러나 이런 모순적인 조합은 온 세상의 질서로 정하신 하나님의 섭리에 근거한 것입니다. 하나님은 "왕들을 폐하시고 왕들을 세우시"는 분입니다(단 2:21). 세우심과 폐하심의 원리가 있습니다. 즉, 교만한 자를 낮추시고 겸손한 자들을 높이시는 것입니다. 이러한 하나님을 경외하는 지혜자는 말합니다. "사람이 교만하면 낮아지게 되겠고 마음이 겸손하면 영예를 얻으리라"(잠 29:23). 예수님을 태운 나귀 새끼는 아마도 세상에서 가장 존귀하게 쓰임을 받은 짐승일 것입니다. 우리도 만약 예수님을 우리의 마음 보좌에 왕으로 모시고 산다면 가장 존귀한 인간으로 살아갈 것입니다. 진정한 겸손은 바로 이렇게 예수님을 우리의 왕으로 모시는 것입니다.

10 내가 에브라임 병거와 예루살렘 말을 끊겠고 전쟁의 활도 끊으리라 그가 열방에게 평화를 말하겠고 그의 통치는 바다에서 바다까지, 유브라데 강에서 땅끝까지 이르리라(사역)

예수님이 우리의 인생에 평강의 왕으로 오시면 추구하는 삶의 목적과 방향도 바뀝니다. 승리와 정복이 아닌 평화를 지향하는 인생을 구하게 됩니다. 예언된 "너의 왕"을 자신의 왕으로 모신 스가랴 선지자는 에브라임 병거와 예루살렘 말을 끊고 전쟁의 활도 없앨 것이라고 말합니다. 나라를 잃고 주권을 상실한 식민지 시대에 믿을 구석은 스스로 강해지는 것 밖에 없었을 때입니다. 전쟁의 모든 도구들을 추구하지 않는 것, 나아가 있는 것들마저 없앤다는 것은 참으로 놀라운 반전이 아닐 수 없습니다. 전쟁을 위한 병거와 말과 활은 진실로 하나님의 백성에게 더 이상 필요하지 않습니다. 우리도 자신을 강하게 하고 적들을 꺾고 스스로 보호하기 위한 도구들을 준비하기 위해 살지 않아야 합니다. 이는 주님께서 열방에게 전쟁을 선포하지 않고 평화를 전하시기 때문입니다. 주님은 우리와 온 세계에 평화의 왕으로 오신 분입니다. 세속적인 무력과 어마어마한 경제력이 아닌 의로움과 구원과 겸손으로 평화를 이루시는 분입니다. 스가랴는 예수님이 왕으로 오셔서 행하실 평화의 통치는 바다에서 바다까지, 유브라데 강에서 땅끝까지 이를 것이라고 말합니다. 이것은 우리에게 땅끝까지 이르러 증인이 되리라고 하신 예수님의 유언과 연결되어 있습니다. 그렇다면 이 세상에서 제사장 나라로 부르심을 받은 교회의 사명은 무엇일까요? 평화의 복음이 바다에서 바다까지, 유브라데 강에서 땅끝까지 이르도록 만드는 것입니다. 이를 위해서는 우리가 가는 곳마다 마치 주님께서 평화의 왕으로 오신 것처럼 성탄의 기쁨, 복음의 자유를 겸손히 전파해야 할 것입니다. 이러한 본분을 망각하고 전쟁의 활이나 병거나 말을 더 많이 취하려고 힘과 부를 키우는 일에 소중한 인생을 허비하지 마시길 간곡히 바랍니다.

500년 전에 이루어진 스가랴의 예언을 따라 우리에게 평화의 왕으로 오신 예수님은 의로우신 분이며, 구원을 이루시는 분이며, 겸손하신 분입니다. 이 의로움과 구원과 겸손은 왕으로 탄생하신 예수님을 기념하는 모든 하나님의 사람들이 본받아야 하는 것입니다. 의로운 왕이 오셨는데 우리도 의로워야 하지 않겠습니까? 구원의 왕이 오셨는데 우리도 지체와 이웃을 사랑해야 하지 않겠습니까? 겸손의 왕이 오셨는데 우리 역시 겸손해야 하지 않겠습니까? 무엇보다 이 세상에 한번도 없었던 이토록 놀라운 평화의 왕이 오셨으니 심히 기뻐해야 하지 않습니까? 크게 감격하며 가장 높은 소리로 탄성을 질러야 하지 않습니까?

평화의 왕으로 오신 예수를 본받아, 우리도 유일하게 옳으신 하나님의 뜻을 나의 뜻으로 삼고 그 뜻에 순종합시다. 타인의 구원을 위해 우리에게 주어진 구원의 자유를 사용하여 사랑의 종 노릇에 헌신합시다. 대접을 받으려고 자신을 높이지 말고 타인을 섬기기 위하여 늘 우리 자신을 낮춥시다. 이러한 의로운 순종과 구원의 사랑과 섬기는 겸손을 통해 주님께서 평화의 왕으로 오신 성탄의 기쁨은 땅끝까지 이를 것입니다. 예수님의 생물학적 성탄은 단회적인 것이지만 그분의 영적인 성탄은 아직 예수님을 평화의 왕으로 맞이하지 못한 모든 자들에게 계속해서 일어날 것입니다. 평화의 왕으로 오신 예수님을 따라 우리도 순종과 사랑과 겸손으로 왕 노릇하는 것이 마땅하지 않을까요?

스가랴 이전에 활동한 미가는 본문과 대단히 유사한 예언을 했습니다. "사람아 주께서 선한 것이 무엇임을 네게 보이셨나니 여호와께서 네게 구하시는 것은 오직 정의를 행하며 인자를 사랑하며 겸손하게 네 하나님과 함께 행하는 것이 아니냐"(미 6:8). 미가는 주께서 우리에게 구하시는 선한 일을 세 가지로 말합니다. 첫째는 정의를 행하는 것이고, 둘째는 인자를 사랑하는 것이고, 셋째는 겸손하게 하나님과 동행하는 것입니다. 이는 왕의 자질로서 의로움과 구원과 겸손을 강조한 스가랴의 말과 정교하게 겹칩니다. 왕 같은 제사장의 직분을 가지고 왕 노릇하는 하나님의 모든 사람들은 예수님이 평화의 왕으로서 오셔서 보여주신 모든 것을 본받아야 할 것입니다. 성탄절은 우리가 예수님을 닮는 방식으로 기념하는 날입니다.

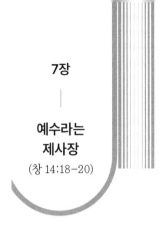

7장

예수라는
제사장

(창 14:18-20)

18 살렘 왕 멜기세덱이 떡과 포도주를 가지고 나왔으니 그
는 지극히 높으신 하나님의 제사장이었더라 19 그가 아브
람에게 축복하여 이르되 천지의 주재이시요 지극히 높으
신 하나님이여 아브람에게 복을 주옵소서 20 너희 대적을
네 손에 붙이신 지극히 높으신 하나님을 찬송할지로다 하
매 아브람이 그 얻은 것에서 십분의 일을 멜기세덱에게 주
었더라

살렘의 왕 멜기세덱은 이스라엘 역사에서도 잘 알려지지 않
은 분입니다. 이는 아마도 히브리서 기자가 증언하는 것처럼
그에게는 "아버지도 없고 어머니도 없고 족보도 없고 시작
한 날도 없고 생명의 끝도 없"기 때문인 듯합니다(히 7:3). 그

는 한 사람을 이해하는 일반적인 인식의 카테고리 안에 들어가지 않고 신비로 싸여 있습니다. 그래서 자칫 근본이 없는 사람으로 보일 수도 있습니다. 그러나 그는 인류의 역사에서 아버지와 어머니와 족보가 유일하게 없었던 아담과 거의 방불하는 인물입니다. 아담은 시작한 날이 있고 생명의 끝도 있기 때문에 멜기세덱 왕은 어쩌면 아담보다 위대한 분일 것입니다. 이처럼 타락 전 아담보다 위대한 사람은 보통 사람들이 상상할 수 없기 때문에 히브리서 저자는 그에 관하여 "할 말이 많으나 너희가 듣는 것이 둔하므로 설명하기 어"렵다고 말합니다(히5:11). 저에게는 이렇게 말하는 히브리서 저자에 대한 궁금증이 생깁니다. 그가 아는 비밀하고 난해한 정보의 분량이 가늠할 수조차 없다니 말입니다. 그에게는 멜기세덱 왕에 대하여 할 말이 너무도 많았던 것 같습니다. 이런 것까지 아는 사람은 사탄의 가시가 필요할 정도의 "지극히 큰" 계시를 받은 바울밖에 없기에(고후12:7) 아마도 그가 히브리서 저자일 것입니다.

멜기세덱 왕에 대하여 설명을 해도 듣는 자가 이해하기 어려운 이유는 세월이 흘러도 진리를 가르치는 원숙한 선생의 수준으로 성장하지 못하고 여전히 "하나님의 말씀의 초보에 대하여" 타인에게 가르침을 받아야 하는 처지, 즉 "단단한 음식은 못 먹고 젖이나 먹어야 할 자가 되었"기 때문입니다(히 5:12). 이는 설명하는 자의 문제가 아니라 그 설명을 알아듣지 못하는 자들의 문제라는 것입니다. 하지만 저자는 "의의 말씀"을 경험하고 지각을 사용하여 "연단을 받아 선악을 분별하는" 장성한 자들은 설명이 어려운 "단단한 음식"도 능히 소화할 것이라고 말합니다(히 5:13-14). 이해하기 어려운 텍스트나 주제를 만나면 대부분의 사람들은 그것을 풀어줄 사람, 단단한 이빨로 씹어 부드러운 젖처럼 만들어 먹여줄 사람을 찾습니다. 그러나 장성한 사람은 자기 지성의 주인이 되어 깊은 사유를 통해 선악을 분별할 때까지 숙고하는 자입니다. 단단한 텍스트를 스스로 씹어 먹으며 거기에서 나오는 의미의 엑기스를 남에게도 나누는 자입니다.

히브리서 저자는 "단단한 음식"이 예수 그리스도 자신에 대한 것인데 멜기세덱과 관계된 것이라고 말하는 듯합니다. 이스라엘 역사가 외면한 멜기세덱의 존재는 놀랍게도 이스라엘 역사가 가장 중요하게 여기는 아브라함 및 다윗과 연결되어 있습니다. 먼저 아브라함은 그를 전쟁에서 승리한 이후에 만납니다. 그는 양 손에 떡과 포도주를 가지고 왔습니다. 마치 구약에서 펼쳐지는 성찬식 같습니다. 어떻게 보면 멜기세덱 자신이 성찬을 제정하신 그리스도 예수를 가리키는 인물임을 양손의 떡과 포도주로 설명하는 듯합니다. 물론 아브라함 입장에서 보면 떡과 포도주는 전쟁의 승리를 축하하는 축제와 복의 상징일 것입니다. 그러나 히브리서 저자는 멜기세덱 왕을 "하나님의 아들과 닮은 자"라고 말합니다 (히 7:3). 그가 "하나님의 아들을 닮은 자"라는 평가에서 확인된 성자의 특징은 아버지와 어머니가 없고 시작과 생명의 끝도 없다는 것입니다. 즉, 하나님의 아들은 이 세상에 기원을 두지 않고 존재의 시작과 끝도 없이 영원부터 영원까지 계시는 분입니다. 이런 성자의 신적인 속성을 설명하는 인물은 멜기세덱 외에는 아무도 없습니다. 예수의 인성은 아브라함과 다윗이, 예수의 신성은 멜기세덱 왕이 예표하고 있습니다. 이러한 신성의 예표에 대해서는 로마서도 침묵하고 있습니다(롬 1:3-4).

히브리서 저자의 기록에 근거할 때, 성자께서 성자이기 시작하신 때가 있다는 아리우스의 주장은 올바르지 않습니다. 성자에 대하여 시작이 없는 존재가 어디에 있느냐는 인간적인 의문 자체가 올바르지 않은 것인지도 모릅니다. 비록 인간이 듣는 귀가 둔하지만 바울이 하나님의 아들을 닮은 멜기세덱에 대해 조금만 더 설명해 주었다면 좋았을 것 같다는 아쉬움이 남습니다. 물론 저도 이 땅에서는 희미하고 부분적인 앎에 만족해야 한다는 바울의 말을 잘 알고 있습니다(고전 13:12).

창세기는 멜기세덱의 신분을 "살렘의 왕"이면서 "지극히 높으신 하나님의 제사장"이라고 밝힙니다. 그는 왕직과 제사장직 모두를 수행한 분입니다. 이스라엘 역사 전체에서 두 직함을 가지고 두 직분을 수행한 왕이나 제사장은 하나도 없습니다. 왕이나 제사장이 상대방의 다른 직분을 수행하는 월권을 저지르면 책망과 형벌을 받습니다. 사울은 이스라엘 역사에서 하나님에 의해 지명된 최초의 왕입니다. 그런데 그가 사무엘을 기다리지 않고 스스로 사무엘 없이 번제를 드립니다. 이 사실을 안 사무엘은 왕이 망령된 일을 행했다는 평가를 내립니다. 사울은 부득이한 번제를 드렸다고 말했지만 사무엘은 "왕의 나라가 길지 못할 것이라"는 엄중한 판결을 내립니다(삼상 13:14).

멜기세덱은 "지극히 높으신 하나님의 제사장"으로 불립니다. 이와 유사하게 말라기는 제사장을 "만군의 여호와의 사자"라고 했습니다(말 2:7). 창세기를 기록한 모세는 이후에 하나님의 명령을 따라 제사장의 다른 반차로 아론을 선두에 세웁니다. 그런데 두 종류의 반차를 알고 있는 모세는 하나님께 제사장의 계보가 왜 둘인지에 대해 궁금해 하고 두 반차를 비교했을 법도 한데 그에게는 그런 의문이나 의식이 전혀 보이지 않습니다. 그래서 이스라엘 백성도 모세를 따라 멜기세덱 왕에게 특별한 관심을 기울이지 않은 듯합니다.

비교해 보자면, 멜기세덱은 성경에서 최초로 언급되는 제사장의 이름입니다. 시간적인 측면에서 그의 반차가 아론의 제도적인 반차보다 앞섭니다. 이는 마치 믿음으로 말미암아 의롭다 함을 받은 아브라함의 신앙이 모세에게 주어진 율법보다 앞서는 것과 같습니다. '사백삼십 년 후에 생긴 율법'이 믿음의 조상에게 하신 약속을 없이 하지 못하는 것처럼 먼저 된 반차를 나중 된 반차가 없이 하지 못합니다. 당연히 멜기세덱은 "레위 족보에 들지 아니한" 분입니다(히 7:6). 선행자가 후행자의 계보에 들어갈 수는 없습니다.

멜기세덱과 아브라함 사이의 관계를 보십시오. 먼저 멜기세덱은 아브라함을 위해 하늘의 복을 구합니다. "천지의 주재시요 지극히 높으신 하나님이여 아브람에게 복을 주옵소서"(창 14:19). 복을 빌면서 그는 하나님을 높입니다. "너희 대적을 네 손에 붙이신 지극히 높으신 하나님은 복되시다." 여기서 "복되다"는 말은 '높여 드리다'는 의미도 있습니다. 멜기세덱은 승리한 아브람이 아니라 하나님이 복되다고 말합니다. 지극히 높고 복되신 하나님은 아브람을 지극히 복되게 하시는 분입니다. 아브람의 막강한 대적을 그의 손에 붙이신 분입니다. 아브람이 하나님께 받은 근본적인 복은, 대적을 무찌름이 아닌 멜기세덱처럼 복되신 하나님의 이름을 높이며 그에게 영광을 돌리는 복입니다. 이는 믿음의 조상만이 아니라 믿음의 모든 후손에게 주어지는 최고의 복입니다. 창조의 목적이 거기에 있고 당연히 모든 인생의 목적도 거기에 있습니다. 그 목적이 달성되니 얼마나 귀한 복입니까?

복을 받은 아브람은 자신이 얻은 것의 십일조를 멜기세덱에게 드립니다. 십일조를 주는 행위는 자기보다 높은 자에게 드리는 일입니다. 십일조의 제공은 자신의 모든 소득이 그에게서 왔다는 사실을 고백하는 것입니다. 고로 아브람의 십일조는 전쟁의 승리라는 소득이 하나님의 은혜로 말미암은 것임을 인정하는 것입니다. 그런데 말라기의 기록에 따르면, 십일조는 "하나님의 것"입니다(말 3:8). 진실로 우리에게 있는 생명과 호흡과 만물을 비롯한 모든 것이 그에게서 왔습니다. 우리에게 있는 것 중 그에게서 받지 않은 것이 하나도 없기 때문에 우리는 마땅히 십일조를 하나님께 드립니다. 하나님의 이름으로 복을 빈 멜기세덱에게 아브람이 십일조를 드린 것은 사람이 아니라 하나님께 드린 것입니다. 동시에 이것은 그를 "지극히 높으신 하나님의 제사장"으로 인정한 것입니다. 히브리서 기자는 레위도 그에게 십일조를 드린 것이라고 말합니다. 즉, 멜기세덱과 아브람이 만났을 때 레위는 아브람의 허리에 있었기 때문에 아브람의 십일조 제공에 참여한 것이라는 논리를 펼칩니다(히 7:9-10). 멜기세덱 제사장의 반차가 아론의 반차보다 크다는 말입니다.

복을 빌고 받는 관계에 대한 히브리서 저자의 설명을 보십시오. "논란의 여지 없이 낮은 자가 높은 자에게서 축복을 받느니라"(히 7:7). 이것은 멜기세덱이 아브라함 및 그의 허리에 있던 레위 지파보다 높다는 말입니다. 이는 아브라함 가문에 속했다는 자부심이 지대했던 이스라엘 백성이 보기에는 대단히 충격적인 말입니다. 십일조를 주고 받는 관계에 대해서도 멜기세덱은 아론의 반차와는 비교할 수 없을 정도로 높습니다. 히브리서 저자는 그 누구도 "레위 계통의 제사 직분으로 말미암아 온전함을 얻을 수"는 없었다고 말합니다(히 7:11). 그래서 레위의 "제사 직분"은 바뀔 수밖에 없다고 말합니다. 아론의 반차는 영원하지 않습니다. 그러나 멜기세덱은 "항상 제사장으로 있다"고 말합니다(히 7:3).

아론의 반차는 물리적인 성전이 있을 때만 제사장의 직분을 수행할 수 있습니다. 그러나 멜기세덱의 반차는 성전이 세워지기 이전에 제사장의 직분을 가지고 수행해 왔습니다. "항상" 혹은 "계속해서"(εἰς τὸ διηνεκές) 제사장으로 있기 때문에 성전의 건축이나 파괴와 무관하게 제사장의 직무는 중단되지 않습니다. 히브리서 저자는 온전하게 하지 못하는 아론의 반차는 성전의 파괴와 함께 그 역할이 끝나고 다른 반차의 제사장이 나와야 한다고 말합니다. 이것은 "멜기세덱의 반차를 따르는 다른 한 제사장", 즉 "한 사람도 제단 일을 받들지 않는 다른 지파에 속한 자를 가리켜 말한 것"입니다(히 7:11-13). 여기에서 "다른 지파"는 유다 지파를 말합니다. 예수께서 바로 멜기세덱의 반차를 따르는 유다 지파에서 나신 다른 한 제사장이 되십니다. 그런데 놀랍게도 히브리서 저자는 유다 지파의 대표적인 다윗의 말을 인용하며 제사장 직분의 변화에 대한 설명을 잇습니다. "너는 멜기세덱의 서열을 따라 영원한 제사장이라 하셨도다"(시 110:4).

다윗은 이스라엘 백성이 가장 존경하고 높이 평가하는 왕입니다. 그런데 다윗은 성령의 감동으로 예수를 "내 주"라는 호칭으로 높입니다(마 22:44). 그 예수께서 멜기세덱의 반차를 따라 영원한 제사장이 되신다고 말합니다. 이렇게 다윗은 예수와 멜기세덱을 자신보다 높입니다. 대부분의 사람들은 그리스도 예수를 "아브라함과 다윗의 자손"으로 이해해 왔습니다. 그런데 정작 아브라함과 다윗은 멜기세덱을 자신보다 더 높입니다. 영원한 제사장의 계보가 멜기세덱에서 시작되는 것이라고 말합니다. 이스라엘 역사가 관심을 두지 않은 사람을 이스라엘 역사가 가장 중요하게 여기는 아브라함과 다윗이 인정하고 높인다는 것은 역사의 역설이 아닐 수 없습니다.

히브리서 저자는 이 역사적 역설을 가장 정확하게 인지하고 차분한 어조로 설명하고 있습니다. 예수께서 아론의 반차가 아니라 멜기세덱의 반차를 따라 일시적인 제사장이 아닌 영원한 제사장이 된 것은, "육신에 속한 한 계명의 법을 따르지 아니하고 오직 불멸의 생명의 능력을 따라" 된 것이라고 말합니다(히 7:16). 아론의 반차에 따라 "제사장 된 그들의 수효가 많은 것은 죽음으로 말미암아 항상 있지 못"하기 때문인데, "예수는 영원히 계시므로 그 제사장 직분도 [영원히] 갈리지" 않는다고 대조해서 말합니다(히 7:23-24). 지금은 아론의 반차에 따른 제사장이 없지만, 예수는 지금도 "항상 살아 계셔서", "자기를 힘입어 하나님께 나아가는 자들"을 위하여 기도하는 제사장 직분을 수행하고 계시기에 그들을 "온전히 구원하실 수 있"습니다(히 7:25).

예수는 믿음의 조상 아브라함, 하나님의 백성을 다스린 왕 다윗, 그리고 아브라함 밖에서 신비로운 제사장의 계보를 이어가는 멜기세덱 왕의 반차를 따라 믿음의 사도요, 왕중의 왕이며, 제사장 중의 제사장이 되신 분입니다. 그런데 주목해야 할 것은, 예수께서 영원한 제사장이 되셔서 자신을 영원한 제물로 삼아 영원한 단번의 제사를 드리신 구원의 역사가 아브라함 및 다윗의 후손으로 행하신 일이 아니라는 것입니다. 그래서 우리는 멜기세덱 이야기를 통해 아브라함 및 그의 혈통적인 후손인 이스라엘 백성이 구원의 역사에서 한시적인 기능을 수행하고 있다는 확신을 얻습니다.

기독교는 유대인의 종교로 제한되지 않습니다. 민족의 테두리를 벗어난 온 인류의 종교라는 사실을 멜기세덱 왕의 존재가 증명하고 있습니다. 기독교는 아브라함 시대부터 예루살렘 성전이 파괴되는 때까지의 특정한 기간에만 유효한 종교가 아닙니다. 이 땅에 "아버지도 없고 어머니도 없고 족보도 없고 시작한 날도 없고 생명의 끝도 없이 하나님의 아들과 닮아 항상 제사장"이 된 멜기세덱 이야기는 기독교가 인간의 역사 전체에도 국한되지 않음을 말하는 듯합니다. 기독교는 그 기원과 존속이 시작과 끝이 없으신 하나님의 아들 예수에게 있기 때문에 영원부터 영원까지 지속될 것입니다.

더 놀라운 것은 베드로의 주장처럼 그리스도 예수를 믿는 자들이 "왕 같은 제사장"이 된다는 것입니다(벧전 2:9). 이는 믿음의 조상 아브라함, 이스라엘 백성의 왕 다윗, 영원한 제사장 멜기세덱의 계보를 이어가는 직분이 우리에게 주어져 있다는 말입니다. 왕직과 제사장직 모두를 수행한 멜기세덱의 반차를 따라 영원한 제사장이 되신 예수의 영원한 직분은 그를 믿는 자들을 통하여 지금도 지속되고 있는 듯합니다. "왕 같은 제사장" 직분은 아브라함 및 다윗의 자손 예수라는 이해를 넘어 그들보다 더 장구하고 더 위대하고 더 지속적인 멜기세덱 이야기를 통해서만 이해될 수 있습니다. 혈통과 약속의 계보만이 아니라 사명의 계보도 함께 고려해야 우리가 누구인지, 어떤 사명을 수행해야 하는지를 깨달을 수 있습니다.

우리는 모두 지극히 높으신 하나님의 왕 같은 제사장 직분을 수행하신 그리스도 예수의 반차를 계승하기 위해 태어났고 보내심을 받은 자입니다. 예수의 두 직분에 대한 마태의 기록을 보십시오. "인자가 온 것은 섬김을 받으려 함이 아니라 도리어 섬기려 하고 자기 목숨을 많은 사람의 대속물로 주려 함이니라"(마 20:28). 예수의 왕직은 섬김을 받는 것이 아니라 섬김을 주는 것입니다. 예수의 제사장직은 자신을 위해 타인을 제물로 삼는 것이 아니라 타인을 위해 자신을 희생물로 삼는 것입니다. 이와는 달리 타인의 섬김만 받으려 하고 타인의 생명을 희생물로 삼으려는 자기 중심적인 삶은 "왕 같은 제사장"의 사명을 능멸하는 것입니다. 그런 삶은 남에게 민폐를 끼치는 것만이 아니라 나에게도 불행한 삶입니다. 예수님은 "누구든지 크고자 하는 자는 너희를 섬기는 자가 되고 너희 중에 누구든지 으뜸이 되고자 하는 자는 너희의 종이 되어야 하리라"고 하십니다(마 20:26-27).

아버지와 어머니와 시작과 생명의 끝도 없었던 멜기세덱 왕처럼, 우리도 이 세상의 어떠한 기준에 의해서도 규정되지 맙시다. 심지어 존재의 시작인 가족이라 할지라도 거기에 얽매이지 말고 땅의 어떠한 것에도 미련을 두지 맙시다. 오직 하나님을 존재의 아버지로, 인생의 시작과 끝으로 여기며 원수까지 포함한 모든 사람들을 사랑으로 섬기는 왕 노릇에 충실합시다. 그런 희생적인 사랑으로 십자가의 복음을 증거하여, 사람들로 하여금 주님께로 돌이키게 하고 영원한 생명의 수혜자가 되게 하고 그렇게 거듭난 이들을 하나님께 거룩한 산 제물로 드리는 복음의 제사장 직무에 충성을 다합시다.

또한 히브리서 저자는 멜기세덱 왕을 "먼저는 의의 왕이요 그 다음은 살렘 왕이니 곧 평강의 왕"이라고 했습니다(히 7:2). 먼저 그는 의를 위한 일이라면 물불을 가리지 않는 "의의 왕"입니다. 의에 생명을 거는 왕입니다. 백성의 의로움에 대해 책임을 지는 왕입니다. 어떠한 불의도 용납하지 않는 왕입니다. 당연히 여기에서 "의"라는 것은 사람들 앞에서가 아니라 하나님 앞에서의 "옳음"을 뜻합니다. 예수를 믿음으로 말미암아 의롭다 하심을 얻는 사람들은 모두 의의 왕이 되고 그 의로 온 세상을 섬기는 사명을 받습니다. 다니엘의 기록처럼, "많은 사람을 옳은 데로 돌아오게 한 자는 별과 같이 영원토록 빛"날 것입니다(단 12:3). 마치 예수를 예언하는 듯합니다. 예수는 그런 의의 왕입니다. 예수는 모든 율법의 완성으로 하나님 아버지 앞에서의 옳으심을 친히 보여주신 의의 모델이 되십니다.

마지막으로 멜기세덱 왕은 "평강의 왕"입니다. 바울의 말처럼 그는 하나님과 화평을 이루고 "모든 사람과 더불어 화평"의 관계를 맺습니다(롬 12:18, 히 12:14). 그가 섬기는 모든 백성들의 사이를 가로막은 불화의 벽을 허무는 왕입니다. 심지어 원수와도 더불어 화목을 이룹니다. 이러한 평화를 위해서는 자신의 몸도 사리지 않습니다. 이러한 평강의 왕도 예수를 예고하고 있습니다. 그는 이새의 줄기에서 나온 평강의 왕입니다. 죄가 없으시기 때문에 아버지 하나님과 어떠한 불화도 없습니다. 우리가 아직 원수 되었을 때에 자신의 생명을 아끼지 않으시고 우리에게 주심으로 원수와의 화목을 이루신 분입니다. 그런데 그 예수로 말미암아 우리도 평강의 왕이 됩니다. 하나님과 늘 화목하고 모든 사람, 심지어 원수와도 화목을 이루어야 할 왕입니다. 주변에 섬기는 사람들 중에 불화의 관계가 보인다면 자신의 몸을 사리지 않고 화목의 책임을 지는 왕입니다. 이처럼 멜기세덱은 왕직과 제사장직 모두를 수행하신 분이었고, 예수는 바로 그의 실체이며 그 예수로 말미암아 우리도 왕 같은 제사장의 직분을 받습니다. 왕으로서 의의 표준을 세우고 제사장으로서 희생적인 사랑을 실천하는 직분에 충실함으로, 예수를 증거해야 할 사명이 우리 모두에게 있습니다.

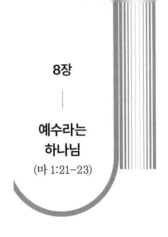

8장

예수라는
하나님
(마 1:21-23)

21 아들을 낳으리니 이름을 예수라 하라 이는 그가 자기 백성을 그들의 죄에서 구원할 자이심이라 하니라 22 이 모든 일이 된 것은 주께서 선지자로 하신 말씀을 이루려 하심이니 이르시되 23 보라 처녀가 잉태하여 아들을 낳을 것이요 그의 이름은 임마누엘이라 하리라 하셨으니 이를 번역한즉 하나님이 우리와 함께 계시다 함이라

예수님은 누구신가? 주님께서 제자들을 향해 던지신 질문입니다. 많은 사람들의 다양한 대답들이 있었지만, 예수님은 타인의 답이 아니라 각자 자신의 직접적인 고백을 촉구하며 "너희는 나를 누구라 하느냐?"는 질문을 던집니다. 모든 하나님의 사람들은 각자가 자기의 입술로 이 물음에 답

을 고백해야 합니다. 오늘 본문은 우리에게 그 답변의 한 조각을 제공합니다.

> 21 아들을 낳으리니 이름을 예수라 하라 이는 그가 자기 백성을 그들의 죄에서 구원할 자이심이라 하니라

요셉과 마리아는 정혼한 사이입니다. 아직 잠자리에 누운 적도 없는데 마리아가 임신을 했습니다. 인류가 존속하는 일반적인 방식과 동떨어진 일이어서 오해가 생깁니다. 마리아가 다른 남자와 관계를 맺었음이 분명해 보였기 때문입니다. 이런 오해의 연장으로 마리아가 로마의 한 군병과 눈이 맞아서 가진 아이라고 주장하는 해괴한 학자들도 있습니다. 아무튼 요셉은 두려웠을 것입니다. 그러나 지혜로운 그는 아내에게 고통이 초래되지 않도록 조용히 정리하려 했습니다. 그러던 중 두려움에 떠는 두 사람에게 하나님의 사자가 친절하고 따뜻하게 다가와, 성령으로 잉태된 아들을 낳을 것인데 이름을 "예수"로 정하라고 말합니다. "예수"는 그가 자기 백성을 그들의 죄에서 구원할 분임을 뜻하는 이름입니다.

이러한 예수의 이름 안에는 그의 백성이 죄인이며 그들이 그에 의해서만 죄에서 구원을 받게 된다는 의미가 내포되어

있습니다. 우리는 어떠한 죄인인가요? 사회의 법이나 양심의 평가를 통해서는 우리가 어떠한 종류의 죄인인지 깨닫지 못합니다. 사회의 법은 사람의 행위 혹은 외모를 평가하나 인간의 내면은 평가하지 못합니다. 양심은 평가의 기준이 자기 자신입니다. 당연히 양심에 의한 평가는 공정성이 떨어질 수밖에 없습니다. 그러므로 사회법과 양심은 모두 인간에 대한 온전하고 객관적인 평가를 내리지 못합니다. 사회법과 양심은 인간이 왜 시기하고 질투하며, 왜 악한 생각을 하고, 거짓말을 내뱉고, 왜 증오와 분노를 격발하고, 왜 싸우고 다투며, 왜 불의와 불법을 저지르며, 왜 사람을 때리고 죽이며, 왜 욕심을 부리는지 그 이유를 알지 못합니다. 죄의 원인을 알지도 못하는 법이나 양심이 그 결과인 죄를 해결하기 위해 그 원인을 제거하는 것은 더더욱 불가능한 일입니다.

성경은 아담이 타락한 이후의 모든 인류를 죄인으로 규정하고 있습니다. 의지의 능력을 가지지도 못하고 행위의 책임도 지지 못하는 아이들도 그 도모하는 바가 악하다고 평합니다. 이는 여덟 명을 제외한 온 인류가 사형에 해당하는 홍수의 심판을 받았음에도 여전히 해결되지 않은 악입니다. 또한 죄인의 정확한 평가가 내려지지 않았다는 뜻입니다. 인간의 죄인 됨은 예수님에 의해서만 제대로 가늠될 수 있습니다. 율법이 죄를 깨닫게 하는 기능이 있듯이 말씀이 육신으로 오신 예수님도 죄를 깨우치게 하시는 분입니다. 따라서 인간은 하나님의 아들이 육신으로 오신 그 예수님의 죽으심을 통해서만 죄가 해결되어 죄인 됨이 종식될 수 있습니다. 예수님은 자기 백성을 저희 죄에서 구원하실 구원자로 오셨는데, 그 죄의 크기는 성자의 생명을 대가로 지불해야 할 정도로 큰 것입니다. 인간은 그토록 큰 죄를 저지른 죄인입니다.

죄의 삯은 죽음입니다. 죄인의 죽음이 아닌 의인의 죽음만이 이 죄를 제거할 수 있습니다. 이는 죄인이 벌금을 내고 감옥에 투옥되고 사형을 당해도 하나님 앞에서의 죄가 해결되는 것은 결코 아니라는 사실을 뜻합니다. 사람들은 눈에 보이는 죄만 죄로 간주하는 경향이 있습니다. 눈에 보이도록 드러난 죄만 해결하면 된다고 생각합니다. 그러나 보이는 죄는 보이지 않는 마음에서 비롯된 것이기에, 죄의 해결은 행동의 문제 이전에 마음의 문제이고 영혼의 문제입니다. 선악과를 따먹은 아담과 하와의 죄를 보면 쉽게 이해할 수 있습니다. 그들의 죄는 금지된 선악과를 따먹은 행위 그 자체일까요? 만약 그렇다면 율법을 따라 선악과 열 개를 반납하면 죄가 해결될 것입니다.

그런데 성경은 선악과를 따먹은 죄의 삯으로 다섯 배가

아니라 반드시 죽는다는 형벌을 부과하고 있습니다. 이는 하나님이 행위라는 외모를 보지 않으시고 그 행위의 근원 인 마음을 보시기 때문입니다. 죄의 본질은 마음과 결부되 어 있습니다. 나아가 모든 죄는 하나님을 향한 것입니다. 인 간과 관계된 모든 죄가 그 죄의 기준인 율법의 제정자, 즉 하 나님을 무시하는 것이기 때문입니다. 여기에서 주의해야 할 것은 인간에게 저지른 모든 죄에 대해서는 비록 하나님께 회 개하고 형벌과 용서를 받았다고 할지라도, 죄의 피해자에게 갚아야 할 것이 있다면 그것은 반드시 갚아야 한다는 것입 니다. 율법의 입장은 단호합니다. "도둑은 반드시 배상할 것 이나 배상할 것이 없으면 그 몸을 팔아 그 도둑질한 것을 배 상할 것이요"(출 22:3). 전액을 배상하는 방식은 "소 한 마리 에 소 다섯 마리로 갚고 양 한 마리에 양 네 마리로 갚"으라 고 명시되어 있습니다(출 22:1). 사람에게 갚아야 할 것이 있 고 하나님께 갚아야 할 것이 있습니다. 구약의 제사법에 의 하면, 가해자가 비록 피해자에게 응당 해야 할 보상을 법대 로 한 이후라 할지라도, 여전히 하나님께 소죄제와 속건제 를 드려야만 했습니다. 삭개오는 아마도 이런 율법의 내용 을 알았는지 사기를 친 것이 있다면 네 배를 갚겠다고 했습 니다. 예수님은 인간이 하나님 앞에서 저지른 죄를 해결해 주십니다. 그러나 죄로 말미암아 이웃에게 준 피해나 상처 나 고통이나 손해를 보상하는 것은 예수님이 아닌 죄인 자신의 몫입니다.

22 이 모든 일이 된 것은 주께서 선지자로 하신 말씀을 이루려
하심이니 이르시되

마태는 예수님에 의한 죄문제 해결은 주께서 선지자로 하신 말씀의 성취를 위한 일이라고 말합니다. 선지자가 기록한 성경은 그 전체가 예수님을 가리켜 기록된 책입니다. 예수님의 성육신이 이루어진 성탄절은 인류가 기다리고 기다리던 예언이 성취된 날입니다. 온 인류의 역사는 예수님을 주목했고 지금도 주목하고 있습니다.

23 보라 처녀가 잉태하여 아들을 낳을 것이요 그의 이름은 임
마누엘이라 하리라 하셨으니 이를 번역한즉 하나님이 우리와
함께 계시다 함이라

23절에서, 천사는 이토록 기념비적 사건인 예수님의 성탄과 행하신 일들이 특별히 이사야가 기록한 예언의 성취라고 말합니다. 그런데 세상 사람들이 예수님을 믿지 못하고 체험하지 못하는 이유는 무엇입니까? 사람의 상식과 논리로는 이해할 수 없는 분이기 때문입니다. 예수는 처녀가 잉태하여 낳은 자입니다. 여기서 처녀는 아들을 잉태할 수 없

는 여성을 말합니다. 게다가 요셉도 처음에는 상식적인 판단에 근거하여 마리아의 수태를 이해하려 했습니다. 요셉은 의롭고 선한 분입니다. 그럼에도 불구하고 성령으로 말미암은 처녀의 수태는 이해하지 못하였던 것 같습니다. 천사의 설명이 없었다면 요셉도 상식과 논리의 희생물이 되었을 가능성이 높습니다.

이사야 7장 14절에서 인용된 "처녀"라는 말(עַלְמָה, 알마)은 '젊은 여자'를 뜻합니다. 이 단어는 성적인 경험의 여부와 관계하지 않고 나이와 관계된 말입니다. 그런데 이 용어가 헬라어로 번역된 고대의 70인역에서는 성 경험의 여부와 관련된 "처녀"(παρθένος, 파르떼노스)로 번역되어 있습니다. 예수님은 70인역의 번역을 택하셨고 마태도 그것을 그대로 기록하고 있습니다. 처녀의 수태는 인간의 능력이나 의지에서 나온 사건이 아닌 하나님의 기적에 의한 것입니다. 무에서 유를 만드시고 죽은 자도 산 자처럼 부르시는 하나님의 능력을 보여주는 일입니다. 사람의 노력이나 자격과 무관하게 죄로 말미암아 죽은 자를 살리시기 위한 하나님의 무조건적 사랑을 보여주는 일입니다.

이러한 사랑을 나타내기 위해 태어나신 분의 이름은 무엇입니까? '임마누엘, 즉 하나님이 우리와 함께 계시다'는 의미를 가진 이름입니다. 이 이름을 가만히 보십시오. 우리가 하나님과 함께하는 것이 아니라 하나님이 우리와 함께 계신 다고 말합니다. 우리가 '함께함'의 주어라면 앞으로 함께하 지 못할 가능성이 있습니다. 그러나 하나님이 주어이시면 그 분과 우리는 영원히 함께할 것입니다. 하나님이 우리와 함께 하는 것은 그분의 무조건적 사랑과 자비로운 선택에 근거한 것이기에 함께함의 공로는 오로지 하나님께 있습니다. 하나 님이 우리와 함께 하신다는 것은 복음의 핵심이고 복의 핵 심이며 섭리의 초점으로 보아도 무방할 것입니다.

하나님이 이스라엘 백성을 선택하신 이유는 그들과 함께 하기 위함입니다. 율법의 시대에 하나님이 그들과 함께 하 는 방법은 그들 가운데 성막을 두는 것입니다. 성막의 일차 적인 목적은 하나님이 이스라엘 백성과 만나시는 것입니다 (출 25:22). 만남은 함께 하는 것이고 대화를 나누는 것입니 다. 만남은 몸과 마음이 모두 함께 하는 일입니다. 제자들을 부르신 첫 번째 목적도 그들이 예수님과 함께 거하도록 하 기 위한 것입니다. "이에 열둘을 세우셨으니 이는 자기와 함 께 있게 하시고"(막 3:14). 예수님이 승천하실 때에 남기신 마 지막 유언의 내용도 하나님과 함께함의 중요성을 강조하고 있습니다. "볼지어다 내가 세상 끝날까지 너희와 항상 함께 있으리라"(마 28:20). 이는 예수님이 우리의 영원한 임마누엘 되심을 선언하는 말입니다.

그러나 하나님이 우리와 함께 계시기 위해서는 죄를 해결해야 합니다. "여호와의 손이 짧아 구원하지 못하심도 아니요 귀가 둔하여 듣지 못하심도 아니라 오직 너희 죄악이 너희와 너희 하나님 사이를 갈라 놓았고 너희 죄가 그의 얼굴을 가리어서 너희에게서 듣지 않으시게 함이니라"(사 59:1-2). 하나님과 우리의 만남 혹은 함께함을 방해하는 유일한 요소는 죄입니다. 죄가 하나님과 우리 사이의 간격을 만듭니다. 이 간격을 제거하기 위해 예수님이 오셨습니다. 그분은 죄를 제거하신 이후에도 우리에게 성령을 보내사 세상 끝날까지 영원토록 항상 함께 계시는 분입니다. 성령은 언제 우리에게 오십니까? 회개할 때입니다. 베드로는 우리가 회개하면 죄의 사함을 받고 성령을 선물로 받는다고 말합니다(행 2:38). 성령의 오심은 하나님과 우리가 함께함을 뜻합니다.

하나님이 인간과 영원토록 함께 계신다는 것은 최고의 은총이고 기적입니다. 임마누엘 되시는 아들이 처녀의 몸에서 난다는 것은 이것을 예언한 선지자도 전혀 예상하지 못한 일입니다. 베드로는 선지자도 궁금해서 우리에게 구원을 주시는 메시야가 언제 어떤 분으로 오시는지 꼼꼼히 연구하고 정밀하게 살폈다고 말합니다(벧전 1:10–11). 나아가 모든 선지자와 율법의 마지막인 요한조차 예수님을 눈으로 보고서도 이런 질문을 했습니다. "예수께 여짜오되 오실 그이가 당신이오니이까 우리가 다른 이를 기다리오리이까"(마 11:3). 이러한 의문은 선지자가 보기에도 메시야의 처녀 출생이 상상을 초월하는 일이었기 때문이 아닌가 싶습니다.

구약의 많은 선지자와 임금들은 예수님의 제자들이 보는 것을 그렇게도 열렬하게 보고자 하였지만 보지 못하였고 듣는 것을 듣고자 하였으나 듣지 못했습니다(눅 10:24). 그런 열망을 잘 보여주는 사례가 시므온과 안나입니다. 시므온은 생전에 메시야 보기를 소원하다 아기 예수를 보고서 "주재여 이제는 말씀하신 대로 종을 평안히 놓아 주시는도다"(눅 2:28–29) 라는 찬양을 드립니다. 안나도 성전을 떠나지 않고 주야로 금식하며 기도하다 아기 예수를 만나고 하나님께 감사하며 모든 사람에게 그에 대하여 말합니다(눅 2:37–38).

그런 열망의 대상이신 예수님을 보고 듣고 만지고 체험하는 것은 놀라운 일입니다. 이는 제자들이 누린 영광과 특권이 얼마나 큰 것인지를 보여줍니다. 오늘날 우리도 동일한 영광과 특권을 누릴 수 있습니다. 믿음으로 인해 그리스도 예수께서 우리 마음에 거하시고 세상 끝날까지 우리와 항상 함께 계실 것이기 때문입니다. 그래서 우리는 믿음으로 그분을 보고 듣고 만지며 체험할 수 있습니다. 모든 사람들이 하나님을 보고 듣고 만지며 체험하고 싶어하지 않습니까? 그런데 그게 되질 않아 늘 가슴을 태웁니다. 물론 가슴을 태우지 않는 사람들도 많습니다. 예수님은 믿지 아니하는 자들이 요나보다 크고 솔로몬의 지혜보다 더 큰 지혜를 가지신 예수님을 믿지 않기 때문에 그들이 니느웨 사람들과 남방의 시바 여왕에 의해 정죄를 당할 것이라는 말씀을 하십니다(마 12:41-42).

임마누엘 되시는 예수님이 우리와 함께 하신다는 것은 지극히 큰 축복이며 영광입니다. 왜일까요? 이는 우리에게 부모나 형제나 친구가 없어도 결코 혼자가 아니기 때문입니다. 어떠한 오해나 억울함이 있어도 하나님께서 여전히 나의 증인이시기 때문입니다. 무익한 인간과 함께함이 아닌 전능하신 창조자요 지혜로운 통치자요 정의로운 심판자인 그분과의 동거와 동행이기 때문입니다. 그런 하나님과 함께하는 삶이라면 어떠한 근심이나 두려움도 없습니다. "너는 그들을 두려워하지 말라 너희의 하나님 여호와 곧 크고 두려운 하나님이 너희 중에 계심이니라"(신 7:21). 이는 이스라엘 백성의 민족적인 숨통을 끊고 국권을 빼앗아간 고대의 제국 바벨론을 두려워하지 말라는 말입니다. 세계의 질서를 규정하고 움직이는 대국의 헤비급 주먹도 가볍게 여기라는 것입니다.

임마누엘 하나님 때문에 우리는 그리스도 예수와 모든 것을 공유합니다. 이에 대하여 바울은 말합니다. "긍휼이 풍성하신 하나님이 우리를 사랑하신 그 큰 사랑을 인하여 허물로 죽은 우리를 그리스도와 함께 살리셨고 (너희는 은혜로 구원을 받은 것이라) 또 함께 일으키사 그리스도 예수 안에서 함께 하늘에 앉히시니"(엡 2:4-6). 우리는 예수와 함께 죄의 죽음에서 살아나 이미 하늘에서 그와 함께 앉아 있습니다. 하나님의 보좌 우편에 계신 예수님과 나란히 하늘에 앉은 자신을 생각해 보십시오. 비록 몸은 여기에 있지만 우리의 영적 상태는 하늘에 있습니다. 장차 우리의 몸도 주님과 나란히 앉혀질 것입니다. 이보다 더 큰 영광이 없기에 바울은 말합니다. "생각건대 현재의 고난은 장차 우리에게 나타날 영광과 족히 비교할 수 없도다"(롬 8:18).

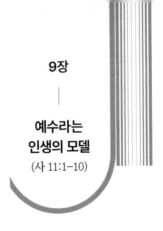

1 이새의 줄기에서 한 싹이 나며 그 뿌리에서 한 가지가 나서 결실할 것이요 2 그의 위에 여호와의 영 곧 지혜와 총명의 영이요 모략과 재능의 영이요 지식과 여호와를 경외하는 영이 강림하시리니 3 그가 여호와를 경외함으로 즐거움을 삼을 것이며 그의 눈에 보이는 대로 심판하지 아니하며 그의 귀에 들리는 대로 판단하지 아니하며 4 공의로 가난한 자를 심판하며 정직으로 세상의 겸손한 자를 판단할 것이며 그의 입의 막대기로 세상을 치며 그의 입술의 기운으로 악인을 죽일 것이며 5 공의로 그의 허리띠를 삼으며 성실로 그의 몸의 띠를 삼으리라 6 그 때에 이리가 어린 양과 함께 살며 표범이 어린 염소와 함께 누우며 송아지와 어린 사자와 살진 짐승이 함께 있어 어린 아이에게 끌리며 7 암

소와 곰이 함께 먹으며 그것들의 새끼가 함께 엎드리며 사자가 소처럼 풀을 먹을 것이며 8 젖 먹는 아이가 독사의 구멍에서 장난하며 젖 뗀 어린 아이가 독사의 굴에 손을 넣을 것이라 9 내 거룩한 산 모든 곳에서 해 됨도 없고 상함도 없을 것이니 이는 물이 바다를 덮음 같이 여호와를 아는 지식이 세상에 충만할 것임이니라 10 그 날에 이새의 뿌리에서 한 싹이 나서 만민의 기치로 설 것이요 열방이 그에게로 돌아오리니 그가 거한 곳이 영화로우리라

이 세상의 모든 지혜와 지식은 하나님과 인간을 아는 지식과 지혜로 귀결됩니다. 만물과 역사는 하나님과 인간에 대한 교훈이 펼쳐지는 무대입니다. 그런데 예수는 완전한 하나님과 완전한 사람입니다. 예수는 하나님과 인간에 대한 최고의 진리입니다. 그래서 바울은 지혜와 지식의 모든 보화가 그리스도 안에 감추어져 있다고 말합니다(골 2:3). 하나님과 인간에 대한 지혜와 지식은 하나님 사랑과 이웃 사랑을 향합니다. 그 사랑의 종착지는 하나님의 영광입니다. 이 모든 것이 그리스도 안에서 발견됩니다. 그래서 바울은 그리스도 예수와 그의 달리신 십자가 외에 어떠한 것도 자랑하지 않고 심지어 알지도 않기로 작정한 것입니다. 그리스도 예수는 지혜와 지식의 알파와 오메가, 처음과 끝입니다. 그래서 그는 우리가 본받아야 할 모델입니다.

물론 인류의 최초 모델은 아담입니다. 그런데 아담이 죄를 범하고 타락했기 때문에 그 모델이 사라지고 없습니다. 인류가 아담의 허리 안에서 함께 타락했기 때문에 우리 모두는 죄인에 의해 출생하고 죄인으로 태어납니다. 그러나 하나님은 부패한 온 인류가 멸망의 길을 질주하지 않도록 각자의 마음에 양심의 법정을 두시고 죄에 대한 억제력을 주셔서 사회가 보존되게 하셨습니다. 타락한 이후에 인간은 정녕 죽어야 마땅하나, 하나님은 우리의 생명을 붙드셨고 창조의 은총을 다 거두지 않으셨으며, 각자에게 주어진 재능을 따라 서로에게 도움을 주는 공동체를 만드시고 지금껏 친히 이끌고 계십니다.

그럼에도 불구하고 사람들은 마땅히 되어야 할 인간의 모델, 마땅히 살아야 할 인생의 모델이 없어 방황하고 있습니다. 아담은 하나님의 형상을 따라 지음을 받았지만 죄로 말미암아 그 형상이 부서지고 틀어져 버립니다. 이 문제는 일반적인 은총을 통해 해결되지 않습니다. 그래서 인간에게 특별한 은총을 베풀기로 하십니다. 그것은 바로 하나님의 말씀입니다.

이 말씀은 인간이 존재의 뿌리를 두고 있는 신적인 형상의 본체입니다. 즉, 말씀은 인간에게 마땅히 되어야 할 존재의 모델이고 마땅히 살아야 할 인생의 모델입니다. 성경에 있는 하나님의 모든 말씀은 바로 인류의 모델로서 주어진 것입니다. 그 말씀이 인격적인 육신이 되어 우리의 형체를 입고 오신 그리스도 예수야말로 그 모든 말씀의 성취와 마침과 완성이 되십니다. 예수는 태초부터 주어진 하나님의 말씀이 제시한 인류의 궁극적인 모델입니다. 성경에 기록된 말씀은 인간의 내면에 있지 않고 바깥에 머물러 있습니다. 그러나 그리스도 예수는 우리 안에 그의 영이신 성령으로 계십니다. 그리고 돌판에 기록된 말씀이 이루지 못한 일을 이제 우리 안에서 이루고 계십니다. 우리 안에 하나님의 형상을 회복하고 존재와 삶의 모델이 되셔서 우리를 그 모델과 동일하게 빚으십니다.

본문은 우리에게 모델이 되시는 예수가 과연 어떤 분인지를 예언의 형태로 설명하고 있습니다. 누구든, 어떤 것이든 모델이 없으면 방황할 수밖에 없습니다. 그러나 우리에게는 존재와 인생의 이정표가 주어져 있습니다. 그리스도 예수가 바로 그 분입니다. 그를 알지 못하면 우리는 늘 방황하는 인생을 살아갑니다. 사도들은 우리가 인간다운 인생을 살아가기 위해서는 그 예수를 아는 지식에서 자라가야 하고 그에게까지 성장해야 한다고 말합니다.

1 이새의 줄기에서 한 싹이 나며 그 뿌리에서 한 가지가 나서
결실할 것이요

이새의 줄기에서 난 싹이요 그 뿌리에서 난 가지의 역사적인 실체는 다윗일 것입니다. 그러나 본질적인 실체는 예수입니다. 예수는 이새의 혈통적인 줄기에서 난 싹이며 이새의 언약적인 뿌리에서 난 가지입니다. 줄기는 이새의 소생이고, 뿌리는 이새의 근원입니다. 그러므로 예수는 다윗의 혈통을 따라 출생한 이새의 후손이고, 다윗에게 주어진 하나님의 언약을 따라서는 육신으로 오신 하나님의 아들입니다. 이러한 신분의 이중성은 모든 사람에게 있습니다. 모든 사람은 혈통을 따라 가문이란 줄기에서 나옵니다. 동시에 믿음의 사람들은 거기에 더해 약속의 자손입니다. 그러나 아담의 죄로 인하여 보통의 인간은 혈통을 따라서만 출생합니다.

2 그의 위에 여호와의 영 곧 지혜와 총명의 영이요 모략과 재능
의 영이요 지식과 여호와를 경외하는 영이 강림하시리니

예수는 여호와의 영이 그 위에 임한 분입니다. 예수는 마리아의 태에서 잉태될 때부터 그 위에 성령이 임하셨고, 그 성령으로 말미암아 잉태되셨기에 성령으로 충만한 분입니다. 이 충만은 요한을 잉태한 마리아의 친족 엘리사벳이 임

신한 마리아를 만났을 때, 엘리사벳 복중의 아이가 영향을 받아 뛰어놀 정도였습니다. 예수가 본격적인 공생애의 사역을 시작할 때도, 성령은 그에게 비둘기와 같이 충만하게 임하십니다. 그러므로 예수는 진정 성령의 사람입니다. 그런 예수는 우리에게 영적인 출생과 삶과 사역의 모델이 되십니다. 예수처럼, 우리도 거듭나게 하시는 성령으로 말미암지 않고서는, 예수를 구세주로 믿지도 못하고 시인할 수도 없게 됩니다. 우리는 성령의 임하심과 함께 하나님의 자녀로 출생합니다. 그리고 예수처럼 일상을 살아가며 공적인 사역을 수행할 때에도 성령의 충만함을 입어야만 합니다. 오직 성령이 임하여야 비로소 권능을 받고 예루살렘, 온 유다, 사마리아, 그리고 땅끝까지 이르러 증인의 사명을 수행할 수 있습니다.

여호와의 영이 임한 예수에게 주어진 권능의 구체적인 내용은 무엇입니까? 첫째, 지혜와 총명입니다. 성령은 지혜와 총명의 영이시기 때문입니다. 예수는 지혜와 총명의 모든 보화를 자신 안에 소유하고 있습니다. 우리에게 성령이 임하지 않으면 참된 지혜와 총명의 능력이 주어지지 않고 그저 인간적인 지혜와 총명이 그 빈자리를 차지할 것입니다. 지혜와 총명의 출처는 어디입니까? 특별히 헬라인은 지혜와 총명의 소유를 진심으로 소원하고 있습니다. 이에 대하여 바울은 그들이 추구하고 소유한 최고의 지혜가 하나님의 미련한 것보다 더 못하다는 뼈 있는 비교급을 만듭니다(고전 1:25).

참된 지혜와 명철은 세상 그 어디에도 없습니다. 세상에서 가장 온전하고 정직한(욥 1:8) 욥이 말합니다. "지혜는 어디서 얻으며 명철이 있는 곳은 어디인고 그 길을 사람이 알지 못하나니 사람 사는 땅에서는 찾을 수 없구나"(욥 28:12-13). 이러한 절망은 믿음의 사람에게 언제나 역설적인 소망의 출구로 작용합니다. 우리가 믿는 하나님은 아골 골짜기 같은 절망적인 장소에도 소망의 문을 만드시고 여시는 분이시기 때문입니다. 땅에서 경험한 지혜와 명철 찾기의 처절한 실패는 우리의 눈을 돌려 하늘만 응시하게 합니다. 지혜와 명철의 출처에 대한 욥의 결론을 보십시오. "하나님이 그 길을 아시며 있는 곳을 아시나니"(욥 28:23). 하나님은 지혜와 명철의 주소지도 알고 그곳에 이르는 길도 아신다고 말합니다. 그러므로 우리는 이 세상 그 어디도 그 누구도 아닌 하나님께 지혜를 구해야 합니다. 하나님은 지혜와 명철을 구하는 "모든 사람에게 후히 주시고 꾸짖지 않으시는" 분입니다(약 1:5). 하나님께 구하면 주시는 지혜의 내용은 무엇입니까? 이에 대해 욥은 말합니다. "보라 주를 경외함이 지혜요 악을 떠남이 명철이라"(욥 28:28). 지혜의 본질은 여호와 경외이고 명철의 본질은 악을 떠남에 있습니다. 이것은 헬라인이 구하는 지혜와는 다릅니다. 진실로 주를 경외하는 사람은 지혜롭고, 악을 떠나는 사람은 명철한 자입니다. 복잡하지 않고 애매하지 않습니다. 예수는 여호와를 가장 완벽하게 경외하고 악을 철저하게 미워한 지혜와 명철의 소유자가 되십니다. 우리의 모델 아닙니까? 이런 예수처럼 우리도 지혜와 총명의 영을 구하고 그 영을 따라 살아가야 합니다.

둘째, 여호와의 영이 임하면 모략과 재능을 얻습니다. 모략과 재능의 영이 예수에게 임합니다. 그래서 세례 요한은 예수를 가리켜 "나보다 능력 많으신 이가 내 뒤에" 오신다고 했습니다(막 1:7). 모략과 재능은 어떤 일을 수행하기 위해 필요한 두 가지 힘입니다. 모략은 계획이나 조언이나 상담을 의미하고, 재능은 힘이나 능력을 뜻합니다. 직무를 수행하기 위해서는 계획을 세우고 조정하기 위한 조언이 필요하고, 이해와 공감대의 형성을 위한 소통 혹은 대화도 필요합니다. 지혜자의 진단처럼, 모략이 없으면 경영이 무너질 것입니다(잠 15:22). 성령은 우리에게 인생의 규모와 설계도를 제공하는 분입니다. 성령께 엎드려야 인생의 방향과 목적을 발견할 수 있습니다.

나아가 일의 내용과 규모와 방향과 구성과 단계와 목적

을 설정한 이후에는 그것을 실제로 추진하는 능력이 필요합니다. 마음에 아무리 강력한 소원이 있더라도 성취할 능력이 없으면 신기루일 뿐입니다(마 26:41). 그래서 모략과 재능은 직무의 필수적인 두 기둥입니다. 하나라도 없으면 무너질 것입니다. 세워진 계획을 이룰 만큼의 능력이 필요하고 가진 능력에 상응하는 계획을 세우는 균형이 필요합니다.

하나님의 나라와 의를 추구하기 위해서는 바로 하나님의 뜻만이 우리의 마음에 홀로 세워져야 하고(잠 19:21) 하나님이 공급해 주시는 능력(벧전 4:11), 즉 성령의 능력으로 행하여야 합니다(고전 2:4). 때문에 우리는 하나님께 우리 각자와 공동체를 향한 그분의 뜻을 구해야 하고, 우리에게 능력 주시는 하나님께 능력을 구해야 합니다. "내게 능력 주시는 자 안에서 내가 모든 것을 할 수 있느니라"(빌 4:13). 능력이 줄어들거나 심지어 능력이 없어지더라도 근심하지 않을 수 있는 이유는, 우리의 하나님이 마르지 않는 능력의 샘이시기 때문입니다. 그런 능력을 기꺼이 베푸시는 하나님의 뜻은 무엇입니까? "이 작은 자 중의 하나라도 잃는 것은 하늘에 계신 너희 아버지의 뜻이 아니니라"(마 18:14). 하나님의 능력은 무엇입니까? "십자가의 도가 멸망하는 자에게는 미련한 것이요 구원을 받는 우리에겐 하나님의 능력이라"(고전 1:18). 이처럼 복음을 증거하고 십자가의 길을 걸어가는 것은 모략과 재능의 영이 임한 자의 삶입니다. 십자가는 내가 죽고 그리스도 예수가 내 안에 사는 철저한 자기부인 혹은 죽음의 역설적인 힘입니다. 우리가 인간답게 살기 위해서는, 이 세상의 정치적 권력과 경제적인 부와 사회적인 명성과 광범위한 인맥과 특출한 재능이 아닌 기꺼이 십자가를 짊어지게 하는 성령의 권능이 필요합니다. 십자가를 능력으로 해석할 때 우리는 사람답게 사는 능력을 얻습니다.

셋째, 성령으로 말미암은 권능은 지식과 여호와를 경외하는 것입니다. 지식과 여호와 경외는 사실 연동되어 있습니다. 이는 하나님의 진리를 알면 하나님을 경외하게 되고, 하나님 경외를 추구할 때에 진리의 지식이 주어지기 때문입니다. 그래서 지혜자는 말합니다. "여호와를 경외하는 것이 지식의 근본이라"(잠 1:7). 이 고백은 하나님을 경외하지 않는 자는 하나님을 아는 지식에 이르지 못하고, 하나님을 알지 못하면 하나님을 경외하지 못한다는 긴밀한 관계성을 가르치고 있습니다. 성령은 진리의 영이며 우리로 하여금 하나님을 경외하게 하는 영입니다. 진리의 지식과 여호와 경외의 원천은 바로 성령입니다. 진리의 영이신 성령은 우리를 "모든 진리 가운데로 인도"하는 분입니다. 그리고 "하나님은 모든 사람이 구원을 받으며 진리를 아는 데에 이르기를 원"(딤전 2:4)하십니다. 그러므로 우리는 하나님께 진리와 경외의 영을 구해야 합니다. 진리를 알면 예배자가 됩니다. 범사에 하나님을 인정하게 되고, 그것이 하나님을 경외하는 자의 인간다운 삶입니다.

예수의 인생은 우리에게 삶의 새로운 방식을 제시합니다. 우리에게 성령이 임하시면 우리도 예수처럼 지혜와 총명과 모략과 재능과 지식과 경외의 사람이 됩니다. 성령 없이는 지혜와 총명과 모략과 재능과 지식과 여호와 경외함도 없습니다. 성령 없이 취득한 세상의 지혜는 지혜가 아니라 우매이며, 세상의 총명은 잘못된 인식이며, 세상의 모략은 꼼수이고, 세상의 재능은 얄팍한 재주며, 지식은 무지의 가면이며, 여호와 경외함은 인위적인 종교성의 분출일 뿐입니다.

3 그가 여호와를 경외함으로 즐거움을 삼을 것이며 그의 눈에 보이는 대로 심판하지 아니하며 그의 귀에 들리는 대로 판단하지 아니하며

여호와를 경외하는 것은 성령이 인간에게 임한 목적이며 인간의 진정한 행복과 영광입니다. 이사야는 이 부분을 강조하며 적습니다. 여호와를 경외하는 영이 임한 예수는 여호와 경외함을 즐거움의 대상으로 삼습니다. 이것보다 더 탁월한 인생의 모범은 없습니다. 여호와를 경외하는 것은 그

자체로 참된 인간의 실상이며(전 12:13), 최고의 행복과 영광을 추구하는 인생의 절정이기 때문입니다. 당연히 여호와 경외함이 없는 것은 인간에게 최대의 고통이며 악입니다(렘 2:19). 실제로 역사 속에서 민족적인 택함을 받은 이스라엘 백성은 여호와를 마음에 두기 싫어하고 그분을 경외하지 않음으로 버림을 받았으며 멸망을 당했습니다. 그러나 온 인류가 실패했고 택함을 받은 이스라엘 백성도 실패한 여호와 경외를 예수는 즐거움의 대상으로 삼습니다. 이로써 본래의 인간이 취하고 누려야 할 행복과 영광을 모두 취하신 것입니다. 우리는 어떤가요? 여호와 경외를 거북한 숙제로 여기거나 그저 억지로 참여하는 예배의 종교적인 의식 정도로 전락시키진 않았습니까? 우리의 짧은 인생에서 진정한 즐거움은 여호와를 경외함에 있습니다. 이것을 모르고 살아가는 인생은 너무도 허무할 것입니다. 전도서의 핵심 주제는 허무이고 전도자는 그 허무의 유일한 회복이 여호와를 경외함에 있다고 단호하게 말합니다.

지혜와 총명과 모략과 재능과 지식과 경외의 영이 임한 예수는 눈에 보이는 대로, 귀에 들리는 대로 판단하지 않고 심판하지 않습니다. 물론 학문의 세계에서 보이는 것과 들리는 것은 객관성의 보루입니다. 그런데 예수의 판단력은 눈과 귀의 기능에 근거하지 않는다고 말합니다. 눈에 보이는 것과 귀에 들리는 것이 객관성 혹은 사실성에 있어 상대화 된 것은 지성사의 큰 충격입니다. 예수의 판단은 보이지 않는 것이 보이는 것보다 높은 객관성과 사실성을 가지지 않고서는 일어날 수 없는 일입니다. 판단과 심판을 위한 보이지 않는 차원의 기준은 무엇입니까? 그가 경외하는 하나님 자신입니다. 하나님 자신을 기준으로 모든 것을 판단합니다. 하나님을 알지 못하면 기준도 모르게 되고, 당연히 올바르고 객관적인 판단은 가능하지 않습니다. 그런데 마태는 아들 외에는 아버지 하나님을 아는 자가 없다고 말합니다(마 11:27). 예수는 하나님의 형상입니다. 하나님에 대한 예수의 지식은 온전합니다. 여호와를 경외하는 자는 그를 아는 지식이 완전하고, 하나님을 아는 지식이 완전한 자는 그를 경외할 수밖에 없습니다. 이렇게 지식과 경외는 결부되어 있습니다.

> 4 공의로 가난한 자를 심판하며 정직으로 세상의 겸손한 자를 판단할 것이며 그의 입의 막대기로 세상을 치며 그의 입술의 기운으로 악인을 죽일 것이며

여호와를 알고 경외하는 인간의 본래적인 모습을 이 세상에 보여주는 것 자체가 이미 하나님의 판단과 심판입니다. 하늘과 땅의 모든 권세를 가진 예수는 이 세상에서 일어나는 심판의 주체인 동시에 심판의 기준이 되십니다. 그

래서 그를 믿으면 심판을 받지 않지만 믿지 않으면 이미 심판을 받은 것이라고 말합니다. 우리가 하나님 앞에서 어떠한 사람이 되느냐가 이미 심판을 받은 것입니다. 여호와를 경외하는 자의 본래적인 모습은 하나님 앞에서의 공의와 정직을 드러내는 것입니다. 심판의 기준은 보이고 들리는 것이 아니라 하나님 앞에서의 공의이며, 판단의 기준도 보이고 들리는 것이 아니라 하나님 앞에서의 정직입니다. 공의는 하나님의 질서에 순응하는 것이고 정직은 하나님을 가감하지 않고 계신 그대로 드러내는 것입니다. 하나님 앞에서의 공의와 정직의 실천은 하나님의 질서인 그의 말씀에 대한 순종과 같습니다. 하나님의 명령에 순종하면 내가 아니라 하나님이 드러납니다. 예수는 여호와의 영이 임하여 하나님의 공평하고 자비로운 말씀에 온전히 순종한 분입니다.

말씀 자체이고 말씀의 완성인 예수는 그 입의 막대기로 세상을 치며 그 입술의 기운으로 악인을 없앱니다. 진리의 능력으로 세상을 이기고 악인을 선인으로 바꿉니다. 즉, 심판의 도구는 바로 그의 입에서 나오는 말입니다. 말씀이 육신이 되신 예수의 탄생은 이 세상과 악인의 심판과 관계되어 있음을 우리는 이 구절에서 확인합니다. 예수의 탄생이 구원을 받을 자에게는 축복과 영광과 기쁨의 사건입니다. 그러나 이 세상과 악인 편에서는 심판과 멸망의 사건입니다.

그래서 그들은 하나님의 아들이 육체로 오신 것을 인정하지 않습니다(요일 4:2-3).

이사야의 이 기록에서 특이한 것은 심판과 판단의 대상이 가난한 자와 겸손한 자라는 것입니다. 부한 자는 불의로 재산을 축적하고, 욕심 때문에 나누지를 않았다는 혐의가 있기에 얼마든지 심판의 대상이 될 가능성이 높습니다. 교만한 자는 당연히 자신을 스스로 높이는 일이 지탄의 대상이 됩니다. 하지만 가난한 자와 겸손한 자는 사회에서 불의나 교만의 혐의가 전혀 없습니다. 그런데도 그들을 심판과 판단의 대상으로 언급하는 이유는 무엇입니까? 비록 세상에서 가난하고 겸손해서 법 없이도 살고 법에 저촉되는 일을 하지 않는 칭찬과 존경의 대상이라 할지라도 진정한 공의의 실체, 진정한 겸손의 실체가 이 땅에 나타나면 모든 것들에 대한 평가와 판단과 처분이 바뀝니다. 이 땅에서 가난하고 겸손한 자들조차 그리스도 앞에 서면 고개를 들지 못합니다. 예수는 진실로 겸손한 분입니다. 하늘보다 더 높으신 분이 이 땅의 낮고 낮은 곳으로 자신을 낮추셨습니다. 창조자가 피조물의 자리까지 자신을 낮추셨기 때문에 이 세상의 모든 겸손한 자들은 그의 겸손 앞에 본색이 드러납니다. 그들 중 누군가는 불의하고 교만한 자라는 판단을 받으며 그 판단에 상응하는 조치를 받습니다. 이런 일이 일어나게 만드는 것이 진짜 인간다운 모습입니다.

성도는 그리스도 예수로 말미암아 참 인간의 형상을 회복한 자입니다. 이로써 우리도 예수처럼 이 세상에서 심판을 수행하는 것입니다. 바울은 우리가 형제를 판단할 수 있는 역량을 갖추어야 한다는 문맥에서 이렇게 말합니다. "성도가 세상을 판단할 것을 너희가 알지 못하느냐"(고전 6:2). 교만하고 거짓되고 폭력적인 사람만이 아니라 겸손하고 정직하고 온유한 사람도 판단을 받습니다. 그러나 바울은 우리가 판단하는 대상의 끝은 세상이 아니라고 말합니다. "우리가 천사를 판단할 것을 너희가 알지 못하느냐"(고전 6:3). 천사들도 판단의 범주에 포함됩니다. 태초에 하나님은 우리에게 땅을 정복하고 다스리는 권한과 책임을 주셨고, 하나님의 자녀가 된 우리에게는 천사도 판단하는 권한과 책임도 맡기신 것입니다. 이는 한편으로 놀라운 영광이고, 다른 한편으로 무거운 짐입니다. 온 세상과 천사까지 판단의 대상으로 삼으려면 인격의 크기와 지혜의 분량은 어떠한 수준까지 이르러야 할까요? 우리가 어떠한 공동체에 거하는 것 자체가 판단과 심판의 행위이기 위해, 우리는 그리스도 예수의 인격과 삶에 이르러야 합니다. 즉, 그의 공의와 정직과 겸손과 정의를 마음에 담고 삶으로 열매 맺어야 합니다. 그러할 때 하늘과 땅은 우리로 말미암아 판단의 자리에 세워집니다.

5 공의로 그의 허리띠를 삼으며 성실로 그의 몸의 띠를 삼으
리라

공의와 성실은 인간다운 인간이 이 세상에서 살아가는
생활의 방식입니다. 예수는 공의와 성실의 화신입니다. 이
사야는 예수를 가리켜 이렇게 말합니다. "다윗의 왕좌와 그
의 나라에 군림하여 그 나라를 굳게 세우고 지금 이후로 영
원히 정의와 공의로 그것을 보존하실 것이라"(사 9:7). 예수
는 하나님 나라의 왕이시며 그 나라를 다스리고 굳게 세웁
니다. 하나님의 나라를 영원히 견고하게 세우시는 방식 역
시 정의와 공의입니다. 정의는 사법적인 균형을 의미하고 공
의는 관계적인 균형을 뜻합니다. 정의는 심은 대로 거두고
행한 대로 갚으시는 하나님의 질서를 의미하고, 공의는 모
든 사람들이 가진 고유한 가치에 상응하는 수준으로 서로
를 대우해야 하는 하나님의 질서를 뜻합니다. 이러한 공의
와 정의는 힘의 근원입니다. 동시에 성실도 힘의 동일한 근
원입니다. 공의와 성실을 허리띠로 삼지 않으면 힘이 없어지
고 힘을 쓸 수도 없습니다.

이 세상에는 정의가 무너져 있습니다. 눈에 보이고 귀에
들리는 것을 기준으로 삼아 판단하기 때문입니다. 이 세상
이 처한 문제의 근원은 공의와 성실의 실종에 있습니다. 그

러나 하나님은 어떠한 사람도 눈에 보이고 귀에 들리는 대로만 판단하지 않으십니다. 보이지 않는 행위까지 고려하여 행한 대로 갚으시는 분입니다. 하나님은 이 땅을 심판하고 판단함에 있어 공의롭고 성실한 분입니다. 사람에게 지은 죄뿐만 아니라 하나님께 저질러진 죄까지도, 눈에 보이는 죄만이 아니라 보이지 않는 죄까지도 그것에 합당한 형벌로 반드시 갚아 주십니다.

또한 공의도 무너져 있습니다. 관계 속에서 서로를 대하는 하나님의 질서가 버려졌기 때문입니다. 사람들은 서로를 눈에 보이는 신체와 가문과 학력과 경력과 재력에 근거하여 대우합니다. 못생기고, 빽 없고, 못 배우고, 미숙하고, 가난하면 그를 멀리하고 무시합니다. 반대로 예쁘거나 잘생기고, 집안이 좋고, 좋은 학교를 나오고, 대기업의 고위직을 거치고, 재산이 많으면 가까이 다가가서 아부합니다. 그러나 하나님은 모든 사람을 그 자체로 보시기에 심히 좋았다는 평가를 내리시고 그런 평가를 따라 공평하게 대하시는 분입니다. 그에게는 전혀 차별이 없습니다. 또한 예수는 하나님 나라의 질서인 정의와 공의 자체이며 기준입니다. 그래서 그를 믿고 연합한 자는 의로운 자로 간주되며 그에게서 분리된 자는 불의한 자로 분류되고, 결국 진노의 자녀가 되어 멸망을 당합니다. 이것은 보이는 것과 보이지 않

는 것이 모두 고려된 판단과 조치이기 때문에 지극히 공의
로운 것입니다.

> 6 그 때에 이리가 어린 양과 함께 살며 표범이 어린 염소와 함
> 께 누우며 송아지와 어린 사자와 살진 짐승이 함께 있어 어린
> 아이에게 끌리며 7 암소와 곰이 함께 먹으며 그것들의 새끼가
> 함께 엎드리며 사자가 소처럼 풀을 먹을 것이며 8 젖 먹는 아
> 이가 독사의 구멍에서 장난하며 젖 뗀 어린 아이가 독사의 굴
> 에 손을 넣을 것이라

본문에는 성령이 임하신 예수가 공의와 정직으로 심판과
판단을 내리고 공의와 성실로 활동한 결과로 펼쳐진 놀라운
평화의 모습이 묘사되어 있습니다. 즉, 짐승과 짐승 사이에,
자연과 인간 사이에, 인간과 인간 사이에도 평화가 있습니
다. 이 평화로운 세상은 예수로 말미암아 권력이나 부나 외
모나 인기나 명예와 무관하게 모든 존재가 동등한 평화의 관
계성을 유지하는 곳입니다. 그리스도 안에 있는 종과 주인,
어른과 아이, 노예와 자유인, 이방인과 유대인, 남자와 여
자, 부자와 빈자, 고위직과 하위직 사이에는 어떠한 서열도
위아래도 없습니다(갈 3:28). 이에 대해 바울은 그리스도 예
수를 경외하면 모든 관계성 속에서 모든 당사자가 서로에게
복종하게 된다고 말합니다(엡 5:21). 복종하되 일방적인 복

종이 아닌 아내는 남편에게, 남편은 아내에게, 자녀는 부모에게, 부모는 자녀에게, 종은 상전에게, 상전은 종에게 서로 순종하는 것입니다. 이는 하나님의 정의와 공의가 사회의 질서로 자리를 잡을 때 나타나는 평화의 모습입니다.

> 9 내 거룩한 산 모든 곳에서 해 됨도 없고 상함도 없을 것이니 이는 물이 바다를 덮음 같이 여호와를 아는 지식이 세상에 충만할 것임이니라

인간다운 인간이 정의와 공의의 기준이 되어 판단과 심판이 이루어진 세상은 해로움과 상함이 없고, 폭력과 고통과 슬픔이 없는 곳입니다. 그 이유는 그 인간으로 말미암아 여호와를 아는 지식이 온 세상에 충만해지기 때문입니다. 서로를 위협함도 없고 개개인이 상함도 없는 진정한 평화와 안정의 나라가 세워질 것입니다. 진정한 평화의 근거는 여호와를 아는 지식의 충만에 있습니다. 여호와를 아는 지식의 위력은 얼마나 대단한지 모릅니다. 이 대단함의 끝은 그리스도 예수의 오심입니다. 은혜와 진리가 충만한 독생자의 영광을 보이신 예수가 오셨을 때의 실상을 누가는 이렇게 적습니다. "지극히 높은 곳에서는 하나님께 영광이요 땅에서는 하나님이 기뻐하신 사람들 중에 평화로다"(눅 2:14). 그리스도 예수는 하나님을 알리는 계시의 절정입니다. 완전한 계시이

신 예수의 오심 자체가 이 땅에는 여호와를 아는 지식의 충만인 것입니다. 이렇게 만물 안에서 만물을 충만하게 하는 분이시기 때문에 하늘과 땅에 하나님의 영광과 기쁨을 가득하게 하십니다. 우리도 하나님을 가장 많이 보여주는 사람이 되어, 가는 곳마다 우리의 머무름 자체가 하나님을 아는 지식의 확산에 기여해야 하지 않을까요?

> 10 그 날에 이새의 뿌리에서 한 싹이 나서 만민의 기치로 설 것이요 열방이 그에게로 돌아오리니 그가 거한 곳이 영화로 우리라

정의와 공의로 하나님 나라를 세우고 보존하는 예수는 만민의 깃발과 같습니다. 하나님의 나라를 사모하는 열방은 깃발 되시는 그에게로 나옵니다. "나라들은 네 빛으로, 왕들은 비치는 네 광명으로 나오리라 네 눈을 들어 사방을 보라 무리가 다 모여 네게로 오느니라 네 아들들은 먼 곳에서 오겠고 네 딸들은 안기어 올 것이라"(사 60:3-4). 예수는 하나님 나라의 깃발입니다. 그래서 모든 족속과 모든 나라와 모든 방언이 모든 곳에서 그에게로 나옵니다. 그가 거한 곳은 가정이든, 직장이든, 국가든, 나의 마음이든 모두 영화롭게 변합니다. 왜 그러합니까? 예수의 정의와 공의 때문입니다. 지혜자는 말합니다. "공의는 나라를 영화롭게 하고 죄는

백성을 욕되게 하느니라"(잠 14:34). 하나님 나라의 왕이신 예수는 공의롭고 정의로운 분입니다. 그래서 그가 통치하는 모든 곳을 영화롭게 만드는 것입니다. 그런 자에게로 나아오는 모든 사람들은 빈손으로 오지 않습니다. "이는 바다의 부가 네게로 돌아오며 이방 나라들의 재물이 네게로 옴이라"(사 60:5). 그리하여 사방에서 그에게로 온 모든 사람들로 구성된 하나님의 나라가 외적인 면에서도 영화롭게 될 것입니다.

예수는 인간과 인생의 참 모델이십니다. 첫째 아담이 실패한 것을 회복하고 보다 완전하게 만회하신 둘째 아담입니다. 그러므로 우리가 인간다운 인간이 되기 위해서는 예수를 닮아야 합니다. 사도들은 성도들로 하여금 하나님의 사람으로 온전하게 자라도록 세워진 하나님의 종입니다. 또한 한결같이 그리스도 안에서 자라가고 그를 아는 지식에서 자라가고 그를 자람의 최종 목적으로 삼으라고 말합니다. 그래서 엄밀하게 보면 사도들은 모든 글에서 예수만 가르치고 있습니다. 특별히 바울은 그리스도 예수와 그가 달리신 십자가 외에는 알지 않기로, 자랑하지 않기로, 가르치지 않기로 공언한 대표적인 사도입니다. 사실 구약도 그리스도 예수를 가르치기 위해 기록된 책입니다. 이는 우리가 우리 안에 온전히 형성해야 할 하나님의 형상의 본체요, 인격과 인생의 표준이 바로 그리스도 예수이시기 때문입니다.

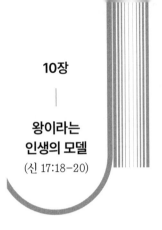

10장

왕이라는
인생의 모델
(신 17:18-20)

18 그가 통치의 보좌에 오르거든 자신을 위해 이 두 번째 율법을 레위 사람 제사장의 면전에서 두루마리 위에 필사하고 19 그것과 함께 있으면서 그는 삶의 모든 날에 낭독하여 여호와 그의 하나님을 경외하는 것과 이 율법의 모든 말씀들을 지키고 이 규례들을 준행하는 것을 배워야만 한다 20 그리하면 그의 마음이 그의 형제들 중에서 높여지지 않고 이 명령에서 좌로나 우로나 치우치지 않아 이스라엘 중에서 그와 그 자손에 의한 통치의 기간이 길어질 것이니라(사역)

열 두 달이 이삿짐을 쌀 무렵이면 늘 만감이 교차합니다. 후회와 만족, 아쉬움과 흡족함이 떠나가는 한해의 등을 가리키며 다양한 증거들을 내민 채 서로 자기 것이라 주장합니다. 과연 누구의 손을 들어줘야 할까요? 비록 지난 1년은 코로나가 지배한 해였지만, 어두운 느낌만이 아닌 밝은 느낌의 손목도 골고루 잡아주며 각자의 주장을 존중하고 싶습니다. 우리는 코로나의 먹구름이 아무리 두꺼워도 이 땅의 행복과 기쁨을 다 덮지는 못한다는 사실을 경험해 왔습니다. 오히려 어려운 때일수록 평소에는 잘 보이지 않던 나눔과 섬김도 자신들의 모습을 내보입니다.

후회와 아쉬움의 꼬리에는 내일의 소망이 선물처럼 매달려 있습니다. 저는 오늘 우리에게 주어지는 소망의 선물을 하나 나누고 싶습니다. 새해에는 온전한 왕이 되십시오. 왕은 어떤 사람입니까? 신명기 17장 18-20절은 올바른 왕의 자질과 올바른 통치의 모습을 설명하고, 사무엘상 8장 11-17절은 그릇된 왕이 일으키는 심각한 문제들을 묘사하고 있습니다. 하나님은 모세의 신명기 설교를 통해 왕정시대 이전에 이미 진정한 왕이 어떠해야 함을 알려 주십니다. 결론부터 말하자면, 온전한 왕은 온전한 인간이며 모든 사람에게 그러한 인간의 모델입니다. 이런 결론에 근거하여 저는 예수만이 모든 사람에게 진정한 왕이라고 생각합니다.

18 그가 통치의 보좌에 오르거든 자신을 위해 이 두 번째 율

법(δευτερονόμιον)을 레위 사람 제사장의 면전에서 두루마리
위에 필사하고(사역)

모세는 왕이 즉위할 때 그가 무엇을 해야 하는지 말합니다. 왕은 율법을 기록하고, 그 율법과 동거하고, 그 율법을 숙독하여 하나님을 경외함과 그 모든 규례들의 실천을 배워야 합니다. 무엇보다 왕은 "통치의 보좌"(מַמְלַכְתּוֹ כִּסֵּא)에 앉아 있습니다. 그 자리에 있는 사람의 말과 행실은 모두 권위가 담긴 범국민적 메시지일 것입니다. 그래서 왕은 단어 하나의 사용에도 모든 백성을 고려하며 신중해야 하고, 눈빛의 강도나 각도까지 관리해야 합니다. 무엇을 생각하고, 무엇을 말하고, 어디로 가고, 무엇을 행하든, 그 모든 것들이 왕의 마음이 밖으로 드러나는 통치의 행위로 간주될 것입니다. 왕은 음으로든 양으로든 모든 사람에게 노출되는 일종의 모델과 같습니다. 모든 사람들의 시선이 왕의 삶을 방문하고, 왕은 그 모든 시선들에 영적인 복지까지 제공해야 할 책임이 있습니다. 그래서 왕에게는 지극히 사소한 행위도, 심지어 숨쉬는 것까지도 유의미한 일입니다.

이토록 모든 사람에게 모델의 역할을 수행해야 하는 왕이 된다는 것은 결코 쉽지 않습니다. 모세는 온전한 왕이 되는 다양한 자질들에 대해 말합니다. 무엇보다 왕은 하나님

의 율법을 "필사하는"(כָּתַב) 자입니다. 여기서 모세는 "율법"을 "두 번째"(מִשְׁנֶה) 것이라고 말합니다. 구약의 헬라어 번역본인 70인 역은 "두 번째"를 "신명기"로 번역되는 "듀테로노미온"(δευτερονόμιον)이라는 헬라어로 번역을 했습니다. 왕은 모세가 출애굽 2세대를 향해 하나님의 율법을 설명하며 다시 정리한 것을 필사해야 함을 뜻합니다. 하나님의 말씀을 필사해야 한다는 것은 마치 모세가 하나님의 말씀을 듣고 기록한 것처럼 왕도 그 말씀과의 직접적인 관계를 맺어야 한다는 말입니다. "필사"는 말씀을 수용하는 형식입니다. 왕은 이러한 필사를 통해 이미 모세에게 구두로 계시되고 그에 의해 기록된 하나님의 말씀을 자신에게 주어진 것처럼 받습니다. 비록 귀로 들어서 받는 방식과 필사로 받는 방식이 외형은 다르지만 의미는 다르지 않습니다. 왕의 필사가 나타내는 대국민적 메시지는 아주 강합니다. 예나 지금이나 왕이 자신의 손으로 쓴 어필 혹은 친서는 그 자체로 최고의 권위와 신뢰와 존엄의 상징입니다. 이것보다 더 높은 권위를 나타내는 것이 없기 때문에 왕이 필사한 말씀은 모든 백성에게 최고의 권위와 신뢰와 존엄으로 여겨질 가능성이 높습니다. 말씀의 필사를 통해 왕은 자신의 권위가 아닌 하나님의 권위로 나라를 다스리며, 하나님의 말씀이 통치의 근거임을 백성에게 보여주는 것입니다. 왕은 자신의 권력을 과시하고 전쟁에서 이겨 영토를 넓히고 전리품을 수거하여 국부의 증대를 도모하는 자가 아닙니다. 하나님이 온 세상을 통치하고 계시다는 사실의 제도적인 증인입니다.

> 19 그것과 함께 있으면서 그는 삶의 모든 날에 낭독하여 여호와 그의 하나님을 경외하는 것과 이 율법의 모든 말씀들을 지키고 이 규례들을 준행하는 것을 배워야만 한다(사역)

모세는, 왕이 하나님의 말씀을 필사한 이후에는 "인생의 모든 날들"(חַיָּיו כָּל־יְמֵי)동안 그 필사본과 함께 동거해야 한다고 말합니다. 하나님의 말씀과 왕의 인생은 불가분의 관계를 가집니다. 하나님의 말씀 없이는 왕이 되지도 못하고 왕의 직무를 수행할 수도 없습니다. 하나님의 말씀과 동행하면 살고 분리되면 왕의 인생은 끝납니다. 이것이 왕의 운명입니다. 일평생 하나님의 말씀과 함께 있기 위해 필사본의 위치는 서재도 도서관도 아닌 왕의 거처여야 한다고 말합니다. 이는 왕이 어디를 가든지 말씀과 동행해야 한다는 뜻입니다. 이것이 두루마리 성경을 휴대하고 다녀야 한다는 의미도 어느 정도는 있겠지만 실은 그 이상의 의미를 내포하고 있습니다. 하나님의 말씀과 늘 함께하는 필사의 위치는 두루마리 위가 아닌 마음 속입니다. 이는 왕이 필사하는 행위 자체에 만족하지 말고 하나님의 말씀을 마음에 저장할 의도로 필사해야 한다는 말입니다. 모세는 이스라엘 백성에게 율법을 선포할 때마다 귀에 넣으려 하지 말고 마음에 넣으라고 했습니다(신 6:6). 지혜자도 율법을 대하는 태도를 이렇게 말합니다. "이것을 네 손가락에 매며 이것을 네 마음판에 새기라"(잠 7:3). 말씀을 손가락에 휴대하는 것도 중요하지만 마음에 새기는 것은 더욱 중요합니다. 이러한 교훈들을 따라, 왕도 하나님의 말씀을 책과 마음에 필사해야 그가 움직이는 모든 곳에서 백성들에게 그 말씀을 온전히 가르칠 수 있습니다.

왕은 율법을 필사한 이후에 그것을 무관심의 두툼한 먼지가 쌓이도록 방치하지 않고 날마다 주야로 읽습니다. 어떤 교부는 읽지 않은 성경은 성경이 아니라고 했습니다. 여기에서 "읽는다"(קָרָא)는 것은 소리를 밖으로 내밀어서 말하는 사람과 타인 모두에게 들리도록 읽는 것을 뜻합니다. 성경에서 이 단어는 "소환하다, 명령하다, 혹은 부르다"는 말로도 통합니다. 왕이 성경을 읽으면 안으로는 자신에게 유익하고 밖으로는 모든 백성에게 유익합니다. 읽기는 나의 생각과 말씀이 결합하고, 나의 음성과 율법의 문자가 섞이는 방식으로 마음과 귀와 입을 말씀으로 가득 채우는 일입니다. 읽는 동안에는 말씀이 문자에 결박되지 않고 소리의 형태로 살아나서 움직입니다. 말씀은 잠잠하지 않고 읽는 자들을 통해 선포되는 법입니다. 그래서 왕이 말씀을 읽으면 그 말씀이 왕과 결합하고 왕을 통하여 살아나고 그 말씀 때문에 왕도 생기를 얻고 백성도 영적인 유익을 얻습니다. 왕의 입은 어명이 출입하는 곳입니다. 모든 백성이 주목하는 왕의 입에서 출고되는 말은 최고의 법과 질서로 간주됩니다. 그런데 왕이 하나님의 말씀을 입으로 말한다면 그 말씀은 어명으로 간주되고 모든 나라와 백성에게 최고의 법과 질서로 공포되는 효과가 있습니다. 하나님의 말씀을 받는 백성들은 왕의 인간적인 생각과 판단이 아닌, 하나님의 영원한 진리에서 나오는 최고의 유익을 얻습니다.

성경을 올바르게 읽을 때 나타나는 두 가지 변화는 여호와를 경외하는 것과 그 모든 명령에 순종하게 된다는 것입니다. 하나님의 말씀은 살아있고 운동력이 있어 그 말씀이 들어가는 자들의 신체만이 아닌 영과 혼의 차원까지 변화가 생깁니다(히 4:12). 하나님을 경외하고 그의 명령을 지켜 행하는 변화는 성경읽기의 목적입니다. 말씀을 바르게 읽으면 하나님을 알게 되고 하나님을 알면 경외하게 되고 그를 경외하면 그의 명령에 순종하게 됩니다. 하나님은 이 땅에서의 왕이 성경을 읽고 하나님을 경외하고 당신의 명령을 지켜 행하기를 원하고 계십니다. 사람들은 인간에 의한 여호와 경외와 순종이 하나님께 유익한 것이라고 생각합니다. 이런 생각 때문에 경외와 순종을 명하시는 하나님을 이기적인 신으로 여깁니다. 다음은 이러한 생각을 교정하는 모세의 말입니다. "다만 그들이 항상 이같은 마음을 품어 나를 경외하며 내 모든 명령을 지켜서 그들과 그 자손이 영원히 복 받기를 원하노라"(신 5:29). 이 말씀에 의하면, 경외와 순종은 하나님을 위함이 아니라 인간을 위한 것입니다. 하나님은 완전한 분이시기 때문에 부족함이 전혀 없습니다. 연약하고 무지한 피조물인 인간에게 얻을 수 있는 유익은 하나도 없습니다. 인간이 생각하는 최고의 것을 하나님께 드려도 그분에게 무슨 유익이 될 수 있겠습니까? 이에 대해 욥기는 이렇게 말합니다. "사람이 어찌 하나님께 유익하게 하겠느냐 지혜로운 자도 자기에게 유익할 따름이라 네가 의로운들 전능자에게 무슨 기쁨이 있겠으며 네 행위가 온전한들 그에게 무슨 이익이 되겠느냐?"(욥 22:2-3).

그렇다면 경외와 순종이 인간에게 주는 복은 무엇입니까? 부가 증대되는 경제적인 복, 큰 권세를 얻는 정치적인 복, 사람들 앞에서 칭찬과 존경을 받는 사회적인 복, 불안과 근심이 사라지는 심리적인 복, 질병이 치료되는 신체적인 복도 경외하고 순종하는 자에게 주어지는 큰 복입니다. 그러나 그것보다 더 근원적인, 보다 궁극적인 복은 인간이 인간답게 된다는 것입니다. 왜 그렇습니까? "일의 결국을 다 들었으니 하나님을 경외하고 그의 명령들을 지키라 이것이 모든 사람의 본분이라"(전 12:13). 뒷부분을 직역하면 이렇습니다. "이것이 인간 전체이다." 전도자는 경외와 순종을 인간의 전 존재와 동일한 것이라고 말합니다. 하나님을 떠난 인간은 다양한 심판과 형벌을 받는다는 문제 이전에, 하나님을 경외하지 않고 그의 명령도 준수하지 않아 인간 됨이 중단되었다는, 훨씬 더 비참하고 불행한 존재론적 문제에 직면하게 된 것입니다. 이런 인간에게 최고의 복은 형벌과 심판의 모면이 아닌 인간다운 인간성의 회복입니다. 그런데 인간의 본성은 여호와를 경외하고 그의 명령을 지키는 것입니다. 고로 경외와 순종은 그 자체로 본래적인 인간의 회복을 의미하며, 이것이 바로 경외와 순종이 주는 궁극적인 유익인 것입니다.

진정 올바른 왕은 누구입니까? 하나님을 경외하고 그의 명령에 순종하는 인간다운 인간이 된 자입니다. 왕의 사명은 인간다운 인간의 모델이 되어 온 백성을 인간다운 인간으로 회복함에 있습니다. 경외와 순종은 좋은 역사의 두 축입니다. 여호와를 경외하고 그의 명령에 순종하는 민족은 흥하였고 그런 시대는 평화롭고 행복했습니다. 그러나 그렇지 않으면 전쟁이 일어나 그 민족은 멸망하여 불행의 구덩이에 빠졌습니다. 모세는 이렇게 말합니다. "네가 만일 이 책에 기록한 이 율법의 모든 말씀을 지켜 행하지 아니하고 네 하나님 여호와라 하는 영화롭고 두려운 이름을 경외하지 아니하면 여호와께서 네 재앙과 네 자손의 재앙을 극렬하게 하시리니 그 재앙이 크고 오래고 그 질병이 중하고 오랠 것이라"(신 28:58-59). 개인이든, 공동체든, 한 민족이든, 한 세대든, 인생과 역사는 경외와 순종을 중심으로 때로는 형통하고 때로는 추락함을 잊지 말아야 합니다.

하나님을 경외하고 그의 명령에 순종하는 것은 행복한 인생의 본질이고 근거이며 시작입니다. 그런 사람에게 하나님은 '모든 복'을 주십니다. 모세는 그 사람이 도시에 가도 복을 받고, 시골에 머물러도 복을 받고, 자신과 자녀와 주거지와 소유물과 쌀뒤주와 그릇까지 복을 받고, 들어와도 복을 받고, 나가도 복을 받는다고 말합니다(신 28:3-6). 이는 하나님이 변하지 않으시기 때문에 모든 개인에게, 모든 민족에게, 모든 세대에 적용되는 말입니다.

20 그리하면 그의 마음이 그의 형제들 중에서 높여지지 않고 이 명령에서 좌로나 우로나 치우치지 않아 이스라엘 중에서 그와 그 자손에 의한 통치의 기간이 길어질 것이니라(사역)

하나님의 말씀을 필사하고 동거하고 숙독하고 이해하여 하나님을 경외하고 그의 계명에 순종하는 인간다운 왕의 통치는 어떠할까요? 첫째, 왕의 마음은 그의 형제들 "중에 서"(מִ) 높아지지 않고 겸손하게 됩니다. 올바른 왕의 겸손은 가식적인 것이 아니라 "마음"(לֵבָב)에서 나오는 것입니다. 마음이 다른 사람보다 높아지지 않는 진실한 겸손은 말씀의 작품입니다. 자신을 말씀의 권위 아래에 낮추는 사람은 자신을 결코 타인보다 높이지 않고 모두가 동등한 형제라고 생각합니다. 만약 형제 중에서 자신을 높이는 자가 있다면 그는 분명히 자신을 하나님의 말씀 아래에 두지 않은 자입니다. 경외와 순종은 세상에서 가장 높은 왕이라고 할지라도 그 자신을 타인보다 높이려는 욕구를 지그시 누릅니다. 인간다운 왕은 인간 위에 인간 없고 인간 아래 인간 없다는 질서를 자신이 먼저 구현하고 온 백성으로 하여금 그 질서를 지키도록 만듭니다. 그러나 대부분의 세속적인 왕들은 자신이 백성보다 소중하고 크다는 관념에 사로잡혀 있습니다. 왕이 아닌 사람들도 조금만 돈이 많으면, 조금만 아는 게 많으면, 조금만 자리가 높아지면, 조금만 얼굴이나 몸이 잘생기면 타인의 인권을 짓밟고 갑질을 권리로 여기며 유치한 횡포를 저지릅니다. 그런 사람들은 아무리 교회를 부지런히 다녀도, 아무리 많은 돈을 헌금해도, 성경을 아무리 많이 읽어도 하나님과 무관한 자입니다. 하지만 왕이 모든 사람들을 평등하게 여긴다면, 다른 모든 사람들도 평등의 질서를 함부로 건드리지 못하고 좋든 싫든 그 질서에 순응할 것입니다.

둘째, 경외와 순종의 왕은 하나님의 명령에서 떠나지 않기 때문에 좌로나 우로나 치우치지 않는 자입니다. 주변에 아무리 강한 유혹이 있어도 넘어가지 아니하고, 덫이나 올무에 빠지지도 아니하고, 타인을 실족하게 만들지도 않는 그 비결은 하나님에 대한 경외와 순종에 있습니다. 모세는 온전한 왕은 자신만이 아니라 그 후손들도 왕의 보좌를 계승하여 장구한 왕조를 이어갈 것이라고 말합니다. 인간다운 인간의 모델이 된 왕을 본받는 모든 자손들은, 또 다른 백성들에게 인간다운 인간의 본을 보이는 왕의 직무를 수행하기 때문에 그들의 왕위는 오랫동안 보존될 것입니다.

그런데 과연 그런 왕이 역사 속에 있었나요? 아무리 철저하게 찾아봐도 없습니다. 그런데 이 땅에서 온 자들 중에는 없지만, 하늘에서 온 예수님은 모세가 설명한 올바른 왕의 참모습을 보이신 분입니다. 물론 예수님은 우리를 구원하기 위해 오신 분입니다. 그러나 구원하는 방식과 구원의 결과는 아버지 하나님께 대한 경외와 순종으로 요약될 수 있습니다. 예수님은 자신이 이 땅에 오신 목적을 이렇게 밝힙니다. "오직 내가 아버지를 사랑하는 것과 아버지께서 명하신 대로 행하는 것을 세상이 알게 하려 함이로라"(요 14:31). 구약에서의 하나님 경외는 신약에서의 하나님 사랑과 같습니다. 즉, 예수님이 이 땅에 오셔서 온 세상이 알기를 원했던 핵심적인 진리의 내용은, 아버지 하나님을 경외하고 사랑하는 것과 아버지의 모든 명령을 행하는 것입니다. 이렇게 하여 예수님은 경외와 순종으로 구성된 인간다운 인간의 실체를 온 세상에 보여 주십니다. 인간다운 인간의 모델이신 예수님은 온 인류에게 유일하게 왕다운 왕입니다.

아버지 하나님의 택하심을 받아 구원의 은총을 입은 우리에게 삶의 방향과 목적은 무엇입니까? 바울은 이렇게 말합니다. "하나님이 미리 아신 자들을 또한 그 아들의 형상을 본받게 하기 위하여 미리 정하셨다"(롬 8:29). 영원 속에서 우리를 택하신 아버지 하나님의 뜻은, 우리가 유일하게 인간다운 인간이신 예수의 형상을 그대로 본받는 것입니다. 우리의 삶의 목적은 인간다운 인간, 즉 그리스도 예수의 형상을 온전히 이루는 것입니다. "왕 같은 제사장"(벧전 2:9)의 직분을 가진 우리가 진정한 인간이 되기 위해서는 하나님의 말씀을 늘 마음에 필사하고, 어디를 가든지 그 말씀과 동행하며, 일평생 그 말씀을 읽으면서 하나님 경외와 그 명령에 대한 순종을 연습하고 또 연습해야 합니다. 부단한 경건의 연습이 대가를 만듭니다.

11장

예수라는 죄의 숙주
(삼하 24:13-17)

13 갓이 다윗에게 이르러 아뢰어 이르되 왕의 땅에 칠 년 기근이 있을 것이니이까 혹은 왕이 왕의 원수에게 쫓겨 석 달 동안 그들 앞에서 도망하실 것이니이까 혹은 왕의 땅에 사흘 동안 전염병이 있을 것이니이까 왕은 생각하여 보고 나를 보내신 이에게 무엇을 대답하게 하소서 하는지라 14 다윗이 갓에게 이르되 내가 고통 중에 있도다 청하건대 여호와께서는 긍휼이 크시니 우리가 여호와의 손에 빠지고 내가 사람의 손에 빠지지 아니하기를 원하노라 하는지라 15 이에 여호와께서 그 아침부터 정하신 때까지 전염병을 이스라엘에게 내리시니 단에서부터 브엘세바까지 백성의 죽은 자가 칠만 명이라 16 천사가 예루살렘을 향하여 그의 손을 들어 멸하려 하더니 여호와께서 이 재앙 내리심

을 뉘우치사 백성을 멸하는 천사에게 이르시되 족하다 이제는 네 손을 거두라 하시니 여호와의 사자가 여부스 사람 아라우나의 타작 마당 곁에 있는지라 17 다윗이 백성을 치는 천사를 보고 곧 여호와께 아뢰어 이르되 나는 죄를 범하였고 악을 행했으나 이 양 무리는 무엇을 했나이까 청하건대 주의 손으로 나와 내 아버지의 집을 치소서 하니라

전염병은 성경에서 신적인 섭리의 한 도구로 나옵니다. 전염병의 해결책은 인간에게 없습니다. 전염병에 걸린 모든 사람들이 완전히 사라지면 전염병도 사라질 것이지만 그것은 결코 해결책이 아닙니다. 죄의 해결책도 이 땅에는 없습니다. 물론 죄가 기생하는 모든 사람들이 완전히 사라지면 죄도 사라질 것이지만 그것도 결코 해결책이 아닙니다. 인류의 멸망 없이 전염병이 해결되는 방법이 있을까요? 유일한 방법은 전염병을 일으키는 모든 바이러스 혹은 병균이 모조리 어떤 사람에게 이동하고 그 사람이 그 모든 것들과 함께 소멸되는 것입니다. 죄 문제의 해결책도 이와 같습니다. 즉, 이 세상의 모든 죄가 한 사람에게 이동하고 그 죄를 짊어진 사람이 죄와 더불어 완전히 사라지는 것입니다. 예수님은 이 세상의 죄라는 가장 무서운 전염병을 자신의 어깨에 전부 짊어지고 그 죄와 함께 십자가 위에서 죽으신 분입니다. 본문은 전염병과 더불어 죽은 사람들의 슬픈 이야기를 말하지만

마치 죄라는 전염병을 해결하신 예수를 설명하는 듯합니다.

사무엘하 24장은 성경에서 전염병 문제를 다루는 가장 대표적인 곳입니다. 본문에는 다윗의 땅에서 3일동안 전염병이 발생하고 7만명이 사망하는 이야기가 나옵니다. 이 이야기에 대한 우리의 관심은 몇 가지의 질문으로 구분될 수 있습니다. 1) 전염병의 원인은 무엇인가? 2) 전염병의 의미는 무엇인가? 3) 이 이야기를 통한 하나님의 의도는 무엇인가? 4) 전염병에 대한 우리의 반응은 무엇인가? 이러한 질문에 대한 답을 성경에서 발견하고 이로써 저는 질병과 관련하여 오늘날 인류가 직면한 문제의 원인을 파악하고 그 문제를 대하는 교회의 올바른 태도를 확립하고 싶습니다.

지금 한국을 비롯하여 전 세계가 신종 코로나 바이러스 문제로 초비상 사태에 돌입해 있습니다. 무수히 많은 사람들이 아파하고 죽습니다. 온 세계가 각고의 노력을 기울여 백신들을 개발하며 코로나에 대응하고 있지만 새롭게 출현하는 다양한 변이들이 세계의 방역을 비웃고 있습니다. 인류의 역사에는 이러한 사태보다 훨씬 더 심각한 전염병이 할퀴고 간 무서운 흔적들이 많습니다. 몇 가지만 언급하고 싶습니다.

1) 고대 그리스 아테네에서 기원전 430년부터 4년동안 티푸스가 발발해 인구의 25%가 사망했다.

2) 안토니우스 황제 치하의 서기 165-189년에는 이탈리아 반도 전역에 역병이 돌아 500만 명 이상이 사망했다.

3) 541-750년 비잔틴 제국에서 유스티니아누스 역병이 발발하여 심한 경우에는 하루에만 1만 명이 죽어갔다.

4) 1347년에 발발한 페스트는 4년 동안 유럽의 인구 1/3(7,500만 정도)을 제거했다(당시 영국의 평균 수명이 17세였을 정도).

5) 1518년 스페인의 경우 천연두가 퍼져 인구의 절반이 사라졌고 멕시코의 경우 유사한 시기에 동일한 질병으로 15만명 정도가 사망했다.

6) 이후 100여 년이 지난 17세기에는 홍역으로 200여만 명의 멕시코 사람들이 사망했다.

7) 제1차 세계대전의 결과로 1,500만 명이 죽었는데, 1918년에 발발한 스페인 독감은 2년 동안 5,000만 명의 생명을 앗아갔다.

8) 1957년 아시아 독감은 100만 명, 1968년 홍콩 독감은 70만 명, 지금도 미국은 매년 1만 명 이상이 독감으로 사망한다.

9) 2000년 이후로 에볼라는 16만 명의 생명을, 말라리

아 경우에는 매년 270만 명의 생명을 앗아가고 있다.

10) 20세기의 가장 무서운 전염병인 에이즈로 죽은 사람은 1981년 이후로 거의 2,500만 명 정도이고 현재 감염된 사람은 4,160만 명이고 매년 150만 명이 사망하고 있다.

지구상에 가장 작은(1억 분의 1미터, 세포는 100만 분의 1미터) 생명체인 바이러스는 세포를 가진 모든 생물체를 숙주로 삼아 생존합니다. 세포 안에서는 생명체로 살고, 세포 밖에서는 무생물이 됩니다. 숙주가 사라지면 바이러스의 생존도 멈춥니다. 천연두와 한타 바이러스의 숙주는 쥐, HIV와 에볼라 바이러스의 숙주는 원숭이, 조류 독감 H5N1의 숙주는 철새였습니다. 이처럼 기는 동물과 뛰는 동물과 나는 동물이 바이러스 확산의 원인이 될 수 있습니다. 자신의 숙주를 죽이는 바이러스는 거의 없습니다. 그러나 숙주를 옮기면 새로운 숙주에게 치명적인 질병을 일으킬 수 있습니다.

13 갓이 다윗에게 이르러 아뢰어 이르되 왕의 땅에 칠 년 기근이 있을 것이니이까 혹은 왕이 왕의 원수에게 쫓겨 석 달 동안 그들 앞에서 도망하실 것이니이까 혹은 왕의 땅에 사흘 동안 전염병이 있을 것이니이까 왕은 생각하여 보고 나를 보내신 이에게 무엇을 대답하게 하소서 하는지라

이스라엘 백성에게 전염병 사태가 발생한 원인과 관련하여 사무엘은 이렇게 말합니다. "여호와께서 다시 이스라엘을 향하여 진노하사 그들을 치시려고 다윗을 격동시키사 가서 이스라엘과 유다의 인구를 조사하라 하신지라"(삼하 24:1). 이 한 구절에 필요한 거의 모든 내용이 압축되어 있습니다. 즉, 1) 이스라엘 백성이 어떤 죄를 저질러서 2) 하나님의 의로운 진노를 촉발했고 3) 하나님이 그들을 치시려는 문맥에서 4) 다윗이 인구를 조사하는 미련한 실수를 범하게 되고 5) 그 결과로 천사들을 통해 전염병이 생겼다는 것입니다.

이 구절에서 하나님이 이스라엘 백성에 대하여 노하시고 그 백성을 치려고 하셨다면 이는 그들에게 죄가 있었다는 뜻입니다. 이처럼 백성의 죄는 전염병 발발의 직접적인 원인입니다. 그런데 본문은 백성의 구체적인 죄목에 대해 침묵하고 있습니다. 이것은 특정한 사안에 국한된 것이 아니라 모든 사안들에 대한 하나님의 보편적인 섭리를 가르치는 전형적인 사례로 후대에게 전할 교훈을 위하여 기록된 것임을 암시합니다. 이스라엘 역사에 나타난 하나님의 섭리가 대체로 보여주는 일정한 패턴은 백성의 죄악, 하나님의 진노, 사탄의 광기, 백성의 회개, 하나님의 치유와 회복입니다.

본문에서 우리는 섭리의 주관자 되시는 하나님의 진노가 있었음을 확인합니다. 죄악을 저지른 자기 백성에게 그 죄악에 상응하는 형벌을 내려 정의를 이루시는 하나님의 진노는 전염병 발발의 섭리적인 원인입니다. 이 사건을 통해 하나님은 신적인 정의를 이루십니다. 하나님은 아무런 이유도 없이 진노하지 않으십니다. 인간이 행한 그대로 갚으시는 정확한 정의의 하나님입니다. 자기 백성이라 할지라도 예외가 없습니다. 하나님의 모든 명령은 반드시 정의롭게 성취됩니다. 본문에는 천사가 하나님의 정의로운 심판을 집행하는 섭리의 도구로 등장합니다.

전염병 발생의 원인들 중 하나로 다윗의 인구조사 문제도 언급됩니다. 이것은 전염병 발발의 도구적인 원인입니다. 백성의 숫자를 계수하는 다윗의 의도는 두 가지입니다. 첫째, 인구 조사는 12개의 지파를 통일한 왕국 수립의 치적에 대해 자신도 자긍심을 가지고 백성도 자신의 위대함을 인지하게 만들기 위한 것입니다. 자기가 다스리는 백성의 숫자가 많은 것은 왕에게 큰 자랑입니다. "백성이 많은 것은 왕의 영광이요 백성이 적은 것은 주권자의 패망이라"(잠 14:28). 다윗은 백성의 많음을 확인하고 싶어 했습니다. 이러한 왕의 마음을 간파한 요압은 다소 불편한 심기를 드러내며 하나님이 "백성을 지금보다 백 배나 더하시기" 원한다고 말하며,

인구조사 명령을 내리는 왕에게 "어찌하여 이런 명령을 내리시고 어찌하여 이스라엘 백성으로 하여금 범죄하게 하느냐"(대상 21:3)는 날카로운 충고까지 더했습니다. 실제로 다윗의 인구조사 명령은 백성의 시선을 움직여 하나님이 아닌 국왕과 왕국의 위대함을 더욱 주목하게 만들 가능성이 높습니다. 그러면 백성은 하나님을 신뢰하지 않고 하나님의 말씀에도 귀를 기울이지 않고 왕의 명령과 국가의 경제력과 군사력을 의지할 것입니다. 왕의 명령은 백성으로 하여금 그러한 범죄를 저지르게 만듭니다.

둘째, 첫째 의도와 결부된 것으로서 행정적인 유익, 즉 고대 사회에서 인구를 조사하면 경제력과 군사력을 높이는 백성의 납세와 노역과 징병이 용이했기 때문에 왕들은 백성의 수효를 조사해 왔습니다. 물론 왕과 백성 모두에게 필수적인 정보의 순수한 공유는 필요했을 것입니다. 그러나 본인의 치적을 자랑하고 백성의 마음을 말과 병거에 두게 만드는 통치권의 행사는 하나님 앞에 올바르지 않은 일입니다.

사탄은 전염병 발발의 간접적인 도구적 원인입니다. 이를 규명하기 위해서는 동일한 사건의 다른 기록인 역대상 21장을 참조해야 합니다. "사탄이 일어나 이스라엘을 대적하고 다윗을 충동하여 이스라엘을 계수하게 하니라"(대상 21:1).

하나님이 다윗을 격동시킨 주체로 이해한 사무엘의 기록과는 달리 이 구절에는 다윗을 충동한 주체가 사탄으로 명시되어 있습니다. 성경에 오류가 있는 것처럼 착각할 정도로 설명이 다릅니다. 저는 동일한 사건에 대한 다른 기록에 오류가 없다고 믿습니다. 사무엘은 하나님의 주권적인 섭리를 강조하며 하나님을 이 모든 사태의 주관자로 보았으나, 역대상 기록자는 사탄을 다윗으로 하여금 죄를 저지르게 한 범죄의 은밀한 원흉으로 지목한 것이기 때문에 기록의 차이가 생긴 것입니다. 이처럼 재앙에는 하나님도 주체로서 역사하고 사탄도 주체로서 역사합니다. 그러나 주체의 권위와 역사의 목적은 동일하지 않습니다.

그렇다면 본문에서 말하는 전염병의 종합적인 원인은 무엇입니까? 앞에서 살펴본 것처럼 사중적인 원인을 생각해야 합니다. 1) 직접적인 원인은 이스라엘 백성의 죄악이고, 2) 직접적인 도구적 원인은 이스라엘 백성의 왕 다윗의 인구조사 명령이고, 3) 간접적인 도구적 원인은 사탄이고, 4) 섭리적인 원인은 하나님의 정의로운 진노와 영광입니다. 이것을 요약하면, 이스라엘 백성의 죄악을 벌하시기 위해 하나님은 다윗의 세속적인 욕망의 표출을 허락하되, 사탄이 다윗의 욕망을 충동하는 것을 허락하는 방식으로 이루시고, 결국 상당수의 백성은 전염병에 걸려 사망한 것입니다. 이로써 하나님은 당신의 정의로운 성품을 보이셨고 이스라엘 백성은 그 정의를 배우고 인생의 질서로 삼습니다.

하나의 사건에는 이처럼 다양한 주체들(하나님, 천사, 사탄, 다윗, 이스라엘 백성)이 등장합니다. 각자는 자발적인 의지를 따라 자신의 고유한 목적을 위해 사태의 원인을 제공합니다. 사탄은 다윗의 신앙과 왕위를 무너뜨려 하나님의 백성으로 하여금 파멸에 이르도록 다윗의 마음을 충동합니다. 다윗은 자신의 치적과 왕국의 세속적인 건실함을 확인하고 백성으로 하여금 자신을 칭송하게 할 요량으로 인구조사를 지시합니다. 하나님은 이스라엘 백성의 죄를 징계하여 신적인 정의를 이루시고 이스라엘 백성의 깨달음과 회개와 변화라는 선을 이루시기 위해, 다윗의 인간적인 욕망과 사탄의 파괴적인 의도라는 악을 도구로 쓰셨습니다.

이 사건의 종합적인 의도는 악조차 선으로 바꾸시는 정의와 사랑의 하나님을 드러냄에 있습니다. 하나님은 이 세상의 모든 것들을 다스리는 분입니다. 악한 것도 악한 날에 적절히 다루셔서 결국에는 선을 이루십니다. 다윗의 악, 이스라엘 백성의 악, 사탄의 악이 결부된 이 사태를 하나님의 영광이 드러나는 계기로 삼으신 것입니다. 이 세상에서 하나님이 선을 이루심에 거역할 피조물은 없습니다. 예수님은 한 사람이 맹인으로 태어나는 것도 하나님의 영광을 이룬다고 말합니다. "이 사람이나 그 부모의 죄로 인한 것이 아니라 그에게서 하나님이 하시는 일을 나타내려 하심이라"(요 9:3). 인간이 통제할 수 없는 절망적인 일들도 하나님 안에서는 결코 헛되지 않고 어떠한 예외도 없이 그의 영광을 드러내는 도구로 쓰입니다.

성경에 기록된 다른 사건들도 인과율이 비슷합니다. 대표적인 예로 선악과 사건이 있습니다. 온 인류에 죄와 사망을 끌어들인 이 사건의 1) 직접적인 원인은 하나님과 같아지고 싶어하는 아담과 하와의 교만이며, 2) 도구적인 원인은 하나님께 돌려지는 영광을 탈취하고 싶어하는 사탄의 거짓이며, 3) 섭리적인 원인은 하나님의 명령을 거역하며 신적인 권위에 도전한 인간에게 정의를 이루시고 그런 인류의 타락조차 선으로 바꾸셔서 새로운 인류의 재창조를 위한 계기로 삼으시는 하나님의 정의와 사랑입니다. 하나님은 이렇게 인간의 악과 사탄의 악조차 선을 바꾸시고 자신의 영광을 보이십니다.

욥이 당한 재앙의 원인도 하나의 사례입니다. 재앙의 1) 직접적인 원인은 자연적인 하늘의 불과 타인의 재물과 생명을 마구 약탈하여 욕심을 채우려는 갈대아 사람이고, 2) 그 배후에 그들을 충동한 도구적인 원인은 의로운 욥의 파멸로 하나님의 영광을 제거하고 싶어하는 사탄이며, 3) 섭리적인 원인은 욥의 내면 밑바닥에 깔린 자만을 제하시고 그에게 갑절의 은혜와 영적 성장을 주시려는 하나님의 공의와 사랑입니다. 이처럼 하나의 사건에 다양한 주체와 다양한 목적이 개입합니다. 그런데 하나님은 갈대아 사람의 악, 자연의 악, 사탄의 악을 선의 도구로 삼으십니다. 이런 차원에서 우리는 실제적인 문제를 만날 때 무엇을 주목해야 하고 어떻게 처신해야 할까요?

인구조사 결과를 보고 받은 다윗은 마음으로 자책하며 "내가 이 일을 행함으로 큰 죄"를 저지른 것과 그것이 지극히 미련한 일임을 인정하며 "종의 죄를 사하여" 달라고 말합니다. 사태의 중심에 자신이 저지른 큰 죄가 있다고 시인하며 하나님께 용서를 구합니다. 이것은 하나님의 진노와 징계가 주어지기 이전입니다. 다윗은 영적인 촉이 무디지 않아 보입니다. 그러나 그럼에도 불구하고 다윗에게 적용되는 신앙의 잣대는 대단히 높고 엄격했기 때문에 선지자 갓은 신적인 징계의 말씀을 다윗에게 전합니다. 하나님은 3가지의 징계들, 즉 7년 동안의 기근과 원수로 말미암은 3개월의 도망, 그리고 3일 동안의 전염병 중에서 선택할 권한을 다윗에게 주십니다. 기근과 칼과 전염병은 하나님께 순종하지 않은 이스라엘 백성에게 주어지는 대표적인 재앙입니다. "너희가 너희 하나님 여호와의 목소리를 도무지 순종하지 않았은즉 너희가 가서 머물려고 하는 곳에서 칼과 기근과 전염병에 죽을 줄 분명히 알지니라"(렘 42:21-22).

> 14 다윗이 갓에게 이르되 내가 고통 중에 있도다 청하건대 여호와께서는 긍휼이 크시니 우리가 여호와의 손에 빠지고 내가 사람의 손에 빠지지 아니하기를 원하노라 하는지라

이 구절은 선택에 대한 다윗의 반응을 기록하고 있습니다. 적군에게 3개월간 공격을 받고 도망치는 것은 본인에게 고통이고, 7년간의 기근은 너무나도 길고, 3일의 전염병은 통치자나 국가의 책임과 다소 무관한 하나님의 징벌이기 때문에 다윗은 3일간의 전염병을 택합니다. 그의 선택은 이스라엘 전체가 하나님의 손에 빠지는 것을 선택하고 다윗 개인은 사람의 손에 빠지지 않는 것입니다. 이런 선택의 근거는 하나님의 긍휼에 있습니다. 사람은 긍휼이 없지만 하나님은 긍휼이 많으셔서 징계를 하더라도 긍휼을 베푸실 것이라는 확신과 기대 때문에 이루어진 선택일 것입니다. 전염병은 갈대아 사람이 살인하고 약탈하는 것과 같은 사람의 손에 빠지는 방식과는 다른 형벌의 방식입니다. 다윗은 전염병 방식을 하나님의 손에 빠지는 것이라고 이해합니다. 이는 사람의

폭력적인 개입이 없고 이후에 복수심과 같은 후유증이 남지 않고 오직 하나님의 의도만 반영되는 유형이기 때문입니다.

여기서 우리는 다윗이 형벌 이전에 회개를 했음에도 불구하고 실질적인 형벌을 받는다는 사실을 주목하게 됩니다. 회개를 하면 우리는 형벌이 없는 용서를 기대합니다. 그러나 하나님의 용서는 이 땅에서 받아야 할 형벌의 무효화가 아니라 오히려 철저한 갚음에 있습니다. "진실로 네게 이르노니 네가 한 푼이라도 남김이 없이 다 갚기 전에는 결코 거기서 나오지 못하리라"(마 5:26). 다윗의 경우를 통해, 죄에 대해서는 반드시 이 땅에서 완벽하게 갚아야 한다는 이 교훈을 잊지 마시길 바랍니다.

> 15 이에 여호와께서 그 아침부터 정하신 때까지 전염병을 이스라엘에게 내리시니 단에서부터 브엘세바까지 백성의 죽은 자가 칠만 명이라

다윗은 하나님의 형벌 중에서 이토록 위험한 전염병을 택합니다. 그 선택은 이기적인 것입니다. 결국 다윗이 선택한 전염병 형벌은 이스라엘 백성 중에 무려 7만 명의 사상자를 냈습니다. 그러나 의도적인 것은 아닙니다. 하나님의 긍휼을 믿었기 때문에 이루어진 선택의 결과입니다.

16 천사가 예루살렘을 향하여 그의 손을 들어 멸하려 하더니 여호와께서 이 재앙 내리심을 뉘우치사 백성을 멸하는 천사에게 이르시되 족하다 이제는 네 손을 거두라 하시니 여호와의 사자가 여부스 사람 아라우나의 타작 마당 곁에 있는지라 17 다윗이 백성을 치는 천사를 보고 곧 여호와께 아뢰어 이르되 나는 죄를 범하였고 악을 행했으나 이 양 무리는 무엇을 했나이까 청하건대 주의 손으로 나와 내 아버지의 집을 치소서 하니라

하나님의 긍휼에 대한 확신에도 불구하고 전염병 때문에 상당수의 백성이 죽자 다윗은 하나님께 비통한 마음을 보입니다. 같은 내용을 역대상은 이렇게 적습니다. "청하건대 나의 하나님 여호와여 주의 손으로 나와 내 아버지의 집을 치시고 주의 백성에게 재앙을 내리지 마옵소서"(대상 21:17). 다윗은 자신이 범죄한 것이고 자신이 악을 행한 것이라고 말합니다. "명령하여 백성을 계수하게 한 자"가 자기이기 때문에 "범죄하고 악을 행한 자"는 자기라는 것입니다. 양 무리는 죄를 저지르지 않았다고 변론합니다. 자신과 자기 아버지의 집에만 형벌을 주시길 호소합니다. 주의 백성은 아무런 죄가 없으니 재앙을 내리지 말아 달라고 탄원합니다. 이는 지도자의 아름다운 처신입니다. 여기에는 이 세상의 모든 죄를 짊어지고 어린 양으로서 십자가의 길을 가신 예수의 실루엣도

은은하게 보입니다. 사실 재앙의 직접적인 원인은 백성의 죄입니다. 그런데 다윗은 죄의 책임을 백성에게 돌리지 않고 자신에게 돌리며 자신이 모두 책임을 져야 할 문제로 여깁니다. 이것은 하나님의 진노에 대한 책임을 백성의 잘못으로 돌리고 자기는 그 잘못의 희생자일 뿐이라며 면피의 길을 간 선임자 사울과 현저하게 다른 왕의 품격입니다.

진정한 권위의 크기는 책임의 크기와 비례합니다. 어떤 문제가 발생할 때 책임을 타인에게 돌리며 면피만 궁리하는 자는 소인배입니다. 면피는 권위를 스스로 포기하는 처신입니다. 그러나 다윗은 참으로 위대합니다. 죄를 저지르지 않았기 때문이 아니라 죄를 시인했기 때문입니다. 나아가 무고한 백성이 죽는 것 때문에 하나님께 무례한 항변까지 했습니다. 저들은 아무런 죄가 없는데 왜 죽어야만 했는지를 물으며 자신이 죄를 저질렀기 때문에 자기와 자기 집안에만 징계를 내리심이 옳은 거 아니냐는 것이었습니다. 다윗이 하나님의 마음에 합한 이유가 여기에 있습니다.

그는 자신의 위대함을 보이며 예수를 예시한 것이 아닙니다. 죄의 책임 전부를 자신과 자신의 가족에게 돌리는 처신으로 예수를 보여준 것입니다. 예수는 세상 죄를 홀로 짊어지신 어린 양입니다. 하늘과 땅의 모든 권세를 가지신 분의 이 희생적인 책임감이야말로 그의 무한한 권위를 드러냅니다. 다윗은 그런 예수를 예시한 것입니다. 다윗은 사탄에게 책임을 돌리지 않고 백성에게 책임을 돌리지도 않았으며, 오직 하나님과 자신 사이에 죄가 있었음을 인정하고 그 책임을 전적으로 자신에게 돌리는 태도를 취합니다. 엄청난 재난을 당한 욥도 그 책임을 사탄이나 재앙의 불이 떨어진 하늘이나 갈대아 사람에게 돌리지 않고, 하나님께 나아가 하나님께 반응합니다. 자신이 직접적인 원인을 제공함이 없이도 이토록 큰 재앙을 당했으나 그는 하나님에 대한 경배와 찬양을 멈추지 않습니다. 자신이 원인을 제공한 재앙이든 타인이 원인을 제공한 재앙이든 이 세상에는 다양한 재앙이 발생하고 있습니다. 그렇기 때문에 우리도 다윗과 욥과 예수처럼 우리의 죄를 회개하고 하나님을 예배하고 타인의 죄까지도 짊어질 기회는 대단히 많습니다.

지금 민족과 세계는 온 나라에 퍼진 신종 코로나 바이러스 문제로 생존의 심각한 위협을 맞이하고 있습니다. 이 사태를 분석하고 대처하고 비판하는 다양한 목소리가 있습니다. 문제의 원흉으로 중국 우한을 혐오하는 사람, 정부의 무능을 지적하는 사람, 특정 지역을 배격하는 사람, 신천지를 비난하는 사람, 교회를 지목하는 사람, 마귀의 광기를 탓하는 사람 등 다양한 반응을 보입니다. 그러나 교회는 무엇에 주목하고 어떻게 처신해야 할까요? 다윗과 욥이 우리에게 가르치는 것은 하나님을 주목해야 한다는 것입니다. 교회는 하나님의 진노와 나 자신의 죄를 인정하며 회개하고, 무고한 시민들의 고통을 멈추게 해 달라고 탄원의 무릎을 꿇어야 할 것입니다. 지나온 역사를 바라보며 하나님의 섭리를 더듬어 보십시오. 우리가 사태의 전말을 다 이해할 수 없어도 최소한 다윗처럼 하나님 앞에서 엎드리면 될 것입니다. 그리고 이 어려움이 지나갈 때까지 다른 사람들을 최대한 배려하고 사랑해야 합니다.

하나님의 전염병 형벌이 이스라엘 백성에게 내려진 기간은 사흘입니다. 사흘이 지나자 하나님은 이 형벌을 집행하던 천사에게 "족하다 이제는 네 손을 거두라"는 명령을 하십니다(삼하 24:16). 모든 고통에는 끝이 있고 때가 이르면 반드시 지나갑니다. 전염병에 의한 사망의 멈춤은 다윗의 처절한 회개 이전에 이루어진 일입니다. 즉, 인간의 어떤 조치가 아닌 하나님의 긍휼에 근거한 것입니다. 이것이 시사하는 바가 있습니다. 이 세상의 모든 문제는 비록 회개를 촉구하는 것이지만, 하나님의 긍휼을 나타내고 인류가 그런 하나님께 돌이키는 영적인 전환점의 성격을 가지고 있다는 것입니다. 이 땅에서의 고통은 영원하지 않습니다. 전염병은 아라우나 타작 마당의 곁에서 멈추어 섰습니다. 사스도 발발한 이후로 114일이 지나서, 메르스도 218일이 지나서 멈추었습니다. 코로나도 지나갈 것입니다. 그러나 지나가는 때와 기한은 모릅니다. 지나가기 전까지 우리는 온 세상의 죄를 책임지신 예수처럼, 온 백성의 죄를 책임지려던 다윗처럼 회개의 무릎을 펴지 맙시다. 어떠한 국가적 재난이 임해도 교회는 문제의 가시적인 원인들을 색출하고 책임을 전가하는 것이 아니라 하나님께 반응하는 공동체가 됩시다. 그리고 교회가 전념해야 할 일은 나 자신을 돌아보고 이웃을 사랑하고 섬기는 일입니다. 이것이 전염병을 대하는 교회의 처신입니다.

이제 전염병을 대하는 교회의 태도는 이렇게 요약될 수 있습니다. 1) 하나님의 성품을 먼저 생각하라. 하나님은 선하시다. 모든 것이 합력하여 선을 이루신다. 2) 부정적인 일이나 재앙이라 할지라도 하나님의 영광을 가리는 것이 아니라 그의 영광을 드러내는 도구라는 사실을 숙고하라. 이 사실을 인정하면 문제의 원흉을 밝히려는 시시비비의 욕구는 자연히 사라진다. 3) 재앙이 임할 때 그 재앙의 가까운 원인을 색출하고 책임을 타인에게 돌리며 면피를 궁리하지 말고, 하나님의 뜻을 이루시고 영광을 나타내 주시길 기도하라. 4) 재앙의 원인이 나에게 있다는 사실을 자백하고 긍휼의 하나님께 용서를 구하며, 다른 무고한 사람들의 고통을 멈추게 해 달라고 기도하라.

우리가 기도하면 하나님은 당신의 언약에 근거하여 어떠한 것도 고치실 것입니다. "내 이름으로 일컫는 내 백성이 그들의 악한 길에서 떠나 스스로 낮추고 기도하여 내 얼굴을 찾으면 내가 하늘에서 듣고 그들의 죄를 사하고 그들의 땅을 고칠지라"(대하 7:14). "만일 이 땅에 기근이나 전염병이 있거나 곡식이 시들거나 깜부기가 나거나 메뚜기나 황충이 나거나 적국이 와서 성읍들을 에워싸거나 무슨 재앙이나 무슨 질병이 있거나를 막론하고 한 사람이나 혹 주의 온 백성 이스라엘이 다 각각 자기의 마음에 재앙과 고통을 깨닫고 이 성전을 향하여 손을 펴고 무슨 기도나 무슨 간구를 하거든 주는 계신 곳 하늘에서 들으시며 사유해 주시리라"(대하 6:28-30).

여기에서 주목해야 하는 것은 땅을 고치고 질병을 치유하고 고통을 제거하기 전에 무엇보다 먼저 "죄"를 제거해 주신다는 것입니다. 작아서 육안으로 보이지도 않는 바이러스 제거가 인간에게 이토록 어려운데, 물질도 아닌 죄라는 바이러스 제거는 인간의 능력으로 이루어질 수 없는 일입니다. 그러나 하나님께서 친히 전염병의 발걸음을 멈추신 것처럼, 예수님 역시 자신이 친히 그 모든 죄의 숙주가 되시고 자신을 죽음에 내어 주심으로 죄 문제를 완전히 해결하신 분입니다. 바이러스 해결은 죄 해결과 너무도 유사해 보입니다.

바이러스 시대에도 우리는 주님의 죄 용서를 깊이 생각하며 그 은혜에 대한 감사와 찬송이 더 깊어져야 할 것입니다.

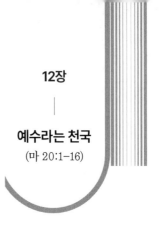

12장

예수라는 천국
(마 20:1-16)

1 천국은 일꾼을 고용하여 자기 포도원에 들여 보내려고 이른 아침에 나간 사람과 같습니다 2 그는 일꾼들과 하루에 한 데나리온 조건으로 합의를 보고 자신의 포도원에 그들을 들여 보냅니다 3 또 그가 제3시 즈음에 나갔는데 장터에서 일하지 않고 서 있는 사람들을 보았습니다 4 그들에게 그가 말합니다 "너희도 포도원에 들어가라 내가 너희에게 합당한 것을 주리라" 5 그들이 들어 갔습니다 그리고 제 육시와 제 구시 즈음에 또 나가서 그와 같이 했습니다 6 제 십일시 즈음에도 나가 보니 서 있는 사람들이 또 있습니다 그가 말합니다 "너희는 어찌하여 종일토록 놀고 여기 서 있느냐" 7 그들이 말합니다 "아무도 우리를 일꾼으로 고용하지 않습니다" 그가 말합니다 "너희도 포도원

에 들어가라" 8 저녁이 되었을 때에 포도원 주인이 청지기를 향해 "일꾼들을 불러 나중 온 자로부터 시작하여 먼저 온 자까지 품삯을 주라"고 말합니다 9 제 십일시에 온 자들이 와서 한 데나리온 씩을 받습니다 10 그리고 먼저 들어온 자들은 더 받을 줄 알았는데 그들도 한 데나리온 씩 받습니다 11 받은 후 집 주인을 원망하며 말합니다 12 나중 온 이 사람들은 한 시간밖에 일하지 않았는데 그들을 종일 수고하며 더위를 견딘 우리와 같게 했습니다 13 주인이 그 중의 한 사람에게 대답하여 말합니다 "친구여 내가 네게 잘못한 것이 없노라 네가 나와 한 데나리온의 약속을 하지 않았느냐" 14 "네 것을 가지고 가라 나중 온 이 사람에게 너와 같이 주는 것이 내 뜻이니라" 15 "내 것을 가지고 내 뜻대로 할 것이 아니냐 내가 선하므로 네가 악하게 보느냐" 16 이와 같이 나중 된 자로서 먼저 되고 먼저 된 자로서 나중 됩니다(사역)

천국은 초막이든 궁궐이든 하나님이 함께 계시는 곳입니다. 예수는 하나님이 우리와 함께 계시다는 의미의 이름, 임마누엘이 되십니다. 그렇다면 하나님이 세상 끝날까지 항상 우리와 함께 계시는 의미의 임마누엘 예수야말로 가장 구체적인 천국이 아닐까요? 본문에는 예수께서 천국을 사람, 즉 포도원 주인에게 비유한 이야기가 나옵니다. 마치 천국이 자기 자신임을 말하는 듯합니다.

1 천국은 일꾼을 고용하여 자기 포도원에 들여 보내려고 이른
아침에 나간 사람과 같습니다(사역)

모든 사람은 천국에 가기를 원합니다. 그러나 천국의 실
체를 아는 사람들은 적습니다. 누군가가 천국에 대해, 혹
은 천국에 들어가는 방법에 대해 묻는다면 우리는 어떻게
설명할 수 있을까요? 예수님은 부자가 천국에 들어가는 것
이 낙타가 바늘귀로 들어가는 것보다 어렵다고 말합니다(마
19:24). 부자는 다른 어떤 것보다 돈을 더 사랑하는 사람을
뜻합니다. 그런 사람의 천국 입성이 왜 어려운 것일까요? 오
늘 본문에서 예수님은 천국이 어떤 "사람"($\check{\alpha}\nu\theta\rho\omega\pi\sigma\varsigma$)과 같
다고 말합니다. 이는 상식의 지반을 뒤흔드는 말입니다. 대
부분의 사람들은 천국을 너무나도 좋은 장소나 환경으로 이
해하고 있습니다. 그런데 천국은 어떤 물건이나 장소가 아
닙니다. 포도원도 아니고 그곳에서 노동의 대가로 받는 품
삯도 아닙니다. 아무리 좋은 물건이나 아무리 아름다운 장
소도 천국을 설명할 수 없습니다. 성경에서 말하는 천국은
좋은 진주가 아닌 그 진주를 구하는 장사꾼(마 13:45), 풍성
한 잔치가 아닌 그 잔치를 베푸는 임금(마 22:2), 결산의 때
에 종들에게 주어지는 보상이나 형벌이 아닌 결산하는 임금

(마 18:23), 기름이 가득한 등불이 아닌 그 등불을 든 처녀(마 25:1), 좋은 씨앗이 아닌 그 씨앗을 뿌린 사람(마 13:24)과 같다고 말합니다. 이처럼 천국은 어떤 인격자와 관계되어 있습니다. 즉, 하나님과 관계된 것입니다.

하나님과 어떤 관계를 가지고 있느냐가 천국의 여부를 좌우합니다. 사람이 얼마나 좋은 것들을 많이 가지고 있거나 얼마나 좋은 곳으로 가느냐가 아닌, 어떤 사람이 되느냐가 중요할 수밖에 없습니다. 어떤 사람이 천국을 소유할 수 있습니까? 예수님은 천국의 소유자는 심령이 가난한 자와 의를 위하여 박해를 받는 자라고 말합니다(마 5:3, 10). 천국에 들어가는 사람은 하늘에 계신 아버지의 뜻대로 행하는 자입니다(마 7:21). 천국에 들어가는 방법은 복잡하지 않습니다. 나의 모든 뜻을 비우고 가난하게 되는 것이며, 아버지의 그 뜻대로 행하며 그 뜻으로 나의 빈 자아를 채우는 것입니다. 천국과 같은 사람이란 과연 어떤 사람일까요?

2 그는 일꾼들과 하루에 한 데나리온 조건으로 합의를 보고 자신의 포도원에 그들을 들여 보냅니다 3 또 그가 제 삼시 즈음에 나갔는데 장터에서 일하지 않고 서 있는 사람들을 보았습니다 4 그들에게 그가 말합니다 "너희도 포도원에 들어가라 내가 너희에게 합당한 것을 주리라" 5 그들이 들어 갔습니다 그리고

제 육시와 제 구시 즈음에 또 나가서 그와 같이 했습니다 6 제
십일시 즈음에도 나가 보니 서 있는 사람들이 또 있습니다 그
가 말합니다 "너희는 어찌하여 종일토록 놀고 여기 서 있느냐"
7 그들이 말합니다 "아무도 우리를 일꾼으로 고용하지 않습니
다" 그가 말합니다 "너희도 포도원에 들어가라"(사역)

포도원 주인은 장터에 나가 일꾼들을 찾습니다. 하루 중
다섯 시점을 나누어서 찾습니다. 이른 아침, 제3시(오전 9시)
에, 제6시(정오 12시)에, 제9시(오후 3시)에 각각 일꾼들을 만
났고 "하루에 한 데나리온"(δηνάριον τὴν ἡμέραν) 조건으로 그
들과 계약을 맺습니다. 그리고 시간이 많이 흐른 제11시(오후
5시)에도 장터로 나갔는데 여전히 일자리를 찾지 못한 사람
들을 만납니다. 유대 사람들이 일하는 시간은 주로 아침 6시
부터 저녁 6시까지에 해당하는 낮입니다. 이른 아침에 고용
된 일꾼은 12시간, 9시에 고용된 일꾼은 9시간, 12시에 고
용된 일꾼은 6시간, 오후 3시에 고용된 사람은 3시간 일할
것입니다. 그런데 오후 5시에 고용된 사람은 1시간밖에 일
하지 않습니다. 포도원 안에는 이처럼 고용의 시점과 노동
의 길이가 다른 다양한 사람들이 공존하고 있습니다. 그런
데 서로를 비교할 필요가 없습니다. 각 사람은 포도원 주인
과 고유한 관계성을 가지고 있으며 그것 때문에 포도원에 있
는 것입니다.

8 저녁이 되었을 때에 포도원 주인이 청지기를 향해 "일꾼들을 불러 나중 온 자로부터 시작하여 먼저 온 자까지 품삯을 주라"고 말합니다(사역)

이제 일하는 시간이 끝나고 주인과 결산할 때가 왔습니다. 이 결산은 일꾼들 사이의 일이 아니라 일꾼 개개인과 주인 사이의 일입니다. 그래서 결산과 관련하여 타인과 비교할 필요가 없습니다. 그런데 결산의 순서가 상식에 맞지 않습니다. 먼저 온 일꾼에게 먼저 품삯을 주지 않고 나중 온 일꾼에게 먼저 주라고 말합니다.

9 제 십일시에 온 자들이 와서 한 데나리온 씩을 받습니다 10 그리고 먼저 들어온 자들은 더 받을 줄 알았는데 그들도 한 데나리온 씩 받습니다 11 받은 후 집 주인을 원망하며 말합니다 12 나중 온 이 사람들은 한 시간밖에 일하지 않았는데 그들을 종일 수고하며 더위를 견딘 우리와 같게 했습니다(사역)

마지막에 와서 1시간만 일한 일꾼이 한 데나리온을 받습니다. 당연히 그 이전에 와서 더 오랫동안 수고한 일꾼들은 더 많은 금액을 받을 것으로 기대하고 있습니다. 그들은 얼마나 더 많이 받을지 머리 속에서 부지런히 계산기를 두드립니다. 처음에 고용된 일꾼들의 기대가 가장 클 것입니다. 그러나 그들의 기대와는 달리 동일하게 한 데나리온을 받습니다. 기대에 부푼 마음은 급기야 분노로 채워지고 그들의 입술에는 원망이 봇물처럼 터집니다. 다른 일꾼들은 불평하지 않는데 오직 1등으로 고용된 사람들이 주인에게 불평을 쏟아냅니다. '품삯의 크기는 노동의 길이에 비례해야 하는 것 아닙니까? 그게 상식이죠!' 12시간을 수고하며 뜨거운 땡볕의 고통을 참아낸 일꾼과 늦은 오후 선선한 날씨에 1시간만 수고한 일꾼을 동일한 품삯으로 대우하는 것은 우리가 보기에도 부당합니다. 이것은 오늘날의 노동 시장에선 있을 수 없는 일입니다. 상식에 비추어 보더라도 일꾼들의 불평이 합당해 보입니다. 대충 계산해 보더라도 처음에 들어온 일꾼들이 12 데나리온 정도는 받아야 기울어진 경제의 정의가 회복될 것 같지 않습니까?

여기서 우리는 이 비유가 사회적 고용의 형평성에 대한 이야기가 아닌 천국을 설명하고 있다는 점을 놓쳐서는 안됩니다. 일꾼들이 주인과 고용 관계를 맺는 시간대는 저마다 다릅니다. 즉, 모든 성도는 주인이 가리키는 천국과 관계를 맺는 시간대가 다 다릅니다. 어떤 사람은 어린 아이일 때, 어떤 사람은 청년일 때, 어떤 사람은 장년일 때, 어떤 사람은 노인일 때 예수를 믿고 천국의 시민권을 얻습니다. 천국과 관계를 맺은 이후로 살아가는 삶의 길이도 당연히 다릅니다. 하나님을 오래 섬긴 사람들도 있고 짧게 섬긴 사람들도 있습니다. 그런데 그들 모두에게 주어지는 보상은 같습니다. 믿은 시기와 무관하게 하나님과 성도의 관계는 질적으로 결코 다르지 않습니다. 그분은 우리에게 동일한 아버지가 되시고, 구원자가 되시고, 인도자가 되시고, 주인이 되십니다. 우리를 거룩하게 하시는 분입니다. 먼저 믿은 사람은 주님과의 황홀한 관계를 오랫동안 누립니다. 늦게 믿은 사람은 당연히 그 황홀함을 짧게 누립니다.

처음에 온 일꾼들이 불평을 쏟은 이유는 어디에 있습니까? 관계의 길이보다 품삯의 크기를 더 중요하게 여긴 그들의 왜곡된 기호에 있습니다. 사실 천국은 무한하기 때문에 크기가 없고 더욱 그 크기를 비교할 수도 없습니다. 품삯은 분명히 주님께서 당신과 관계를 맺는 자들에게 주시는 은혜가 맞습니다. 그러나 이 세상에서 주어지는 하나님의 은혜는 일시적인 것입니다. 건강이나 지혜나 지식이나 재산이나 인맥이나 재능들은 모두 이 땅에서만 주어지는 유한한 것입니다. 전도서의 저자는 이러한 하나님의 선물들에 집착하는 것은 헛되어 바람을 잡으려는 것과 같다고 말합니다(전 2:26). 생명과 호흡과 모든 만물이 하나님에 의해 주어지는 것이지만 그것들은 결코 천국을 제공하지 않습니다. 천국은 물질이 아니라 관계라는 사실을 결코 놓치지 마십시오. 물질과 자연의 질서는 "하나님을 더듬어 찾아 발견하게" 하고 그분과의 친밀한 관계로 들어가게 하는 하나의 수단이나 계기일 뿐입니다(행 17:27). 수단이 많아지는 것이 아니라 주님과의 관계가 친밀하면 친밀할수록, 그분에게 다가가면 다가갈수록 더욱 큰 천국의 행복을 누립니다. 그래서 아삽은 "하나님께 가까이 함이 내게 복이라"고 말합니다(시 73:28). 모든 선물은 참된 궁극적인 선물의 은유일 뿐입니다. 선물 중의 선물은 하나님 자신임을 잊지 마십시오. 그런데도 하나님 자신보다 그의 선물을 더 좋아하는 성도들이 있습니다. 그분들은 불평의 늪에 빠지기 쉽습니다. 주님과의 관계보다 다른 사람들의 선물을 보고 비교하며 상대적인 박탈감과 소외감을 느낍니다.

전도서에 보면, 참으로 불행한 사람의 이야기가 나옵니다. "어떤 사람은 그의 영혼이 바라는 모든 소원에 부족함이 없어 재물과 부요와 존귀를 하나님께 받았으나 하나님께서 그가 그것을 누리도록 허락하지 않으셨기 때문에 다른 사람이 누리나니 이것도 헛되어 악한 병이로다"(전 6:2). 여기에서 전도자는 소유와 누림을 구분하고 있습니다. 소유는 재물과 부요와 존귀가 자기 손아귀에 있는 것을 뜻합니다. 그런데 누림은 그 소유물 자체를 사용하여 기쁨과 즐거움을 느끼는 것을 뜻합니다. 누림이 없는 소유는 고역일 뿐입니다. 그런데 누림에도 등급이 있습니다. 최고의 누림은 소유물을 가지고 맛있는 것을 사 먹고 좋은 곳을 여행하고 멋진 차와 집을 구입하는 것이 아니라 그 소유물을 주신 하나님을 알고 기뻐하는 관계로 들어가는 것입니다. 재물과 부요와 존귀라는 소유에 집착하는 자들은 그 소유욕에 갇혀 최고의 누림에 이르지는 못합니다. 문둥병에 걸린 10명 사람들을 보십시오. 예수님의 말씀을 따라 치유를 받았지만 유대인도 아닌 이방인만 이 치유에 더 크게 감명을 받고 돌아와 예수님께 감사의 마음을 전하며 인격적인 관계를 맺습니다(눅 17:18). 예수의 능력과 에너지를 체험한 것으로 만족한 (아마도) 유대인 모두는 영원한 생명이신 예수와의 만남을 외면하고 결국은 죽게 될 어리석은 길을 갔습니다. 예수님의 치유를 받고 누렸지만, 정작 그 치유를 가능하게 하신 예수를 누리지는 못하는 자들이 많습니다. 성경에 나타난 그 비율은 열에 아홉입니다. 9할이면 상당히 높은 비율입니다.

맨 마지막에 포도원에 채용된 일꾼은 품삯보다 주인을 중요하게 여겼을 가능성이 높습니다. 왜 아직도 일터에서 놀고 있느냐는 주인의 질문에 그들은 그들을 고용하는 자들이 하나도 없다고 했습니다. 아마도 이들은 고용자가 매력을 느낄 만한 기술이나 재능이 없었던 것 같습니다. 어떠한 일에도 쓸모가 없는 사람이었을지 모릅니다. 그래서 사회에 도움이 되지 않는 그들은 종일토록 놀며 비관의 손가락만 빨고 있었는데 포도원 주인이 채용해 준 것입니다. 그들은 받은 품삯을 자신이 마땅히 받아야 할 돈으로 여기지 않고 주인의 무조건적인 사랑으로 여겼을 것입니다. 그래서 일의 기회를 주고 생계의 수단까지 거저 제공한 주인의 무한한 은혜에 감사하는 그분과의 관계성이 그들에게 가장 소중했을 것입니다. 이와는 달리 처음에 온 일꾼들은 자신들이 가장 많은 일을 하였기 때문에 일당이 크든 적든 마땅히 받아야 할 품삯으로 여겼을 것입니다. 바울도 이렇게 말합니다. "일하는 자에게는 그 삯이 은혜로 여겨지지 아니하고 보수로 여겨지나"(롬 4:4). 자신을 일한 사람으로 여기는 자는 자신이 받은 품삯을, 은혜가 아닌 마땅히 받아야 할 보수로 여깁니다. 여러분, 우리가 충분한 노동을 제공하고 받은 월급이나 소득이라 할지라도 그것을 품삯으로 여기지 말고 하나님의 은혜와 사랑으로 여깁시다. 주변의 여러 요소들이 복잡하게 얽혀 있더라도 품삯 자체에 마음을 빼앗기지 맙시다. 모든 소득을 은혜로 여기며 하나님을 누리는 도구로 보시기를 바랍니다. 은혜라는 것은 본래 은혜 자체보다도 그 은혜의 공급자를 주목하게 만듭니다.

사실 포도원 주인은 종일토록 일자리를 찾지 못한 자들에게 한 데나리온 분량의 구제금을 줄 수도 있었을 것입니다. 그런데도 그들을 일꾼으로 채용한 이유는 어디에 있을까요? 구제금을 받으면 포도원 주인과 일꾼의 관계, 약속의 관계는 맺어질 수 없습니다. 인격이 섞이지는 않고 돈만 이동하는 것입니다. 그들은 주인과의 관계는 없이 그저 돈의 유익만 누립니다. 일이라는 것은 고용자와 피고용자 사이를 묶어주는 관계의 끈입니다. 주는 자와 받는 자의 미묘한 관계가 아니라 동역하는 동료와 친구의 관계를 위한 것입니다. 함께 일하는 것의 목적은 일의 효율적인 성취가 아니라 동역자를 누리는 것입니다. 일의 파트너는 보이지 않고 일만 보인다면 일의 본질을 벗어난 것입니다. 그리고 일을 하면서 생계를 유지하는 것은 아담과 하와의 타락 이후 모든 인간에게 주어진 하나님의 뜻입니다. 일하지 않고 신세만 지면 배는 부르지만 마음이 편하지 않습니다. 그런데 일을 하며 살면 움츠러든 인생의 어깨가 펴지고 당당하고 힘있게 살아갈 수 있습니다. 일이라는 것은 타락 이후에도 하나님이 베푸시는 은혜의 방편이기 때문에 주인의 의도적인 고용은 그 뜻을 성취하는 것입니다. 이러한 은혜를 입은 일꾼들은 품삯의 크기에 맞추어서 일하지 않고 주인의 뜻을 주목하며 그 뜻의 성취를 위해 일할 것입니다.

13 주인이 그 중의 한 사람에게 대답하여 말합니다 "친구여 내가 네게 잘못한 것이 없노라 네가 나와 한 데나리온의 약속을

하지 않았느냐"(사역)

처음에 고용된 일꾼들의 불평에 대한 주인의 반응을 보십시오. 그를 향하여 "친구"라고 부릅니다. 이 호칭에는 관계를 중요하게 여기는 포도원 주인의 마음이 담겨 있습니다. 그들이 비록 자신에게 불평하며 품삯의 인상을 요구하고 있지만, 주인은 여전히 그들과 자신이 '동료와 친구'라는 관계임을 포기하지 않습니다. 주인과 일꾼은 품삯의 크기에 의해 좌우되는 관계가 아니라는 것입니다. 그리고 주인은 잘못한 것이 없다고 말합니다. 처음에 온 일꾼들과 맺은 "하루에 한 데나리온" 계약을 충실히 이행했기 때문에 실제로 주인의 처신에는 어떠한 불법성도 없습니다. 관계는 약속에 기초한 것입니다. 둘의 약속은 다른 기준들에 의해 무효화될 수도 없습니다.

세상에서 아무리 넓게 통용되는 상식이나 합리나 논리라도 천국의 질서를 대체할 수는 없습니다. 예수님의 십자가 옆에 매달린 강도 한 사람이 회심을 했습니다. 그래서 그날 주님과 함께 낙원으로 갔습니다. 일평생 도둑질만 해서 십자가 처형이 합당할 정도로 극악한 인생을 산 사람이 낙원으로 가다니요! 이 세상의 상식에 비추어 보더라도 결코 용납될 수 없는 일입니다. 이처럼 천국은 세상의 도량형이 통용되지 않는 곳입니다. 그렇다고 이 땅에서 저울이 마음대로 기울어도 된다는 말은 아닙니다. "한결같지 않은 저울추"는 주님께서 미워하십니다. "속이는 저울"도 좋지 못합니다(잠 20:23). 이 세상의 저울은 사실 다 어딘가로 치우쳐 있습니다. 완벽히 정의로운 사람도, 완전한 기준도 없습니다. 그럼에도 불구하고 하나님은 정의와 공평을 이루십니다. "공평한 저울과 접시 저울은 여호와의 것이며 주머니 속의 저울추도 다 그가 지으신 것이니라"(잠 16:11). 공평한 저울을 만드신 하나님은 자신에 대하여 "나 여호와는 사랑과 정의와 공의를 땅에 행하는 자"라고 하십니다(렘 9:24). 행한 대로 갚으시고 심은 대로 거두십니다. 그런 분의 섭리가 온 세상을 지배하고 있습니다.

> 14 네 것을 가지고 가라 나중 온 이 사람에게 너와 같이 주는 것이 내 뜻이니라 15 내 것을 가지고 내 뜻대로 할 것이 아니냐 내가 선하므로 네가 악하게 보느냐(사역)

관계보다 거래를, 사람보다 돈을 중요하게 여기는 자들에게 주인은 그들의 몫을 가지고 "떠나라"(ὕπαγε)는 이별을 고합니다. 주인보다 그에게서 나오는 유익을 더 중요시한 일꾼들의 종말이 이러합니다. 그리고 주인은 일꾼들을 대하는 자신의 기준을 밝힙니다. 처음에 온 사람과 나중에 온 사람에게 같은 품삯을 주는 것이 주인의 뜻이라고 말합니다. 자신의 것을 가지고 자신의 뜻대로 처분하는 것은 악한 것이 아니라 선한 것이라고 말합니다. 포도원과 품삯은 모두 주인의 것입니다. 그것을 가지고 일꾼들과 계약을 맺고 양자의 합의를 따라 노동과 돈을 교환하는 것은 주인의 권리이기 때문에 어떠한 문제도 없습니다. 천국도 그런 것입니다. 모든 만물의 주인이신 하나님은 자신의 것을 가지고 자신의 뜻대로 하십니다. "그는 때와 계절을 바꾸시며 왕들을 폐하시고 왕들을 세우시며 지혜자에게 지혜를 주시고 총명한 자에게 지식을 주시도다"(단 2:21). "부와 귀가 주께로 말미암고 또 주는 만물의 주재가 되사 손에 권세와 능력이 있사오니 모든 사람을 크게 하심과 강하게 하심이 주의 손에 있나이다"(대상 29:12). 시간과 계절을 자신의 뜻대로 바꾸시고, 권력도 원하는 자에게 주시고, 재물도 원하는 자에게 주시고, 지혜도 원하는 자에게 주시고, 능력도 원하는 자에게 주시고, 크고 강함도 원하는 자에게 주시고, 영원한 생명도 원하는 자에게 주십니다.

나아가 하나님의 은혜가 어떤 사람에게 주어진 이후에도 주님의 소유권은 소멸되지 않습니다. 우리에게 주어진 모든 은혜에는 하나님의 유효한 뜻이 있습니다. 무엇이든 많이 가진 자는 적게 가진 자와 나누어야 한다는 뜻입니다. 이 뜻이 존중되지 않으면 하나님을 주인으로 인정하지 않고 그저 거래의 대상으로 여기는 것입니다. 주인의 것을 훔치는 것입니다. 우리에게 주어진 모든 복은 우리만이 아닌 가난한 자들을 위해서도 주신 것입니다. 이는 하나님의 헌법 중 하나인 신명기에 명시되어 있습니다. "오늘 네게 내리는 그 명령을 다 지켜 행하면 네 하나님 여호와께서 네게 기업으로 주신 땅에서 네가 반드시 복을 받으리니 너희 중에 가난한 자가 없으리라"(신 15:4-5). 하나님의 명령을 지키는 것은 우리에게 맡겨진 일입니다. 하나님은 우리에게 그 순종의 결과로 은혜의 복을 주십니다. 그런데 특이한 문장이 삽입되어 있습니다. "너희 중에 가난한 자가 없으리라." 내가 일을 하였고 내가 복을 받았는데 왜 내가 속한 공동체에 가난한 자가 없어질 것이라고 말합니까? 행간에 생략된 내용을 놓치면 이해가 되지 않습니다. 행간의 의미는 순종의 방식으로 주어진 하나님의 복을 자신만 취하지 말고 가난한 자에게도 나누라는 것입니다. 여기에는 또한 복의 종국적인 수혜자는 내가 아니라 가난한 이웃이란 사실도 암시되어 있습니다. 이런 행간을 놓칠까봐 모세는 다음과 같은 엄중한 규범을 제시하고 있습니다. "너는 반드시 네 땅 안에 네 형제 중 곤란한 자와 궁핍한 자에게 네 손을 펼지니라"(신 15:11). 그런데 이 명령을 그대로 실천하는 것은 쉽지 않습니다. 예수님을 찾아온 청년이 하나 있습니다. 그는 영원한 생명, 즉 천국에 들어가고 싶어서 왔습니다. 자신을 천국에 들어갈 자격을 충분히 갖춘 사람으로 여기며 "아직도 무엇이 부족"한 게 있느냐고 묻습니다. 이에 예수님은 그에게 말합니다. "네 소유를 팔아 가난한 자들에게 주라 그리하면 하늘에서 보화가 네게 있으리라"(마 19:21). 이 말을 들은 청년은 근심하는 눈빛으로 예수님을 떠납니다. 심령이 가난해야 천국을 가지는데, 재물에 대한 사랑이 가득한 청년의 마음에는 천국이 없습니다.

그런데 구제에 대한 신명기의 예언과 규범이 성취된 공동체가 있습니다. 사도 시대의 예루살렘 교회입니다. "그 중에 가난한 사람이 없으니 이는 밭과 집 있는 자는 팔아 그 판 것의 값을 가져다가 사도들의 발 앞에 두매 그들이 각 사람의 필요를 따라 나누어 줌이라"(행 4:34-35). 예루살렘 교회 안에는 가난한 사람이 없습니다. 이것은 너무도 놀라운 일입니다. 가난한 사람이 없다니요! 신명기에 보면, "땅에는 언제든지 가난한 자가 그치지" 않을 것이라고 했습니다(신 15:11). 그런데도 가난한 사람이 없다는 것은 서로의 필요를 채워주는 나눔에 의해 이루어진 것입니다. 나눔은 지체와 지체를 사랑으로 묶는 끈입니다. 주님께서 원하시는 교회 공동체의 모습은 이렇게 사랑의 나눔으로 하나 되는 것입니다.

나눔은 돈보다 사람이 더 중요할 때에 발생합니다. 100주년 교회를 섬기셨던 이재철 목사님은 이 사도행전 구절을 해석할 때, 성도들이 돈을 사도들의 발 앞에 두었다는 점에 주목합니다. 돈은 인간 위에 군림하지 말고, 인간과 동등한 위치에 있지도 않고, 그저 인간을 섬기는 종처럼 인간의 발 위치에 있어야 할 사랑의 수단에 불과하다는 것입니다. 그런데 오늘날 많은 교회가 돈에 휘둘리고 있습니다. 한국교회의 빚만 보더라도 10조가 넘습니다. 대형교회 중 180여곳 이상의 교회가 경매에 등록됐다고 합니다. 어느 교단에서는 1년에 1,000여 개의 교회가 문을 닫을 것이라는 주장도 있습니다. 실제로 교회의 건물만이 아니라 돈 때문에 사람을 버리고 사랑을 포기하는 일들이 얼마나 많습니까! 돈 때문에 형제를 배신하고, 교회가 분열하고, 믿음의 식구가 서로에게 원수 되는 경우도 대단히 많습니다. 나눔은 돈을 사랑하지 않고 사람을 돈보다 더 사랑하는 것을 뜻합니다. 이것이 우리에게 복을 주시는 하나님의 뜻입니다.

천국은 사람입니다. 천국은 사람과 사람 사이의 관계와 사랑에 있습니다. "두세 사람이 내 이름으로 모인 곳에는 나도 그들 중에 있느니라"(마 18:20). 거래가 아닌 주님의 사랑을 나누고 그분의 뜻을 실천하는 나눔 때문에 두세 사람이 모인 곳, 그렇게 오직 주님의 이름으로 모인 곳에 주님이 계십니다. 그곳은 천국으로 변하며 우리는 그 사랑의 관계 속에서 천국을 누립니다. 교회 공동체가 천국을 누리는 일은, 교회가 노동의 길이와 품삯의 크기를 계산하는 거래의 개념에 지배되지 않고, 우리에게 아무런 공로도 없이 구원의 품삯을 주신 주님에 대한 감사 때문에, 주님의 뜻대로 이웃을 내 몸처럼 사랑하는 나눔을 실천할 때만 이루어질 수 있습니다. 내가 먼저 교회에 등록했다, 먼저 안수를 받았다, 먼저 부임했고 더 오래 섬겼다는 것을 앞세우며 그에 합당한 보상을 챙기려고 계산기만 두드리면, 설령 그 보상을 챙길 수는 있어도 천국을 소유하고 누리지는 못할 것입니다. 전도자의 평가처럼, 이는 불쌍한 일입니다.

16 이와 같이 나중 된 자로서 먼저 되고 먼저 된 자로서 나중 됩니다(사역)

먼저 왔다는 것이 마치 인생의 절대적인 기준인 것처럼 여기는 유대인들 혹은 성도들을 향해 예수님은 먼저와 나중의 순서는 얼마든지 바뀔 수 있는 상대적인 것임을 가르쳐 주십니다. 사실 이 땅에서는 먼저 온 손님이 먼저 대접을 받는 법(first-come, first-served basis)입니다. 그러나 땅에서의 이런 상식이 천국에 그대로 적용되는 것은 아닙니다. 천국은 물질이나 시간의 순서보다 사람, 즉 사람과의 관계를 더 중요하게 여깁니다. 인생은 물질이나 시간의 순서에 따라 결정되지 않고 사람과 사람 관계에 따라 결정되는 것입니다. 믿음의 삶도 재능이나 섬김의 길이가 아닌 주님과 나와의 관계에 따라 무익과 유익으로 갈립니다. 유대인이 하나님을 먼저 알았지만 불순종 때문에 관계가 깨어지자, 이방인의 수가 주님의 백성으로 먼저 채워지고, 그렇게 채워진 이후에 유대인이 돌아올 것입니다.

코로나 바이러스 때문에 가난으로 어려움 당하는 분들이 우리 주변에 많습니다. 천국은 사람과 같습니다. 일할 재능이 없어도 고용하고, 일하지 않아도 동일한 품삯을 주는 사람은 하나님을 닮은 자입니다. 하나님이 그 안에 거하시는 자입니다. 그는 그렇게 천국을 소유하고 누리는 자입니다. 천국이 천지에 널려 있습니다. 취하시고 누리시기 바랍니다. 돈보다 사람을, 거래보다 관계를, 계산보다 사랑을 택하시기 바랍니다. 여러분은 지금 천국에 계십니까? 주의 이름으로 모인 사랑의 공동체에 주님이 계시고 천국이 있습니다. 그 천국을 누리시고 온 세상에 천국의 경계를 넓히시는 주님의 일꾼 되시기를 바랍니다.

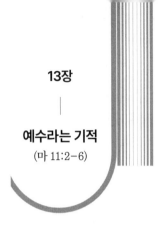

13장

예수라는 기적
(마 11:2-6)

2 감옥에서 그리스도의 일들을 듣고 [그의 제자들을] 보내
며 그의 제자들을 통해 그에게 말하였다 3 "당신이 오실 그
분입니까 혹은 우리가 다른 분을 기다려야 합니까?" 4 예
수께서 대답하며 그들에게 말하셨다 "너희는 가서 너희가
듣고 본 것을 요한에게 알리라 5 보지 못하는 자들이 보고
걷지 못하는 자들이 걸으며 나병에 걸린 자들이 깨끗하게
되며 듣지 못하는 자들이 들으며 죽은 자들이 살아나며 가
난한 자들이 좋은 소식을 듣는다고 하라 6 나로 말미암아
실족하지 아니하는 자는 복되도다"(사역)

저는 본문에 기록된 예수님의 다양한 기적들을 보면서 예수
라는 궁극적인 기적을 깊이 생각하고 싶습니다. 성경은 구

약과 신약, 혹은 율법과 복음으로 이루어져 있고, 예언과 성취가 짝을 이루고 있습니다. 율법과 선지자의 마지막에 해당하는 요한이 율법의 완성과 예언의 성취이신 예수님과 간접적인 대화를 나누는 장면에서 우리는 기독교의 깊고 본질적인 진리를 배웁니다.

> 2 감옥에서 그리스도의 일들을 듣고 [그의 제자들을] 보내며 그의 제자들을 통해 그에게 말하였다 3 "당신이 오실 그 분입니까 혹은 우리가 다른 분을 기다려야 합니까?"(사역)

요한은 지금 감옥에 있습니다. 헤롯 안디바가 헤로디아, 즉 이복동생 필립의 아내인 그녀를 차지한 것이 "적법하지 않다"(Οὐκ ἔξεστίν)고 말하였기 때문입니다(마 14:4). 헤롯은 당시 유다의 세속적인 실권을 장악하고 있던 왕입니다. 그러나 요한은 왕이라 할지라도 불의를 저지르면 침묵으로 지나가지 않습니다. 마치 구약의 나단 선지자와 같습니다. 나단도 당시 시퍼런 권력의 칼을 쥐고 있었던 이스라엘 왕 다윗이 밧세바를 취한 죄악에 대해 침묵하지 않고 하나님과 그의 말씀을 무시한 것이라는 따끔한 책망을 했습니다. 하지만 다윗과 헤롯의 반응은 다릅니다. 다윗은 나단의 책망을 듣고 회개를 하였지만 헤롯은 회개하지 않습니다. 오히려 자신의 눈에 가시와 같은 요한을 감옥에 집어 넣습니다. 제 눈에는 요한을 투옥시킨 것이 헤롯이 아니라 그녀의 아내가 시킨 것으로 보입니다. 마가의 기록에 보면, 요한이 헤롯을 책망했을 때 헤로디아는 요한을 죽이려고 했습니다(막 6:19). 그러나 헤롯은 "요한을 의롭고 거룩한 사람으로 알고" 경외심을 가지고 그를 보호하려 했으며 그의 말을 들을 때마다 크게 번민할 정도로 존중했기 때문에(막 6:20), 죽이지는 못하였고 투옥의 차선책을 선택한 것입니다.

요한은 율법과 선지자의 마침표에 해당하는 분입니다. 그래서 하나님의 명령을 지키면 복을 받고 어기면 벌을 받는다는 율법적인 판단에 근거하여 헤롯의 불의를 지적하는 선지자의 직무에 충실했던 것입니다. 이로 인하여 요한은 감옥에 갇힙니다. 결국 헤로디아의 딸이 춘 춤사위에 취한 헤롯이 나라의 절반도 주겠다는 제안을 딸에게 하자 헤로디아가 요한의 머리를 구하라는 사주를 했습니다. 결국 요한은 처형을 당하였고 그의 머리는 소반에 담겨 그 딸에게 주어졌고 그 딸은 그 머리를 자신의 엄마에게 넘깁니다. 그렇게 요한은 거리에서 객사하는 것보다 더 허무한 죽음을 당하며 역사의 무대를 떠납니다. 율법과 선지자의 마지막 주자가 떠나는 방식이 너무도 슬픕니다. 이 슬픔의 눈길은 마치 요한이 예비한 길의 목적 되시는 예수님을 향하는 듯합니다.

죽기 전에 요한은 감옥에서 그리스도 예수의 놀라운 일들을 듣습니다. 그러나 "그 일들"(τὰ ἔργα)의 구체적인 내용을 우리는 잘 모릅니다. 메시아에 대한 요한의 이해에 근거하여 유추할 수는 있습니다. 요한은 메시아를 자기보다 능력이 많은 분이시며 성령과 불로 세례를 베푸시는 분으로 이해하고 있습니다(마 3:11). 그런데 성령과 불로 주어지는 세례의 실체에 대해서는 요한도 잘 모릅니다. 요한은 감옥에 갇히기 전에 예수께서 요단 강 저편에서 세례를 베푸시니 사람들이 다 그에게로 간다는 이야기를 들은 적은 있습니다(요 3:26). 그러나 요한은 이 세례가 성령과 불로 주는 세례와는 다르다고 생각했을 것입니다. 그가 감옥에서 들은 예수의 일들은 문맥 속에서 볼 때 그의 가르침과 전도였을 것입니다(마 11:1). 가르침과 전도도 성령과 불로 주는 세례가 아닐 것이라는 의문이 들었던 것 같습니다. 그래서 요한은 두 명의 제자들을 예수님께 보냅니다(눅 7:19). 그들을 통하여 예수님께 묻습니다. 자기 뒤에 오시는 이, 즉 자신이 길을 예비하고 있는 주인공이 맞는지를 말이죠. 맞지 않다면 다른 주인공을 기다려야 하는지를 묻습니다. 요한이 이러한 질문을 던지는 것은 참으로 놀라운 일입니다. 이는 율법이 율법의 완성을, 선지자가 예언의 성취를 알아보지 못하고 있다는 뜻입니다. "모든 선지자와 율법이 예언한 것은 요한까지"라는 예수님의 말씀은 하나도 틀리지 않습니다. 예언의 성취에 대해서는 율법과 선지자에 능통한 자라도 알지 못합니다. 성령으로 말미암지 않고서는 그 누구도 예수를 율법의 완성과 예언의 성취로 알지 못하고 그를 주라고 고백할 수도 없습니다. 요한의 질문은 율법의 본질과 예언의 성격을 잘 보여줍니다. 같은 맥락에서 베드로도 율법을 알고 예언을 한 구약의 모든 선지자가 자신들의 입에서 나온 말씀의 실체를 정확하게 알지 못하여 "부지런히 연구하고 살"폈다고 말합니다(벧전 1:10-11).

사실 요한은 예수님이 세례를 받으시기 위해 자신에게 오시는 것을 보고 "보라 세상 죄를 지고 가는 하나님의 어린 양"이라고 했습니다(요 1:29). 예수님이 세례를 받으실 때에 "성령이 비둘기 같이" 하늘에서 내려온 것도 봤습니다(요 1:32). 이 목격은 요한에게 예수님을 하나님의 아들로 파악하는 결정적인 단서가 되었습니다. 요한이 이렇게 파악한 이유는 그에게 주어진 하나님의 말씀 때문입니다. "성령이 내려서 누구 위에든지 머무는 것을 보거든 그가 곧 성령으로 세례를 베푸는 이인 줄 알라"(요 1:33). 요한은 예수님께 세례를 베풀 때에 하나님의 이 말씀이 성취되는 것을 본 것입니다. 이처럼 요한은 하나님의 말씀을 듣기도 하고 그 말씀의 성취를 보기도 하고 확신까지 하였지만, 감옥에서는 예수님의 메시아 되심에 의구심을 가지고 오실 그분이 맞느냐는 질문까지 했습니다. 이와 비슷하게 우리의 신앙도 감옥에 갇히면 회의에 빠집니다. 귀로 듣고 눈으로 보고 마음의 확신에 이르러도 어느 순간에 다시 의심의 원점으로 돌아가는 것 같습니다. 제 안에서도 그러한 신앙의 가변성을 보면서, 신앙은 결국 경험이 아니라 하나님의 은혜에 뿌리를 내리고 있다는 생각을 갖습니다. "나는 예수님을 확실하게 믿어"라는 신앙의 확고함은 나의 공로나 실력이 아니기에 결코 자랑할 일이 아닙니다. 걸으면서 자신의 발자국과 헤어지고 멀어지는 것처럼, 아무리 화끈한 신앙의 체험도 거기에 멈추지 말고 계속 전진하며 인생의 등 뒤로 보내는 게 좋습니다. 신앙의 디딤돌은 은혜 밖에 없습니다.

흔들리는 요한의 질문을 그의 제자들이 예수님께 전합니다. 이 질문을 접한 예수님은 요한에 대하여 부정적인 태도를 보이시지 않습니다. '믿음이 작은 자'라거나, '의심하지 말라'는 책망도 하시지 않습니다. 오히려 요한에 대하여 극찬을 아끼지 않습니다. 첫째, 요한은 다른 모든 선지자보다 "더 나은"($\pi\epsilon\rho\iota\sigma\sigma\acute{o}\tau\epsilon\rho o\nu$) 자라고 높입니다(마 11:9). 이는 요한이 예수님의 길을 예비하기 위해 하나님이 보내신 그의 "사자"($\check{\alpha}\gamma\gamma\epsilon\lambda o\varsigma$)이기 때문입니다. 요한은 신랑의 들러리 선지자들 중에서도 신랑의 최측근인 셈입니다. 예수님께 가깝다는 이유만으로도 다른 모든 선지자와 비교할 수 없는 존재가 된 것입니다. 둘째, 요한을 인류의 역사에서 가장 큰 자라고 높입니다. "여자가 낳은 자 중에 세례 요한보다 큰 이가 일어남이 없도다"(마 11:11). 이 세상에 여자가 낳지 않은 사람은 하나도 없습니다. 이는 요한이 모든 사람보다 크다는 뜻입니다. "크다"는 말은 무엇을 뜻할까요? 덩치나 권력, 재산이 더 크다는 말이 아닙니다. 저는 영광과 권위의 크기를 가리키는 말로 이해하고 싶습니다. 요한은 자신의 정체성을 밝히면서 "주의 길을 곧게 하라고 광야에서 외치는 자의 소리"라고 말합니다(요 1:23). "소리"는 자신의 역할을 끝마치고 흔적도 남기지 않고 사라지는 존재를 뜻합니다. 요한은 자신의 목숨을 다하여 예수님이 오시는 길을 준비하는 사명을 끝마치고 사람들이 조금의 눈길도 주고 싶지 않은 방식의 처참한 죽음으로 소리처럼 사라진 분입니다. 자신의 생명과 인생이 예수님의 길을 준비하는 도구로 쓰임을 받는 것보다 더 큰 영광과 더 큰 권위를 가진 사람은 없습니다. 우리는 요한과 비슷하게 다시 오실 예수님의 길을 곧게 하는 자입니다. 그분의 길을 땅끝까지 반듯하게 펴는 복음 선포자의 소리입니다. 우리도 요한처럼 복음 선포의 사명을 끝마친 이후에는 흔적도 없이 조용히 사라지는 것이 좋습니다. 그런 방식으로 여자가 낳은 자 중에서 가장 큰 자가 되도록 요한에게 도전장을 내밀어 보십시오.

요한은 율법과 선지자로 분류되는 분입니다. 그런데 예수님은 그런 요한을 세상에서 가장 큰 자라고 높이면서 천국에는 지극히 작은 자라고 할지라도 요한보다 크다는 여운을 남깁니다(마 11:11). 여기에서 저는 율법을 대하는 우리의 태도와 율법이 복음에 대하여 가지는 관계성을 생각하고 싶습니다. 예수님은 이 세상에서 하나님의 율법을 가장 큰 진리라고 높입니다. 그럼에도 불구하고 율법은 우리로 하여금 죄를 회개하고 그리스도 예수를 주로 고백하고 하나님의 자녀가 되어 영원한 생명을 얻고 천국의 시민이 되고 예수의 형제가 되게 만드는 복음보다 크지는 않습니다. 율법은 인간의 본질적인 죄와 전적인 무기력을 깨닫게 하고 그리스도 예수께로 안내하는 길입니다. 요한이 마지막 주자로서 닦은 그 길입니다. 요한까지 이른 그 율법의 길은 그리스도 예수에게 이어지고, 그는 다시 아버지 하나님께 나아가는 복음의 길이 되십니다. 우리도 율법과 복음을 그렇게 대하는 것이 좋습니다. 그리스도 예수를 향하여 닦아진 율법의 길을 따라 그에게 도달하고, 이후에 우리는 그분을 길로 삼아 아버지 하나님께 나아가는 것입니다. 길은 없어지지 않습니다. 지금도 우리는 율법의 길 위에서 '하라'는 것은 하고 '하지 말라'는 것은 금하며 그리스도 예수와 함께 걷습니다. '하라'와 '하지 말라'로 구성된 사랑의 계명을 충실히 지키는 방식으로 우리는 그리스도 안에 거합니다. 모든 사람보다 큰 요한, 그 요한보다 큰 천국의 모든 시민 역시 그렇게 두 가지의 길을 걷습니다.

> 4 예수께서 대답하며 그들에게 말하셨다 "너희는 가서 너희가 듣고 본 것을 요한에게 알리라 5 보지 못하는 자들이 보고 걷지 못하는 자들이 걸으며 나병에 걸린 자들이 깨끗하게 되며 듣지 못하는 자들이 들으며 죽은 자들이 살아나며 가난한 자들이 좋은 소식을 듣는다고 하라(사역)

예수님은 자신에게 요한의 질문을 배달한 그의 제자들을 다시 요한에게 보내며 자신의 답변을 전합니다. 그 답변의 내용은 예수님이 이 세상에 오셔서 행하신 모든 일들을 요약한 것입니다. 먼저 예수님은 그들에게 "너희가 듣고 본 것을 요한에게 알리라"고 말합니다. 요한의 두 제자들은 예수님의 말씀도 들었고 예수님의 기적도 봤습니다. 예수님은 알지도 못하는 것을 전하라고 부탁하지 않습니다. 우리도 예수의 정체성에 대해 보고 들어서 경험한 것 외에는 아무것도 말할 수 없습니다. 말을 하더라도 진정한 전달이 아닙니다. 그래서 개개인이 예수님을 체험하는 것은 복음 전파의 전제로서 필수적인 일입니다. 예수님을 체험하는 것은 어렵지 않습니다. 그분은 먼 곳에 계시지도 않습니다. 그분은 늘 기다리고 계십니다. 모세의 조언을 따라 실천해 보십시오.

"네가 거기서 네 하나님 여호와를 찾게 되리니 만일 마음을 다하고 뜻을 다하여 그를 찾으면 만나리라"(신 4:29). 마음과 뜻을 다하여 주님을 찾아 보십시오. 그분과의 만남을 반드시 경험할 것입니다. 물론 이 만남은 눈으로 보고 귀로 듣는 물리적인 체험은 아닐 것입니다. 그러나 결코 거짓이나 상상이 아닌 실제적인 만남이기 때문에 주님을 타인에게 확실히 증거할 수 있습니다.

요한의 제자들이 보고 들으며 경험한 예수님을 여섯 가지의 모습으로 살펴보고 싶습니다. 첫째, 예수님은 보지 못하는 자들을 보게 만드시는 분입니다. 실제로 예수님은 선천적인 문제나 후천적인 문제로 시력에 문제가 생긴 사람들의 물리적인 눈을 치유하신 분입니다(마 12:22, 15:30, 20:34). 그런데 성경에서 "보지 못하는"(τυφλός)은 보이지 않는 진리를 인지하지 못하는 영혼의 어두운 시력에 대해서도 쓰입니다. 예수님은 성전 자체보다 성전에 있는 금을 더 중요하게 여기는 서기관과 바리새인 무리들을 "보지 못하는 어리석은 자들"이라 책망하신 바가 있습니다(마 23:16-17). 그리고 겉으로는 멀쩡한데 속으로는 거짓되고 부패한 상태에 대해서도 바리새파 무리를 향해 "보지 못하는" 자라고 했습니다(마 23:26). 본다는 이유로 보이지 않는 것을 경시하는 일이 생기고, 그래서 가식적인 사람이 되는 죄를 범한다면 눈을 뽑아내고 보지 못하는 것이 더 낫다고 말합니다(마 5:29). 실제로 가시적인 사물과 상황에 집착하는 육신의 눈 때문에, 보이지 않는 하나님과 영적인 상태를 인지해야 할 영혼의 눈이 가려지는 경우가 많습니다. 이것이 본다는 것의 역기능일 것입니다.

이 문제를 해결하기 위해 예수님이 오셨습니다. "내가 심판하러 이 세상에 왔으니 보지 못하는 자들은 보게 하고 보는 자들은 맹인이 되게 하려 함이라"(요 9:39). 아주 역설적인 말입니다. 물론 예수님은 가시적인 세계를 보는 육신의 눈도 치유해 주시지만 보다 중요한 치유로서 시력을 상실한 영혼의 눈도 고쳐 주십니다. 예수님은 보시되 온 세상을 하나님의 관점으로 보셨으며 그래서 온 세상을 긍휼히 여기셨고 애통하는 마음을 가지셨고 결국 자신을 죽음에 내어 주기까지 했습니다. 그런 눈을 가지신 예수님을 만나는 사람은 누구든지 영혼의 시력이 회복될 것입니다. 회복된 이후에는 계속해서 선한 눈의 소유자가 되십시오. 나아가 주님처럼 보면서 또 다른 사람의 영적 시력을 회복시켜 주십시오.

둘째, 예수님은 걷지 못하는 자들을 걷게 만드시는 분입니다(마 15:31, 21:14). 다리의 기능은 걷는 것입니다. 걷는다는 것은 에덴에만 머물지 말고 땅을 정복하고 다스리기 위해 땅끝까지 이르라는 태초의 명령에 순종하는 것과 무관하지 않습니다. 그러나 우리의 걸음이 순종을 위함이 아닌 범죄로 이어지는 경우가 많습니다. 걷는다고 무조건 제대로 걷게 되는 것이 아닙니다. 올바른 걷기는 쉽지 않습니다. 솔로몬은 왕위에 등극할 정도로 준비된 자였지만 "종은 작은 아이라 출입할 줄을 알지 못한다"고 말합니다(왕상 3:7). 누구도 제어하지 못하는 왕이 되었다고 할지라도 걸음의 올바른 사용법을 알고 익히는 것은 결코 쉽지 않다는 말입니다.

예수님은 걸음과 관련하여 죄를 지어 두 발로 지옥으로 들어가는 것보다 차라리 걷지 못한 채로 천국에 들어가는 것이 낫다고 말합니다(막 9:45). 예수님은 걸음 자체보다 그 걸음이 죄를 짓느냐 마느냐의 문제에 더 큰 관심을 보입니다. 물리적인 걸음은 이 땅에서의 일시적인 일이지만, 지옥으로 가는 걸음은 천국으로 걸어가지 못하는 영원한 일입니다. 실제로 걷기 때문에 지옥에 가는 것보다 걷지 못하기 때문에 천국에 가는 것이 우리에게 훨씬 더 좋습니다. 범죄로 이끄는 발은 걸어도 걷는 것이 아닙니다. 걸음의 온전한 치유는 우리의 발이 복음을 전파하기 위해 산을 넘고 강을 건너 땅끝까지 이르는 것에 있습니다. 예수님은 이 땅에 사시는 동안 단 한 걸음도 죄를 향하지 않고 선을 향하신 분입니다. 발걸음이 이렇게 선하고 건강한 예수님은 다른 죄악된 발걸음을 치유하실 수 있습니다. 우리의 발도 주님처럼 타인의 걷기를 치유할 수 있도록 늘 악을 경계하고 선한 행보를 유지하는 일에 힘쓰기를 원합니다.

셋째, 예수님은 나병에 걸린 자들을 깨끗하게 하십니다. '나병'은 나균으로 말미암아 발생하는 악성 피부병을 의미하는 듯합니다. 동시에 이 병은 인간의 죄에 대한 하나님의 징계로 말미암아 발생하는 경우도 있습니다(왕하 5:27, 15:5, 대하 26:21). 대표적인 사례로, 미리암은 모세의 권위에 도전장을 내밀다가 하나님의 진노로 말미암아 나병에 걸렸으며 하나님이 정하신 7일이 지난 다음에 치유를 받습니다(민 12:10). 구약에서 나병에 걸린 사람은 성 밖으로 쫓겨나고 어떤 문제가 생겨도 도움을 받지 못합니다. 예수님은 죄로 말미암은 것이든, 위생관리 소홀로 말미암은 것이든 피부에서 기생하는 모든 질병을 고치시는 분입니다. 동시에 영혼의 혈색을 창백하게 하고 마음의 핏기를 하얗게 제거하는 무형의 곰팡이와 세균으로 인한 내면의 나병도 얼마든지 깨끗하게 고쳐 주십니다. 피부의 치유는 예수님 자신이 깨끗하기 때문에 가능한 일입니다. 깨끗함이 깨끗함을 만듭니다. 예수는 거룩하신 분이고 거룩하지 않은 자들을 거룩하게 만드시는 분입니다(요 17:16-19). 죄라는 나병이 영혼에 퍼져서 하나님의 도성에서 쫓겨나고 아무런 도움도 얻지 못하는 상황이 생기지 않도록 거룩하신 예수님을 찾으시기 바랍니다. 그런데 깨끗해짐 자체는 가치의 종착지가 아님을 잊지 마십시오. 예수님의 능력으로 나병의 고침을 받은 열 명 중 예수님을 찾고 영혼의 나병까지 치유를 받은 한 이방인 외에, 육신의 피부만 깨끗함을 받고 영원히 하나님의 도성에서 스스로 배척된 9명의 어리석은 유대인을 잊지 마십시오(눅 17:17).

넷째, 예수님은 듣지 못하는 자들로 듣게 하십니다. 들음의 쓸모는 소통에 있습니다. 입으로 먹어서 들어오는 것은 위장으로 가서 항문으로 나가지만, 귀로 들어 들어오는 것은 머리로 가서 마음에 머뭅니다. 외부의 존재를 자신에게 가장 깊이 수용하는 도구는 귀입니다. 믿음은 들음에서 나옵니다. 믿음은 믿음의 주체와 대상 사이에 가장 깊은 수용을 통해 가장 친밀한 관계를 만듭니다. 듣지 못한다는 것은 소리의 교류가 차단되어 음성적인 고립을 가져옵니다. 예수님은 듣지 못하여 소리의 교류가 불가능한 사람들의 귀를 고쳐 주십니다. 그러나 들음 자체는 가치가 아닙니다. 들음은 그 용도에 따라 유익하거나 무익하기도 하고, 때로는 해롭기도 합니다. 수용적인 들음, 즉 경청은 들음이 가치에 이르는 유일한 길입니다. 예수님은 아버지 하나님의 말씀을 듣고 그대로 수용하신 분입니다. 그는 경청의 대장이고 순종의 왕입니다. 그래서 그는 일그러진 들음을 치유하실 수 있습니다. 건강한 들음의 소유자가 건강한 들음을 낳습니다. 들리지 않거나 잘못 듣는 사람이 있다면 예수님께 가십시오. 고침을 받을 것입니다. 고침을 받은 이후에는 주님처럼 하나님의 말씀을 전부 수용하는 경청의 소유자가 되어 듣지 못하는 분들의 귀를 치유해 주십시오.

다섯째, 예수님은 죽은 자들을 살리시는 분입니다. 죽음은 생명의 없음이고, 죽은 자를 살리는 것은 그 생명의 회복을 뜻합니다. 죽음은 죄의 삯입니다. 죄가 안내하는 종착지는 죽음입니다. 예수님은 심장과 숨이 멈추는 생물학적 죽음에 생기를 불어 넣으시는 분입니다. 죽음에게 명령을 내려 생명이 되게 하십니다. 사망이 사망을 삼키게 하여 죽은 자를 생명으로 돌아오게 하는 기적을 행하시는 분입니다. 이것은 예수님 자신이 생명이기 때문에 가능한 것입니다. 더 중요한 것은 산다는 것 자체가 가치는 아니라는 것입니다. 죽은 자가 살아나는 기적은 참으로 큰 은혜이고 놀라운 일입니다. 그러나 그가 사는 동안에 죄만 짓는다면 죽어서 범죄를 멈추는 것이 오히려 그에게 유익할 것입니다. 목구멍에 호흡이 아직 매달려 있다는 것은 가치를 구현할 수 있는 기회와 준비일 뿐입니다. 성경은 죄를 짓게 만든다면 눈도 뽑아내고, 손도 찍어내고, 다리도 잘라내고, 호흡도 제거하고 천국에 가는 것이 눈과 손과 다리와 호흡을 가지고 지옥에 가는 것보다 낫다고 말합니다. 이 말은 실제로 인체의 절단을 행하라는 말씀이 아닌 죄의 심각성을 경고한 것입니다. 예수님은 생명이고 생명을 주시는 분입니다. 그는 삶 전체가 가치인 분입니다. 그래서 다른 사람을 살리는 것입니다. 자신과 타인의 생명을 없애거나 연장하는 것은 인간의 소관이 아닙니다. 그러나 우리가 예수라는 가치를 끊임없이 드러내는 삶을 산다면 타인의 죽은 생활을 살려 의미 있는 인생으로 만들 것입니다.

기독교는 눈에 보이는 가시적인 기적 자체에 과도한 의미를 부여하는 경향을 보입니다. 그러면 자칫 기복적인 신앙의 늪에 빠지기 쉽습니다. 기적을 경험한 이후에 한 사람의 인생이 이전보다 더욱 악화되고 망가지는 경우가 대단히 많습니다. 애굽에서 10가지의 초자연적 기적을 체험한 이스라엘 백성의 기적 이후의 삶을 보십시오. 생활이 조금만 불편하면 짜증을 부리며 하나님께 원망과 불평을 쏟아내지 않습니까? 보지 못하는 자가 보고 걷지 못하는 자가 걷고 나병에 걸린 자가 깨끗하게 되고 듣지 못하는 자가 듣고 죽은 자가 살아나는 예수님의 수많은 기적들을 체험한 제자들과 무리들을 보십시오. 예수를 부인하고 저주하지 않습니까? 십자가에 못 박으라고 배신하며 죽이지 않습니까? 귀신에 들렸다가 그 귀신이 나간 사람의 경우도 보십시오. 자기보다 더 악한 귀신 일곱을 데리고 들어가는 바람에 "그 사람의 나중 형편이 전보다 더욱 심하게"(마 12:45) 되었지 않습니까? 그리고 예수님은 죽은 자가 다시 살아나서 부활을 증거한다 할지라도 모세와 선지자의 말을 듣지 아니하는 자는 결코 부활의 증거를 듣더라도 돌이키지 않을 것이라고 말합니다(눅16:31). 어쩌면 이것은 부활을 목격해도, 아니 부활을 체험해도 하나님께 돌이키지 않을 수 있다는 말처럼 들립니다. 기적보다 기적 이후의 선하고 의롭고 거룩한 인격과 삶의 변화를 구하시기 바랍니다.

예수님은 이 모든 기적들을 환자의 믿음을 통해, 그의 자발적인 원함을 통해 이루어 주십니다. 예수님이 행하신 기적들에 관한 기록을 읽어 보면 그의 입에서 "네가 믿느냐?", "네가 원하느냐?", "믿기만 하라", "어찌하여 믿지 못하느냐" 등의 말씀이 나옵니다. 믿음과 자발적인 마음을 물으시는 이유는 어쩌면 기적 자체보다 기적을 행하시는 예수에게 관심을 두고 의미를 부여하고 주목하고 따르게 하시려는 의도가 있지 않을까 싶습니다. 믿음의 대상은 기적 자체가 아니라 그 기적을 가능하게 하시는 분입니다. 그렇다면 기적을 일으키는 분의 의도와 목적을 존중하지 않을 수가 없습니다. 모든 기적은 기적의 주관자를 알리는 도구일 뿐입니다. 걷는 것, 보는 것, 깨끗한 것, 살아나는 것 자체가 너무나도 좋은 것이지만, 대단한 가치인 것은 아닙니다. 걸음의 열매, 시력의 결과, 깨끗함의 산물, 생존의 의미가 있을 때에 비로소 예수님의 기적은 가치가 되는 것입니다.

여섯째, 예수님은 가난한 자들에게 좋은 소식을 전하시는 분입니다. 사람들의 눈을 여시고 귀를 여시고 다리를 펴시고 피부를 고치시고 죽은 자를 살리시는 이유는 좋은 소식을 전하기 위한 것입니다. 좋은 소식의 내용은 당연히 그리스도 자신일 것입니다. 사도들은 "너희는 나를 누구라 하느냐?"라는 질문에 대한 답변을 하고 그 답변을 나누려고 성경을 썼습니다. 예수님 자신이 좋은 소식이며 그 소식은 가난한 자들의 귀를 출입하며 그들의 인격과 삶을 바꿉니다. 그래서 그 소식이 좋은 것입니다. 예수의 기적들을 경험하지 못하고 그 기적들의 유익을 누리지 못해도 예수라는 복음을 듣는 사람은 희망을 잃지 않습니다. 기쁨과 설렘 속에서 인내하며 살아갈 수 있습니다. 세상에는 가난이 해결되지 않은 사람들이 많고, 해결될 가능성이 전혀 보이지 않는 사람들도 많습니다. 그럼에도 불구하고 누구든지 복음을 듣는다면 그 누구도 절망의 바닥에 주저앉지 않습니다. 나는 과연 나를 만나는 사람에게 좋은 소식을 전하고 있습니까? 언제나 나쁜 소식의 우체부로 살지는 않습니까? 예수는 좋은 소식의 본질이기 때문에 그를 만나는 사람은 복음을 듣습니다. 우리도 예수께서 내 안에 계심으로 발 달린 복음이 되어, 발걸음이 닿는 곳마다 복음을 퍼뜨리는 증인이 되시기를 바랍니다.

6 나로 말미암아 실족하지 아니하는 자는 복되도다(사역)

마지막에 예수님은 특이한 말씀을 하십니다. 자신으로 말미암아 실족하지 아니하는 자는 복이 있다고 하십니다. 이는 예수 때문에 실족하는 사람들이 있다는 뜻입니다. 실족하면 복이 없다는 말입니다. 그러나 실족하지 않으면 복이 있습니다. 여기에서 "실족하다"(σκανδαλίζω)는 말의 의미는 죄를 짓게 된다는 것입니다. 무엇 때문에 예수로 인해 실족하는 것일까요? 그분은 진실로 하나님의 아들로서 모든 질병과 아픔을 고치시고 슬픔을 기쁨으로 바꾸시는 분 아닙니까? 어떻게 그런 분 때문에 죄를 짓는다는 말입니까? 그런데 죄를 지을 수 있습니다. 예수님에 대한 오해 때문에 예수를 정죄하고 배신하고 죽이는 죄를 마치 정의로운 일처럼 짓습니다. 능력을 행하여 이스라엘 민족의 국권을 회복하고 식민지의 인생을 청산하게 해 줄 유능한 메시아 사상에 사로잡힌 유대인은, 긍휼히 여기고 애통하고 유약하고 붙잡히고 고문을 당하고 십자가에 매달리고 죽임을 당하는 예수를 보면서 그를 떠나 반대편에 섰습니다. 진리를 떠나 거짓에,

빛을 떠나 어둠에, 의로움을 떠나 불의의 편에 섰습니다. 여기에서 확인되는 것처럼, 실족의 원인은 예수님이 아닙니다. 실족은 예수님에 대한 사람들의 오해가 자초한 일입니다. 우리가 그런 실족한 유대인은 아닙니까?

그래서 베드로는 무지하고 무법한 자가 되어 미혹되고 실족하는 일이 없도록 편지의 마지막 당부로서 그리스도 예수를 아는 지식에서 자라갈 것을 권합니다(벧후 3:18). 예수를 올바르게 알지 못하면 아무리 뜨겁게 믿어도 믿는 도끼에 인생의 발등이 찍힙니다. 과연 우리는 예수를 어떤 분으로 알고 있습니까? 예수님은 이 세상에서 모든 사람들 중에서 가장 큰, 그러나 의심하고 있는 요한에게 자신이 행한 놀라운 기적들을 언급하신 이후에 자기 때문에 실족하지 말라는 말씀을 하십니다. 예수님은 십자가 위에서 죽습니다. 그의 길을 예비하는 요한은 감옥에서 죽습니다. 그래도 요한은 실족하지 않았을 것입니다. 자신을 구해주지 않은 메시아를 원망하지 않았을 것입니다. 여기에서 우리는 율법이 복음에게 말을 걸고, 복음이 율법을 가르치며 권면하고, 율법은 다시 복음의 가르침을 수용하는 사건을 목격합니다. 우리는 율법과 복음의 이 친밀한 관계를 존중하며 구약과 신약을 읽어야 할 것입니다. 율법과 복음은 서로 대립하지 않고 이렇게 의미의 통일성을 이루고 있습니다.

여기에서 저는 예수님이 행하신 기적들을 주목하지 않고 그 기적을 가능하게 하신 예수님이 바로 최고의 기적이란 사실을 주목하고 싶습니다. 화려한 기적이 지나간 뒤에 남겨진 예수님은 어떤 분입니까? 우리가 흠모하는 기적들은 예수라는 진짜 기적의 들러리일 뿐입니다. 예수보다 더 놀랍고 위대하고 유의미한 기적은 없습니다. 그가 행하신 각각의 기적은 완전한 하나님과 완전한 인간 되시는 기적의 예수를 조금씩 드러내는 계시의 조각일 뿐입니다. 엘리야가 자신을 죽이려는 이세벨이 무서워서 호렙에 있는 동굴에 숨었을 때의 일입니다. 그때 하나님은 그에게 다가가 위로해 주시고 다른 사명을 주십니다. 그때 하나님은 산을 부수고 바위를 가르는 크고 강한 바람 가운데에 계시지도 않고, 땅을 흔드는 지진 가운데도 계시지 않았으며, 모든 것을 다 태우는 불 가운데도 계시지 않았습니다. 하나님은 선지자의 귀에 "미세한 소리"를 들려 주십니다(왕상 19:11-12). 이 소리는 엘리야를 치유하고 일으키는 복음과 같습니다. 기적은 일회적인 것이지만 복음은 마음에 계속해서 머물러 있습니다. 화려한 기적 이후에 주어지는 고요한 소리, 하나님은 바로 거기에 계십니다. 거기에 의미와 가치가 있습니다. 인생과 행복이 거기에 있습니다.

물론 요한에게 전해진 예수님의 기적들은 이사야의 예언(사 61:1)을 성취하는 것입니다. 이처럼 예수님은 의심하는 요한에게 성경에 근거하여 자신의 일들을 알려 주신 것입니다. 율법과 선지자의 예언에 능통한 요한은 예수님이 전하신 말씀을 들으면서 예수가 율법의 완성이요 예언의 성취라는 사실을 즉시 이해하고, 다른 메시아를 기다리지 않아도 된다는 말의 취지를 이해했을 것입니다. 예수님은 이사야가 오실 것이라고 예언한 바로 그분이 맞습니다. 그런데 요한은 감옥에 갇혀 있지만 그분이 "포로된 자에게 자유를, 갇힌 자에게 놓임을 선포"하는 기적의 수혜자가 되지는 못합니다. 그렇게도 애타게 기다리며 선지자의 인생을 걸었던 분이 주시는 기적적인 자유와 해방의 유익을 누리지 못합니다. 그러면 자칫 실족할 수도 있습니다. 그러나 요한은 실족하지 않고 아마도 자유와 놓임이 물리적인 출옥이 아닌 죄에서의 자유라는 사실을 깨달았을 것입니다. 그리고 이사야의 예언을 따라 예수님을 하나님의 "영광을 나타낼 자"라고 일컬었을 것입니다(사 61:3).

예수님의 존재를 기적으로 읽는다는 것은 쉽지 않습니다. 이는 나에게 실질적인 유익을 주는 기적을 경험해야 비로소 기적을 읽어내는 우리의 육감적인 인지력의 한계 때문입니다. 그러나 비록 우리가 다 알지는 못하지만 예수님은 기적 그 자체가 되십니다. 발 달린 기적이고, 일상처럼 기적을 살아내고, 가는 곳마다 기적을 행하시고, 자신을 기적의 의미로서 전파하신 분입니다. 예수라는 기적을 따라 우리도 그분 안에 거한다면, 그분이 우리 안에 계신다면, 기적은 우리의 존재가 되고 일상의 내용이 됩니다. 우리는 그 기적의 전달자가 되고 결국 가시적인 기적의 배후에 예수라는 기적의 의미를 보여줄 수 있습니다. 이러한 기적의 인생은 망각이 갉아먹는 기적의 경험과 기억에 의지하지 않습니다. 그런 인생은 예수라는 기적이 우리 안으로 들어와 사는 것이기에 예수에게 의지하는 삶입니다.

예수님의 선한 눈을 가집시다. 의로운 발로 거룩한 행보를 지킵시다. 하나님의 말씀에 경청의 귀를 가지고 순종의 삶을 사십시다. 깨끗하고 거룩한 마음을 가집시다. 죽은 시체가 아니라 산 자처럼 의미 있게 사십시다. 예수라는 복음이 우리 안에 계시게 하십시다. 이로 인하여 우리가 만나는 모든 사람들의 보이지 않는 눈과, 걷지 못하는 발과, 듣지 못하는 귀와, 깨끗하지 못한 피부와, 가난한 자들의 영혼을 복음으로 치유하는 자가 되십시다. 혹시 우리에게 물리적인 치유의 은혜를 체험하지 못한다고 할지라도 실족하지 말고 주님처럼 끝까지 십자가의 길을 가십시다. 요한이 예수를 위하여 초림의 길을 예비한 것처럼, 주를 위하여 예수라는 기적과 동행하며 재림의 길을 마련하는 우리 모두가 되기를 진심으로 원합니다.

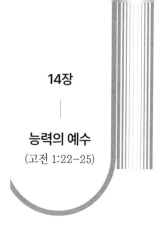

14장

능력의 예수
(고전 1:22-25)

22 유대인은 표적을 추구하고 헬라인은 지혜를 찾습니다
23 그러나 우리는 십자가에 못 박힌 그리스도를 전합니다
이는 유대인에게 거리끼는 것이고 이방인에게는 미련한 것
이지만 24 오직 부르심을 받은 유대인과 헬라인 모두에게
그리스도는 하나님의 능력과 하나님의 지혜입니다 25 하
나님의 우매함이 사람보다 지혜롭고 하나님의 약함이 사
람보다 강합니다(사역)

사람들은 저마다의 기호와 필요를 따라 추구하는 바가 있습
니다. 유대인은 표적을 구합니다. 헬라인은 지혜를 구합니
다. 유대인이 구하는 표적 혹은 기적은 눈으로 확인할 수 있
는 외적인 환경을 바꾸는 것입니다. 모세를 통해 홍해를 가

르고 노예의 신분에서 해방시킨 그런 능력 말입니다. "능력"의 헬라어는 "듀나미스"(δύναμις)입니다. 이것의 의미는 기존의 질서와 체제를 완전히 무너뜨려 전혀 다른 질서와 체계를 세우는 힘입니다. 유대인은 로마 제국에 의해 나라를 빼앗기고 주권을 상실한 식민지의 상황에서 해방과 자유를 줄 이런 능력이 목말랐을 것입니다. 현실의 답답한 절망과 하루 빨리 결별하고, 비록 그림자도 보이지 않지만 새로운 시대의 새로운 삶을 내 손아귀에 가져다 줄 능력의 소유자를 애타게 찾습니다. 바로 메시아죠. 유대인은 그런 메시아를 수백 년간 기다렸고 유력한 메시아 후보급 인물이 역사의 무대에 등장하면 당연히 초미의 민족적인 관심을 보입니다. 예수님에 대해서도 자신을 메시아로 입증하고 싶다면 땅의 평범한 것이 아니라 하늘에서 오는 특별한 표적을 보이라고 했습니다(마 16:1). 이러한 요청은 한 두 번이 아닙니다(마 12:38, 16:1, 막 8:11-12, 요 6:30). 사실 예수님이 표적을 적게 보이신 것도 아닙니다. 그런데도 표적에 대한 요구를 멈추지 않습니다. 자신이 원하는 결과가 나올 때까지 표적에 대한 그들의 요구는 멈추지 않습니다. 사회의 억압적인 질서도 이기고 자연의 법칙도 능가하는 초자연적 능력이 너무도 절실한 그런 식민지 상황이었다면 저라도 그랬을 것 같습니다.

그러나 표적은 인간의 욕망을 채우는 수단이 아닙니다.

하나님이 인간에게 주기를 원하시는 메시지를 전달하는 도구일 뿐입니다. 물론 그 도구는 질병도 치유하고 죽은 자도 살리고 기업도 일으키고 나라도 세우는 기능을 가지고 있습니다. 그러나 그것은 표적의 궁극적인 기능과 목적이 아닙니다. 표적은 하나님을 나타내는 것입니다. 그분의 뜻을 전하는 것입니다. 표적을 구하는 것 자체는 잘못이 아닙니다. 그러나 문제는 표적이 인간의 욕망 채우기의 일환으로 요청될 때입니다. 유대인이 반복적인 표적을 요구한 이유는 그런 욕망 때문입니다.

이러한 유대인의 지속적인 요구에 대한 예수님의 반응은 다음과 같습니다. "예수께서 대답하여 이르시되 악하고 음란한 세대가 표적을 구하나 선지자 요나의 표적 밖에는 보일 표적이 없느니라"(마 12:39). 예수님은 1세기의 유대인 사회를 악하고 음란한 세대로 규정하며, 이 세대에 필요한 것은 선지자 요나의 표적 밖에는 보일 표적이 없다고 하십니다. 요나의 표적에 대해서는 이렇게 요약해 주십니다. "요나가 밤낮 사흘 동안 큰 물고기 뱃속에 있었던 것 같이 인자도 밤낮 사흘 동안 땅 속에 있으리라"(마 12:40). 요나의 표적은 사흘 동안 그 선지자가 큰 물고기의 뱃속에 있었던 것처럼, 예수님도 죽어서 밤낮 사흘 동안 땅 속에 머무는 것입니다. 그러나 여기에서 유대인은 실망을 했습니다. 메시아의 자격으로 예수께서 보여 주신다는 것이 고작 죽어서 사흘 동안 땅에 매장되는 것이라는 말씀에 정나미가 뚝 떨어졌을 것입니다. 일말의 기대감이 거품처럼 흩어졌을 것입니다. 하지만 요나의 표적, 즉 죽음의 표적은 결코 가볍고 초라한 표적이 아닙니다. 대부분의 사람들은 거대한 산을 번쩍 들어 바다에 풍덩 빠뜨리는 화끈한 기적을 원합니다. 그러면 온 세상의 메시아로 인정해 주겠다고 말합니다. 그러나 그런 표적은 비록 시각적인 충격과 감동은 크겠지만, 의미와 가치의 크기에 있어서는 결코 놀랍지 않습니다. 그러나 예수님의 죽으심과 무덤에 묻히심은 상상을 초월하는 의미와 가치를 산출하고 전합니다. 이 표적은 온 세상에 최고의 유익이 주어지는 표적 중의 표적이기 때문에 이것만 보여줄 것이라고 말씀하신 것입니다.

그래서 바울은 십자가 못 박힌 그리스도 예수를 모든 사람에게 전한다고 말합니다. 그리고 그런 그리스도 예수가, 십자가의 죽음이 하나님의 능력이 된다는 이유를 밝힙니다. 한번 생각해 보십시오. 어떻게 그토록 허무하게 무력하게 죽으신 분이 하나님의 능력일 수 있을까요? 어떻게 비참함과 나약함의 상징인 십자가의 죽음이 하나님의 능력으로 간주될 수 있을까요? 사람들은 죽음을 결코 능력으로 여기지 않습니다. 게다가 그런 죽음 따위를 단순히 사람의 능력도 아닌 인류를 구원하는 하나님의 능력으로 여기는 것은 더더욱 용납하지 않습니다. 그런데 바울은 왜 죽음을, 죽으신 분을 하나님의 능력이며 공적인 선포의 대상으로 여긴다고 말하는 것일까요? 바울의 생각이 우리에게 모순처럼 느껴지는 이유는 아마도 우리가 능력의 의미를 오해했기 때문이 아닐까 싶습니다. 사람들은 유능하다 혹은 능력이 있다는 것의 의미를 더 큰 근육을 가지거나, 더 많은 재물을 가지거나, 더 방대한 지식을 가지거나, 더 화려한 인맥을 가지거나, 더 높은 지위나 권력을 가진다는 뜻으로 이해하는 경향을 보입니다.

그러나 진정한 능력은 그런 것이 아닙니다. 구약에서 가장 유능한 하나님의 사람은 아마도 요셉일 것입니다. 물론 사람들은 아브라함 혹은 다윗의 이름을 떠올릴 것입니다. 그러나 믿음의 아버지, 모든 믿는 자들의 조상 아브라함은 조그마한 부족을 거느렸고 가장 위대한 이스라엘 왕 다윗도 조그마한 나라를 다스렸을 뿐입니다. 그러나 요셉은 고대근동 시대의 제국 이집트를 다스린 분입니다. 구약에서 최고의 권세를 누린 믿음의 사람 요셉이 보여준 능력을 한 번 보십시오.

요셉은 형들의 배신으로 종살이를 했고, 보디발 아내의

모함으로 옥살이를 했습니다. 무려 13년동안 너무도 억울하고 불행하고 뼈아픈 인생을 보냅니다. 그런데 드디어 제국의 총리가 되어 최고의 권세를 누립니다. 왕이 설명하는 요셉의 권세를 보십시오. "너는 내 집을 다스리라 내 백성이 다 네 명에 복종하리니 내가 너보다 높은 것은 왕좌 뿐이니라(창 41:40) … 바로가 요셉에게 이르되 나는 바로라 애굽 온 땅에서 네 허락이 없이는 수족을 놀릴 자가 없으리라"(창 41:44). 요셉이 가진 가시적인 권세는 어떤 것입니까? 이집트의 주권과 백성의 생명과 삶이 그에게 있다는 것입니다.

그러나 이것은 요셉이 가진 진짜 권세를 다 보여주지 못합니다. 권세자의 마음을 가장 먼저 차지하는 권력의 용도는 아마도 복수일 것입니다. 요셉의 경우는 아마도 형들의 배신과 보디발 아내의 모함일 것입니다. 그런데 성경은 요셉이 복수에 아무런 관심도 없다고 말합니다. 종살이의 주범인 형들을 노예로 만들지도 않고 옥살이의 주범인 보디발의 아내를 감옥에 넣고 참수형에 처하지도 않습니다. 요셉의 이런 처신은 무엇을 의미하는 것입니까? 자신은 자신에게 주어진 권력의 노예가 되지 않았다는 것입니다. 제국을 다스리는 막대한 힘이 자신의 판단과 처신을 좌우하지 못했다는 것입니다. 요셉은 권력을 가졌지만 그것에 휘둘리지 않고 그것을 다스린 분입니다. 그는 확실히 자신의 손아귀에 있던 권력보다 컸습니다.

요셉을 최고의 세속적인 권력보다 크게 만든 원인은 어떤 것입니까? 요셉으로 하여금 복수심에 빠져 권력의 칼을 뽑아 무작위로 휘두르는 폭군이 되지 않고 권력을 다스리고 선용하게 만든 근거는 어디에 있습니까? 요셉의 고백을 들어 보십시오. "요셉이 그들에게 이르되 두려워 마소서 내가 하나님을 대신할 수 있습니까?"(창 50:19) 요셉은 최고의 권력을 가졌어도 더 높은 권력의 주관자 하나님이 계시다고 말합니다. 그분의 뜻을 거스를 수 없다고 말합니다. 권력은 오직 하나님의 뜻에 의해 제어될 때에 아름답고 향기로운 것입니다.

그런데 권력 자체를 목적으로 삼아 취하려는 분이 있습니다. 그의 삶은 권력의 노예로 전락할 수밖에 없습니다. 권력이 클수록 그는 더 비참하고 사악한 인생을 살아갈 것입니다. 그러나 권력을 지극히 높으신 하나님의 뜻을 이루는 수단으로 여기는 자는 이 세상의 그 어떠한 권력보다 큰 자입니다. 하나님의 뜻은 어떤 것입니까? 요셉의 말입니다. "당신들은 나를 해하려 하였으나 하나님은 그것을 선으로 바꾸사 오늘과 같이 많은 백성의 생명을 구원하게 하시려 하셨나니"(창 50:20). 비록 형들은 배신을 통해 동생을 죽이려고 했지만 그것은 다 하나님의 섭리라는 것입니다. 배신하는 형들의 악조차 만민의 생명을 구하는 선으로 바꾸시는 하나님의 뜻이 있었다고 말합니다.

종살이와 옥살이로 얼룩진 인생이라 할지라도, 요셉은 다 하나님의 섭리 아래에 있었다고 말합니다. 그래서 눈에 보이는 원수를 갚으려고 복수의 칼을 뽑지 않고 오히려 이렇게 말합니다. "당신들은 두려워 마소서 내가 당신들과 당신들의 자녀를 기르리이다 하고 그들을 간곡한 말로 위로하였더라"(창 50:21). 자신을 인생에서 가장 지독한 고통과 절망의 구덩이에 빠뜨린 원수들과 그 자녀들을 지키고 양육해 주겠다고 말합니다. 게다가 극도의 두려움과 여전한 의심으로 떠는 그들을 간곡한 말로 위로까지 해줍니다. 그들과의 화평을 이룹니다. 제국의 권력자가 최고의 능력으로 원수의 머리털 한 올도 건드리지 못하고, 오히려 그들을 사랑하고 섬기는 목적의 수단으로 그 능력을 사용하는 모습에서 우리는 진정한 능력이 어떤 것임을 배웁니다.

사실 요셉이 보여준 능력은 맛보기에 불과한 것입니다. 이제 시선을 예수님께 돌려 보십시오. 예수님은 요셉과 비교할 수 없는 권세를 가지신 분입니다. 요셉은 고작 한 시대를 호령하며 지구의 한 부분에 불과한 이집트의 백성을 다스리는 권세를 가졌지만, 예수님은 온 세상을 창조하신 분입니다. 온 우주를 만드신 분입니다. 온 세상과 온 우주를 소유하고 계신 분입니다. 눈에 보이는 가시적인 세계만이 아닙니다. 우리가 살아가는 이 시대만이 아닙니다. 하늘과 땅의 모든 권세, 오고 가는 모든 세대 위에 영원토록 뛰어난 이름을 가지신 분입니다. 예수님의 시대에 세계를 손아귀에 넣은 로마 제국도 예수님 앞에서는 아무것도 아닙니다. 소수의 천사들만 풀어도 삽시간에 잿더미와 무덤으로 바꾸실 수 있는 분입니다. 그분은 설령 천년의 역사를 가진 어떠한 제국이라 할지라도 그 누구도 살 수 없는 황무지로 만드실 수 있습니다.

주님 앞에서는 모든 것이 아무것도 아닙니다. "그의 앞에는 모든 열방이 아무것도 아니라 그는 그들을 없는 것 같이, 빈 것 같이 여기시느니라 그런즉 너희가 하나님을 누구와 같다 하겠으며 무슨 형상을 그에게 비기겠느냐"(사 40:17-18). 이 세상에는 하나님을 표현할 비유가 없습니다. 어떠한 대체물도 없기 때문에 형언할 수 없는 분입니다. 그런 하나님이 어떻게 되셨나요? 종의 형체인 사람의 육신을 입고 이 땅에 오셔서 시간과 공간에 스스로를 제한하십니다. 피곤함과 원통함과 고통과 슬픔과 의분과 연민을 모두 느끼신 분입니다. 그래서 우리와 성정이 완전히 같습니다. 만물보다 거짓되고 심히 부패한 인간에게 가까이 오신 것입니다. 만물보다 못한 존재의 끝에 오셔서 그런 존재를 섬기는 종으로 오신 분입니다. 그런데도 인간은 그분에게 대접과 환대가 아니라 무시와 조롱과 비방과 모함과 모욕과 폭력과 살인으로 대합니다. 그러나 목숨이 끊어지는 마지막 순간에도 예수님은 하늘과 땅의 모든 권세를 전혀 사용하지 않습니다. 그모든 권세를 마음대로 사용할 수 있는 권한을 하나도 발효하지 않으시고 오히려 이렇게 말합니다. "예수께서 이르시되 아버지 저들을 사하여 주옵소서 자기들이 하는 것을 알지 못함이니이다 하시더라"(눅 23:34). 이 말씀을 남기고 조용히 죽습니다.

이런 예수님의 죽음은 너무도 놀라운 일입니다. 죽으실수 없는 불변의 절대자 하나님이 육신으로 오셔서 죽으신 것입니다. 만물을 만드신 창조자가 피조물에 의해 죽임을당한 일입니다. 생명 자체이며, 모든 생명의 근원이며, 생명을 보존하는 분이 생명을 잃으신 일입니다. 지극히 거룩하신 분이 만물보다 거짓되고 심히 부패한 존재에 의해 죽은일입니다. 하늘과 땅의 모든 권세를 가지신 최고의 권위자가 벌레와 같이 미천하고 안개와 같이 허약한 인간의 손에죽은 일입니다. 그리스도 예수는 살아계신 하나님의 아들인데 너무도 무기력해 보입니다. 하나님의 아들이 아니라 너무도 터무니 없는 바보처럼 보입니다. 그래서 바울은 유대인의 눈에는 거리끼는 것이라고 말합니다. 즉, 보고 있으면 불쾌하고 답답하고 분노가 치밀어 오르게 만드는 분입니다. 그러나 믿음의 눈으로 보면 하나님의 능력이 십자가에 못박혀 죽으신 그리스도 예수에게 있습니다.

대부분의 사람들은 보다 높은 권력을 구합니다. 그 권력을 얻으면 더 큰 권력을 얻기 위한 도구로 그 권력을 사용하는 듯합니다. 그렇게 사람들은 하나 둘씩 서서히 더 심각한 권력의 노예로 변합니다. 그러나 진정한 권력자는 그 권력의 지배를 받지 않고 오히려 다스리고 선을 이루는 도구로 삼습니다. 가장 유능한 대통령은 누군가요? 존재감이 없는 국민 한 사람의 질문에도 진실하게 대답하는 분입니다. 어떠한 요청을 한 사람이 지극히 작은 자라도, 사회적 존재감이 제로인 사람이라 할지라도 합당한 것이라면 그 요청을 들어주는 분입니다. 지극히 연약한 자의 정당한 지적과 비난을 들을 땐 인정하며 부끄럽게 여기는 분입니다. 그러나 가장 무능한 대통령은 자신의 눈에 조금만 거슬려도 그 사람들의 밥줄을 끊고 성질이 풀릴 때까지 있는 힘껏 보복하는 자입니다. 다양한 방식으로 고문과 고통을 가하는 자입니다. 그에겐 권력의 용도가 선이 아닌 악입니다. 국민을 위하지 않고 자신을 위합니다. 목회자가 한 교회의 담임이 되면 책임자의 권한을 갖습니다. 그러나 가장 무능한 목회자는 그 권한으로 안으로는 자신의 지갑을 채우고 밖으로는 유명세를 떨치는 자입니다. 가장 유능한 목회자는 그 모든 권한으로 하나님의 말씀을 연구하고 전하며, 성도들 한 분 한 분을 위해서 기도하는 자입니다. 권력은 소유를 통해 자신의 존재감을 높이는 도구가 아닙니다. 나의 감정과 유익을 내려 놓고 그 권력을 수여한 분의 뜻을 구현하기 위해 주어진 것입니다. 그때 우리는 권력의 수여자가 가진 권위를 갖습니다. 하늘과 땅의 모든 권세를 가지신 주님처럼 그 권세의 향유자가 될 것입니다.

요셉의 인생에서 주목해야 할 부분이 있습니다. 요셉이 자신의 권세로 무엇을 했길래 진실로 유능한 것입니까? 그의 진정한 유능은 자신을 위하지 않고 많은 사람들의 구원을 위해 자신에게 주어진 권세를 사용한 것에 있습니다. 요셉은 자신을 애굽에 미리 보내신 이유가, 바로 많은 사람들을 구원하려 하신 하나님의 뜻이라는 사실을 알고 순종했습니다. 자신에게 주어진 권세의 단 한 조각도 하나님의 뜻과 무관한 목적으로 사용하지 않고 오직 사람들을 구원하기 위한 용도로만 썼습니다. 요셉의 이러한 능력은 예수님의 능력, 즉 복음의 능력을 정확하게 가르치고 있습니다. 바울의 고백을 들어 보십시오. "이 복음은 모든 믿는 자에게 구원을 주시는 하나님의 능력이 됨이라"(롬 1:16). 하나님의 능력은 모든 믿는 자에게 구원을 주어야 하는 것이며 그 능력은 바로 복음에 있다고 바울은 말합니다. 바울은 자신의 생명을 수단으로 삼아 우리를 구원하신 십자가의 복음이 하나님의 능력임을 가르치고 있습니다.

우리는 그리스도 예수의 제자로 살도록 이 세상에 보냄을 받은 자입니다. 주님께서 보여주신 십자가의 삶을 살아가야 합니다. 온 천하에 다니며 만민에게 복음, 즉 십자가의 능력을 증거해야 합니다. 그러기 위해서는 주님처럼 자신의 생명을 아버지께 드려야 합니다. 영국의 최대 유람선 타이타닉 침몰 사건에서, 가장 유명한 사람은 선장이 아닌 존 하퍼 목사님일 것입니다. 그는 딸을 먼저 보내고 배에 남아서 복음을 증거한 분입니다. 많은 사람에게 전한 이후에 끝으로 구명조끼 없는 한 남자에게 복음을 전합니다. 그에게 묻습니다. "당신은 예수님을 믿습니까?" "아니오 저는 믿지 않습니다" "그렇다면 이 조끼는 당신에게 더 필요한 것 같습니다. 저는 죽어도 천국에 갈 것입니다. 그러나 당신은 그렇지 못하니 예수님을 믿을 시간이 필요한 것 같습니다. 입고 가십시오. 저는 천국으로 갈 것입니다." 이렇게 하퍼 목사님은 죽어가는 영혼을 건지기 위해 영원한 생명을 주는 복음을 전하고자 자신의 생명을 버립니다. 여러분 자신만 십자가의 삶을 살지 마십시오. 다음 세대에겐 올바른 십자가의 길을 유산으로 물려 주십시오. 여러분, 자녀들의 생명을 하나님께 드리시기 바랍니다. 사무엘을 바친 그의 어머니 한나처럼, 하나님의 나라를 위해 주님께 자녀들을 드려 십자가의 길을 걷게 하십시오. 안창호 선생의 어머님은 사형 선고를 받은 아들에게 "딴 맘 먹지 말고 죽으라"는 말을 했습니다. 자녀에게 하나님과 그의 나라를 위하여 죽을 각오로 살라는 교훈을 가장 소중한 유산으로 물려 주십시오.

사실 지극히 선하시고 온유하고 겸손하신 예수님의 죽음은 그 누구도 납득할 수 없는 일입니다. 오히려 부패한 유대 권력자들, 세속화된 종교 지도자들, 국권을 탈취한 로마 사람들, 선량한 예수님을 죽인 로마 군인들 같은 사람들이 죽어야 된다고 생각할 것입니다. 지금도 이러한 생각은 다르지 않습니다. 간혹 교회가 자연재해 속에서도 믿음의 사람들은 피해를 입지 말아야 하며 죽지도 않아야 하고 믿지 않는 사람들이 피해자와 희생자가 되어야 한다고 생각하는 경향이 있습니다. 이러한 생각의 배후에는 악하고 오만하고 거짓되고 부패하고 음란하고 폭력적인 사람이 고통을 당하고 피해를 입고 사망에 이르러야 하나님의 정의가 세워지는 것이라는 전제가 깔려 있습니다. 그런데 존 하퍼의 생각은 다릅니다. 믿음의 사람들은 죽어도 천국에 가지만 불신의 사람들은 죽어서 지옥에 가기 때문에 후자를 대신하여 전자가 죽어야 한다고 말합니다. 그는 불신자를 살리기 위해 자신의 생명을 포기하여, 예수님의 죽음이 인류에게 주는 사랑의 메시지를 보여주신 분입니다. 십자가의 능력은 이러한 구원의 능력, 살리는 능력 바로 여기에 있습니다.

십자가의 길은 영광의 길입니다. 유월절, 즉 예수님께 십자가의 죽음이 코앞에 다가왔을 때의 일입니다. 한 여인이 향유 한 단지를 가지고 와서 예수님의 머리에 붓습니다. 이에 대해 두 가지의 반응이 나옵니다. 제자들은 분개를 했습니다. 예수님은 칭찬을 했습니다. 제자들이 분개한 이유는 300 데나리온도 더 되는 귀한 향유를 그녀가 허비하고 있다는 이유 때문입니다. 그 배후에는 그 향유로 가난한 자들을 구제하면 좋겠다는 그들의 기호가 있습니다. 유다는 이러한 반응의 선두에 선 자입니다. 사실 유다는 예수님을 죽음으로 내몬 원흉으로 지목되어, 그의 모든 언사와 행동은 좋게 평가되지 않습니다. 그러나 여인에 대한 유다의 평가는, 그가 당시 약자들에 대한 건강한 사회적 의식에 기반하여 그들의 구제를 위한 합리적인 판단을 내린 것으로 해석될 수 있습니다. 구제는 사도시대 당시에 교회의 정체성을 지탱하는 두 기둥 중 하나로 사회적 가치의 일 순위를 차지한 것입니다. 루터도 종교개혁 운동을 촉발시킨 그의 반박문에 언급한 대단히 중요한 의제로 가난한 자들의 구제를 다룹니다. 베드로 교회당을 팔더라도 면죄부 구입으로 털린 가난한 자들의 주머니를 다시 채우라고 말합니다. 성전 재건축 혹은 리모델링 명분으로 가난한 자들의 지갑을 다시는 털지 말라고 말합니다. 루터와 유다의 사상은 크게 다르지 않아 보입니다.

그런데 예수님의 반응을 보십시오. 그는 3년이 가깝도록 동거하고 동행하며 가르친 제자들의 반응을 꾸짖고 여인의 행동에 칭찬을 보냅니다. 그 이유를 이렇게 밝힙니다. "이 여자가 내 몸에 이 향유를 부은 것은 내 장례를 위하여 함이니라"(마 26:12). 향유를 예수님의 머리에 부은 마리아의 행동은 예수님의 죽음을 기념하는 장례를 위한 것이기에 좋은 일이라고 말합니다. 어쩌면 제자들은 배신감을 느꼈을 지도 모릅니다. 예수님의 죽음에 대해 들은 베드로를 비롯한 모든 제자들이 절대 죽으실 수 없다고 격분하자, 예수님이 "사탄아 내 뒤로 물러가라 너는 나를 넘어지게 하는 자로다"(마 16:23)라며 책망하신 사건에서 느꼈을 일종의 배신감과 유사한 느낌을 가졌을 것입니다. 예수님을 위하고 가난한 자들을 위하는 제자들의 마음과 행동은 사실 우리의 눈으로 보기에도 합당하고 나쁘지 않아 보입니다. 그런데 가난한 자들을 구제하는 것과 예수님의 죽음을 기념하는 것 사이에서 예수님은 후자가 더 옳다고 말합니다. 예수님의 죽음을 기념하는 것은 이 세상의 가장 고상한 가치조차 상대적인 것으로 밀어내고 재해석을 가하게 만듭니다.

가난한 자들의 배고픔을 해결하는 것보다 더 중요한 것이 있습니다. 인간이 스스로 해결하지 못하는 죄를 제거하는 것입니다. 예수님의 죽음은 인간의 본성적인 죄를 해결하는 유일한 일입니다. 최고의 향기가 진동하는 일입니다. 그래서 마리아는 예수님의 몸에 향유를 붓습니다. 인류의 역사에서 가장 향기롭고 아름다운 일은 예수님의 죽음으로 인간의 죄를 사하는 것입니다. 그 일은 너무도 고귀해서 예수님도 죽음의 날이 다가왔을 때에 인자가 영광을 얻을 때가 왔다고 하십니다. 예수님과 마리아의 견해는 같습니다. 그래서 예수님은 마리아의 행동을 복음이 전파되는 모든 곳에서 기념하여 기억되게 하라고 했습니다. 예수님의 죽음을 기념한 마리아의 이름은 복음과 함께 모든 곳에서 언급될 것입니다. 같은 맥락에서 예수님은 성찬식을 제정하되 그 목적을 이렇게 말합니다. "너희가 이 떡을 먹으며 이 잔을 마실 때마다 주의 죽으심을 그가 오실 때까지 전하는 것이니라"(고전 11:26). 많은 사람들은 예수님의 부활을 기념하고 싶어하는 경향을 보입니다. 다시 살아나는 놀라운 권능을 보이신 예수님의 부활을 기념하는 것은, 승리의 종교 기독교가 가진 진리의 본질이며 핵심이자 영광으로 보이기 때문에 이는 당연한 일입니다. 그런데 예수님은 종말의 때까지 성찬을 통해 기념해야 하는 내용으로 주의 죽으심을 기념해야 한다고 말합니다. 이 죽음은 예수님 자신이 영광과 동일시한 것입니다.

마리아와 같이 여러분도 이 죽음의 영광을 이 세상에서 기념하는 삶을 사시기 바랍니다. 나의 삶보다 죽음이 드러난 인생에 주님께서 십자가 위에서 받으신 하늘의 영광이 주어질 것입니다. 그러나 죽음을 영광으로 여기는 삶은 결코 쉽지 않습니다. 구제보다 죽음의 가치를 높이신 예수님의 반응에 대한 제자들의 반응을 보십시오. 특별히 유다는 대제사장의 거처로 가서 예수님을 넘길 테니 얼마를 주겠냐며 남루한 흥정을 했습니다. 유대인 지도자는 은 삼십을 제시했고 유다는 거래를 했습니다. 유대 사회에서 은 30세겔은 종 혹은 노예의 몸값이고 50세겔은 건강한 장정의 몸값에 해당하는 것입니다. 유대인 지도자는 예수님을 일개의 노예로 해석한 것이고 유다는 그 해석에 동의한 것입니다. 예수님을 메시아가 아니라 노예에 불과한 존재로 규정한 유다의 행보는 어쩌면 우리의 걸음과 다르지 않을지도 모릅니다.

15장

죽음의 예수

(요 12:23-25)

23 예수께서 대답하여 이르시되 인자가 영광을 얻을 때가 왔도다 24 내가 진실로 진실로 너희에게 이르노니 한 알의 밀이 땅에 떨어져 죽지 아니하면 한 알 그대로 있고 죽으면 많은 열매를 맺느니라 25 자기의 생명을 사랑하는 자는 잃어버릴 것이요 이 세상에서 자기의 생명을 미워하는 자는 영생하도록 보전하리라

예수님의 부활은 증명의 대상이 아니라 믿음의 대상입니다. 우리에게 부활은 성도에게 가장 큰 소망의 영광입니다. 먼 내세에 이루어질 일이 아니라 지금 이곳에서 경험하고 향유해야 할 복입니다. 그런데 최고의 영광인 부활은 오늘날 대부분의 성도에게 그림의 떡으로 장식용 지식에 불과해 보입

니다. 진실로 부활은 지식의 대상이 아니라 누림의 대상입니다. 그런데 부활의 영광으로 들어가는 누림의 길목에 십자가의 죽음이 있고 부활을 누리고자 하는 자는 반드시 십자가의 길을 지나가야 합니다. 그래서 이런 문구들이 있습니다. "십자가가 없으면 왕관도 없다"(No cross no crown), "고통이 없으면 소득도 없다"(No pain no gain), "땀이 없으면 달콤함도 없다"(No sweat no sweet). 죽음과 부활은 복음의 진리에 대한 불가분의 단짝입니다. 베드로는 구약의 선지자들이 고난의 절정인 죽음과 영광의 절정인 부활을 메시아에 관한 진리의 핵심으로 이해했고, 그것을 이해하기 위해 지성의 심혈을 쏟아 부었다고 말합니다(벧전 1:10-11). 그리스도 예수를 가리켜 기록된 구약은 이처럼 그의 고난과 영광, 즉 죽음과 부활을 미리 증언한 책입니다.

> 23 예수께서 대답하여 이르시되 인자가 영광을 얻을 때가 왔도다

복음의 단짝인 죽음과 부활의 관계는 어떠합니까? 이에 대한 답은 죽음을 앞두신 예수님의 고백에 있습니다. 예수님은 죽음의 때를 "인자가 영광을 얻을 때"로 해석합니다. 이는 죽음의 일반적인 개념과는 다릅니다. 세상이 동의하기 어려운 대단히 이질적인 해석입니다. 사회에 통용되고 있는

죽음의 보편적인 정의는 "호흡의 중지", "피순환의 중지", "뇌활동의 정지", "심장의 정지", "육체의 소멸" 등이 있는데 이것은 주로 인간을 육체적인 존재로 이해한 관점에 근거한 것입니다. 인간이 만약 육체로만 이루어져 있다면 인간의 죽음은 육체에 의해서만 그 개념이 결정될 것입니다. 그러나 인간의 구성에는 육체만이 아니라 지성과 의지와 감성과 영성과 도덕성과 사회성도 있습니다. 즉, 공동체 안에서 더불어 살아가지 못하는 사람은 사회적인 죽음을, 배움이 멈춘 사람은 지성적인 죽음을, 정서가 메마른 사람은 감성적인 죽음을, 의욕이 상실된 사람은 의지적인 죽음을, 하나님과 단절된 사람은 영적인 죽음을, 양심이 마비된 사람은 도덕적인 죽음을 맞습니다.

이처럼 죽음의 개념에는 대체로 부정적인 이미지가 있습니다. 그러나 긍정적인 이미지도 있습니다. 성경은 죽음의 부정적인 의미와 긍정적인 의미 모두를 말합니다. 성경이 말하는 죽음의 부정적인 의미는 종류를 불문하고 하나님과 단절되는 것과 관계되고, 긍정적인 의미는 종류를 불문하고 하나님과 연합하는 것과 관계된 것입니다. 세상에도 죽음의 개념에 발상의 전환을 시도하는 사람들이 있습니다. 죽음은 묵은 인생의 끝이면서 새로운 인생의 시작입니다. 그러므로 죽음을 맞이하는 마음의 태도는 두려움이 아니라 설렘입니다.

100년의 인생을 살고 죽기 1개월 전에 스스로 곡기를 끊은 스캇 니어링(Scott Nearing, 1883-1983)의 자서전(The Making of a Radical)에 나온 그의 고백을 보십시오. "나는 죽음이 진행되는 과정을 하나하나 느끼고자 한다. 어떤 진통제도, 마취제도 필요하지 않다 … 나는 최선을 다해 삶을 살아왔기 때문에 기쁘게 또 희망찬 마음으로 죽음을 맞이하려 한다. 죽음은 다른 세계로 옮겨가는 것 혹은 깨어남이다 … 기쁘게 살았으니 기쁘게 죽으리라 나는 내 의지로 나를 떠난다." 두려움을 이렇게 기쁘고 희망찬 마음으로 맞이하는 사람의 태도가 참으로 희귀하고 특이합니다. 생존의 연대를 정하신 하나님의 뜻이 죽음의 방식으로 성취되는 것이라고 생각하면, 죽음을 격렬한 몸부림으로 거부하고 도피하고 멀리하는 것보다, 하나님의 영광과 존재와 섭리가 드러나는 역설적인 삶의 일부로 포용하는 것은 좋습니다. 죽음에 대한 예수님의 정의를 주목해 보십시오. 죽음을 "인자가 영광을 얻을 때"로 해석하신 예수님의 죽음 개념은 우리에게 삶의 신비로운 비밀을 풀어주는 듯합니다. 죽음과 영광은 도무지 섞일 수 없고 전혀 어울리지 않는 개념의 조합인데, 죽음이 어떻게 영광의 관문이 될 수 있을까요?

실제로 예수님이 죽으실 때에 어떠한 일이 있었나요? 영광과 관련된 사건이 있었나요? 예수님의 십자가 처형을 담당한 백부장과 군병들의 증언을 보십시오. "백부장과 및 함께 예수를 지키던 자들이 지진과 그 일어난 일들을 보고 심히 두려워하여 이르되 이는 진실로 하나님의 아들이었도다 하더라"(마 27:54). 백부장과 군병들은 거듭난 유대인도 아니고 예수님의 제자들도 아니고 기독교의 전문가도 아닙니다. 그들은 예수님의 죽음에 손발을 제공하고 그 죽음을 두 눈으로 가장 가까이에서 목격한 이방인 증인일 뿐입니다. 그런데도 그들은 예수님의 죽음을 보고 그를 "하나님의 아들"로 이해하고 있습니다. 그들의 이 고백은 어떠한 종교적인 편견이나 선입견도 없이 쏟아진 것입니다. 이는 강요된 것도 아니고 왜곡된 것도 아니고 거짓된 것도 아니며 어떠한 인위적 요소의 개입도 없습니다. 예상치 못한 입에서 출고된 진실입니다. 예수님이 생존해 계시며 아무리 놀라운 기적을 행하실 때에도 이방인의 입에서 하나님의 아들이란 고백이 나온 적은 없습니다. 그런데 그의 죽음은 이방인도 그리스도 예수를 하나님의 아들로 이해하게 만든 결정적인 계기로 작용한 것입니다. 물론 어둠으로 온 땅이 뒤덮이고 지진이 일어나고 바위가 갈라지고 무덤이 열리고 죽은 자들이 많이 일어났기 때문에 촉발된 일입니다. 아무튼 그리스도 예수의 죽음은 이렇게 온 세상을 진동하게 했습니다. 여기에서 우리는 죽음의 긍정적인 의미를 생각할 수밖에 없습니다. 어떻게 죽음이 하나님의 아들 됨을 증거하는 단서가 됩니까? 여전히 의문이 해소되지 않습니다. 이에 예수님은 하나의 비유를 통해 죽음의 구체적인 의미와 결과에 대한 설명을 이어 나갑니다.

> 24 내가 진실로 진실로 너희에게 이르노니 한 알의 밀이 땅에 떨어져 죽지 아니하면 한 알 그대로 있고 죽으면 많은 열매를 맺느니라

본문은 헬라인 몇 사람이 예수님을 만나려고 찾아온 상황에서 던져진 그들의 질문에 대한 예수님의 답입니다. 예수님은 자신의 기적과 교훈을 듣고 찾아온 그들에게 자신의 죽음 이야기를 건넵니다. 찾아온 헬라인이 던진 질문의 구체적인 내용에 대해 마태는 침묵하고 있습니다. 추정을 하자면 아마도 인자에 대한 질문이 던져졌을 가능성이 높습니다. "인자"는 다니엘로 하여금 "심히 번민하게" 만든 주제인데, 이에 관하여 다니엘은 이렇게 말합니다. "내가 또 밤환상 중에 보니 인자 같은 이가 하늘 구름을 타고 와서 옛적부터 항상 계신 이에게 나아가 그 앞으로 인도되매 그에게 권세와 영광과 나라를 주고 모든 백성과 나라들과 다른 언어를 말하는 모든 자들이 그를 섬기게 하였으니 그의 권

세는 소멸되지 아니하는 영원한 권세요 그의 나라는 멸망하지 아니할 것이니라"(단 7:13-14). 다니엘은 인자와 같은 분을 환상에서 보았는데 그 인자는 권세와 영광과 나라를 가지고 모든 사람들의 섬김을 받는데 그의 권세는 영원하고 그의 나라는 멸망하지 않는 것이라고 말합니다. 인자의 말씀을 듣고 몸에 힘이 없어지고 호흡도 위태로운 상황에 처한 다니엘은 이 인자를 주님이라 부르고 그의 도움으로 기력을 회복합니다(단 10:17).

인자는 성경에서 만민의 섬김을 받는 놀라운 권세와 나라의 소유자로 나옵니다. 그런 인자가 영광을 얻을 때가 왔다는 말의 의미는 드디어 만인의 영광을 받아 누리며 최고의 권세를 휘두르고 최고의 나라를 건설하는 때가 왔다는 것입니다. 아마도 모든 사람들이 그런 방향의 답변을 기대하고 있었을 것이지만 예수님의 답변과 인자의 영광에 대한 해석은 사뭇 다릅니다. 인자에게 임할 영광을 밀의 죽음 이야기로 설명합니다. "한 알의 밀이 땅에 떨어져 죽지 아니하면 한 알 그대로 있고 죽으면 많은 열매를 맺느니라." 이 비유의 말씀과 내용상 일치하는 다른 성경 구절이 있는데 그것은 바울의 말입니다. "그는 근본 하나님의 본체시나 하나님과 동등됨을 취할 것으로 여기지 아니하시고 오히려 자기를 비워 종의 형체를 가지사 사람들과 같이 되셨고 사람의 모양으로 나타나사 자기를 낮추시고 죽기까지 복종하셨으니 곧 십자가에 죽으심이라"(빌 2:6-8).

　예수님과 바울의 말을 연결해 보십시오. 먼저 한 알의 밀이 땅에 떨어집니다. 이는 예수님의 낮아짐을 뜻합니다. 하나님의 본체이신 예수님은 하나님과 동등한 권위와 영예를 취하지 않으시고 흙으로 만들어진 육신을 입고 이 세상에 오십니다. 그는 종의 형체를 입고 자신을 스스로 낮추십니다. 땅에 떨어진 밀은 죽기도 하고 죽지 않기도 하겠지만, 죽지 않으면 한 알 그대로 있고 죽으면 많은 열매를 맺습니다. 자신을 겸손하게 낮추고 순종하는 삶도 중요하나, 낮아지되 죽지 않으면 자신의 이름은 높아지고 사람들의 칭찬과 존경은 받을 것입니다. 이것은 자신에게 맺어지는 열매이기 때문에 한 알 그대로 있는 것과 동일한 것입니다. 예수께서 죽기까지 순종하지 않았다면 그냥 본인이 모든 사람들의 칭찬과 존경을 받을 수는 있겠지만, 타인에게 주어지는 많은 열매와는 무관한 인생을 마감했을 가능성이 높습니다.

　그러나 예수님은 죽습니다. 죽음이 겸손의 완성과 순종의 끝입니다. 이 죽음의 열매는 이중적인 모습을 보입니다. 첫째, 자신에 대해서는 죽기까지 순종하신 이후에야 모든 이름 위에 뛰어난 이름을 얻습니다. 죽으셨을 때에야 비로소 예수님은 이방인의 입에서도 하나님의 아들이란 고백을 받습니다. 둘째, 타인에 대해서는 세상의 죄를 사하고 구원의 문을 활짝 열며 무수히 많은 증인들을 세우시고 땅끝까지 만민에게 보냅니다. 이처럼 예수님의 죽음이 맺은 열매는 내적으로 그리고 외적으로 측량할 수 없도록 위대한 것입니다.

먼저 타인을 위한 열매와 관련하여 예수님이 맺으신 열매는 어떠한 시대나 어떠한 민족이나 어떠한 상황이나 어떠한 곳에서도 금지할 법이 없는 성령의 열매, 즉 사랑과 희락과 화평과 오래 참음과 자비와 양선과 충성과 온유와 절제를 뜻합니다(갈 5:22-23). 인간의 본성은 죄로 말미암아 일그러져 있습니다. 죄가 인간의 타락한 본성을 지배하고 있습니다. 죄의 삯은 사망이기 때문에 우리가 죽음이란 삯을 지불하면 죄가 더 이상 우리를 다스리지 못하고 저절로 사라집니다. 죽음의 삯을 지불하는 비결은 바로 죽기까지 순종하신 예수님의 완전한 순종에 있습니다. "사망이 쏘는 것은 죄요 죄의 권능은 율법이라"(고전 15:56). 예수님은 모든 율법을 완전히 이루어서 죄가 사망을 일으키는 권능이 전혀 작용하지 못하도록 만드셨습니다.

율법의 완성으로 인해 모든 권능을 상실한 죄는 더 이상 우리를 지배하지 못하게 되고 우리는 죄로부터 완전히 해방됩니다. 죄에서의 해방은 두 가지로 구성되어 있습니다. 즉, 지은 죄로부터 해방되는 것과 지을 죄로부터 자유롭게 되는 것입니다. 지은 죄로부터 해방되는 것은 죽음이고, 지을 죄로부터 자유롭게 되는 것은 예수님이 다시 살아나 우리 안에서 살아야만 가능합니다. 이에 대하여 바울은 다음과 같이 말합니다. "예수는 우리가 범죄한 것 때문에 내줌이 되고 또한 우리를 의롭다 하시기 위하여 살아나셨느니라"(롬 4:25). 율법은 우리가 지은 죄에 대해서는 책임을 묻고, 우리가 지을 죄에 대해서는 그것에 상응하는 형벌과 함께 유죄의 판결을 내립니다. 책임은 예수님의 죽음으로 완수되고 정죄는 예수님의 변론으로 소멸되고 오히려 의롭다는 판결이 내려집니다. 죽음의 관점에서 보자면, 이미 저질러진 죄에 대해서는 예수님의 죽음이 해결하고, 앞으로 저질러질 죄에 대해서는 우리의 죽음이 해결책일 것입니다. 결국 예수님의 죽음 때문에 우리가 그리스도 안에서 살고, 우리의 죽음 때문에 그리스도 예수께서 우리 안에서 사시는 역설의 진리가 구현될 것입니다. 하나님의 자녀로 거듭나기 이전에는 내 안에 내가 살지만, 그 이후에는 그리스도 예수께서 내 안에 사십니다. 우리의 죽음이 없다면 우리 안에 그리스도 예수의 거하심과 사심도 없습니다.

우리가 거듭난 이후에 온갖 부정적인 요소로 얼룩진 죄의 본성이 성령의 열매를 맺으려면 죽어야만 합니다. 나는 죽고 그리스도 예수만 사셔야 합니다. 미움이 죽어야 사랑의 열매를 맺습니다. 근심과 두려움이 죽어야 희락의 열매를 맺습니다. 불만과 불평과 원망과 질시가 죽어야 화평의 열매를 맺습니다. 성급하고 서두르는 격분이 죽어야 오래 참음의 열매를 맺습니다. 오만과 교만이 죽어야 친절 혹은 자비의 열매를 맺습니다. 악독과 이기심과 공격성과 보복성이 죽어야 선의 열매를 맺습니다. 거짓과 속임과 기만이 죽어야 충성의 열매를 맺습니다. 과격과 무례와 고집과 억측과 편견이 죽어야 온유의 열매를 맺습니다. 방탕과 탐욕과 자랑과 가식이 죽어야 절제의 열매를 맺습니다. 성령의 열매는 자아의 철저한 죽음에 의해서만 우리에게 맺어지는 것입니다.

중요한 것은 이 모든 열매가 나를 위하지 않고 타인을 위한다는 것입니다. 어떠한 열매를 보더라도 그 열매를 맺은 나무가 자신의 열매를 소비하고 향유하는 경우는 없습니다. 열매의 수혜자는 "나"가 아니라 "너"입니다. 성령의 열매는 타인에게 사랑을 베풀고, 타인에게 희락을 일으키고, 타인에게 평화를 제공하고, 타인의 회복을 기다리고, 타인을 친절하게 대하고, 타인에게 선을 행하고, 타인에게 거짓이 없이 진실하고, 타인에게 따뜻함을 나타내고, 타인을 과하지도 빈하지도 않게 적절히 대우하는 것입니다.

25 자기의 생명을 사랑하는 자는 잃어버릴 것이요 이 세상에서
자기의 생명을 미워하는 자는 영생하도록 보전하리라

우리 중 대부분은 성령의 열매를 맺어도 자신에게 주어지는 유익이 없는 것 같아 서운하게 생각하며, 열매를 맺을 의욕을 상실하는 안타까운 모습을 보입니다. 나에게 주어지는 열매는 나에게서 맺은 열매가 아니라 하나님에 의해 위로부터 주어지는 것입니다. 하나님의 섭리적인 보상에 대하여 예수님은 "자신의 생명을 사랑하는 자는 잃어버릴 것이요 이 세상에서 자기의 생명을 미워하는 자는 보존되어 영원한 생명으로 들어갈 것이라"고 말합니다. 실제로 예수님은 죽으시고, 아버지 하나님은 그를 살려 주십니다. 예수님은 자신을 낮추시고, 아버지 하나님은 모든 이름 위에 뛰어난 이름을 그에게 주시며 높여 주십니다. 우리가 포기하면 하나님은 우리를 챙겨 주십니다. 우리가 죽으면 하나님은 살려 주십니다. 우리가 낮추면 하나님은 높여 주십니다.

이것이 바로 죽음과 부활의 원리입니다. 우리에 의한 죽음과 하나님에 의한 부활은 이렇게 연동되어 있습니다. 죽음은 부활의 전제이며 과정이며 준비이자 발판입니다. 부활

은 죽음의 결과이며 열매이며 보상입니다. 죽음이 없는 부활은 모순이고 부활이 없는 죽음은 허무합니다. 죽음이든 부활이든 어느 하나라도 배제되면 복음은 절름발이 진리로 전락할 것입니다.

예수님은 자신의 삶으로 죽음과 부활의 진리를 보이셨습니다. 물론 다음 구절에 근거하여 죽음에 대한 예수님의 망설임과 주저함과 거부감을 지적하는 분들도 많습니다. "지금 내 마음이 괴로우니 무슨 말을 하리요 아버지여 나를 구원하여 이 때를 면하게 하여 주옵소서 그러나 내가 이를 위하여 이 때에 왔나이다"(요 12:27). 그러나 자세히 보면 반대의 해석이 가능합니다. 예수님은 죽음의 때를 면하게 해 달라는 소원이 목젖까지 차올라 곧장 입으로 토해내고 싶었지만 "그러나"의 반전과 함께 바로 이 죽음을 위하여 지금에 왔다는 비장한 결의, 인생의 목적을 밝히면서 죽음을 맞겠다고 하십니다.

주께서 이 땅에서 주목하신 것은 무엇입니까? 부활입니까, 죽음입니까? 바로 죽음입니다. 위의 구절에서 더 중요한 내용은 부활이 아니라 죽음을 위하여 예수님이 그때에 오셨다는 것입니다. 우리가 이 세상에 온 이유도 다르지 않습니다. 우리가 이 땅에서 추구하고 수용해야 하는 것은 부활이 아니라 죽음이며, 영광이 아니라 고난이며, 편리가 아니라 불편이며, 이득이 아니라 손해이며, 특혜가 아니라 희생이며, 승리가 아니라 실패이며, 선점이 아니라 양보이며, 보복이 아니라 용서이며, 칭찬이 아니라 멸시이며, 강함이 아니라 약함입니다. 동의하고 수용하기 힘든 역설인 줄 압니다. 그러나 이런 이유를 품은 우리에게 부활은 하늘의 보상으로 주어지는 것입니다. 부활의 진정한 의미가 여기에 있습니다. 이러한 부활의 역설적인 개념을 바울은 이렇게 말합니다. "죽은 자의 부활도 그와 같으니 썩을 것으로 심고 썩지 아니할 것으로 다시 살아나며 욕된 것으로 심고 영광스러운 것으로 다시 살아나며 약한 것으로 심고 강한 것으로 다시 살아나며 육의 몸으로 심고 신령한 몸으로 다시 살아나나니"(고전 15:42-44). 바울은 죽음과 부활의 역설을 온전히 이해하고 수용한 사도입니다. 이론의 관념적인 만족에 머물지 않고 온 몸과 영혼을 던져 체험하고 구현한 분입니다. 썩지 아니할 것을 위하여 썩을 것을 심고, 영광의 날을 위하여 모독도 감수하고, 강한 것을 위하여 자신의 약함을 부끄러워 하지 않습니다.

"그의 죽으심을 본받아 어떻게 해서든지 죽은 자 가운데서 부활에 이르려 하노니"(빌 3:10-11). 바울은 예수님의 부활에 이르기 위해 그의 죽음을 본받고자 했습니다. 이를 위해서 그는 수단과 방법을 가리지 않습니다. 그의 사상은 위대하고, 그의 열정은 대단합니다. 그럼에도 불구하고 바울은 예수님의 죽으심을 본받음에 있어 늘 겸손한 자세를 취합니다. "내가 이미 얻었다 함도 아니요 온전히 이루었다 함도 아니라"(빌 3:12). 바울의 경건이 이미 심오하고 탁월하지 않습니까? 그럼에도 불구하고 자만에 빠지지 않고 지금까지 이룬 믿음의 성취를 망각하고 예수님의 경건까지 이르기 위해 계속해서 달립니다. 뒤를 돌아보지 않고 앞으로만 갔습니다.

바울은 구호만 화려하고 의욕만 넘치지 않습니다. 삶 속에서 실제로 행합니다. "형제들아 내가 그리스도 예수 우리 주 안에서 가진 바 너희에 대한 나의 자랑을 두고 단언하노니 나는 날마다 죽노라"(고전 15:31). 바울이 그리스도 안에서 고린도 교회를 향해 자랑한 것은 자신의 가장 약한 것으로 자신이 날마다 죽는다는 것입니다. 이처럼 바울은 죽음을 거부와 회피의 대상이 아닌 자랑의 대상으로 해석하고 있습니다. 이에 대해선 말로 경건의 생색만 내지 않고 형제들 앞에서 맹세까지 했습니다. 이는 죽음을 영광으로 여기지 않고서는 나올 수 없는 것입니다. 우리도 바울처럼 예수님의 부활에 이르기를 원한다면 죽음을 영광으로 여기고 자신의 죽음을 자랑해야 합니다. 죽음이 그리스도 안에서 자랑이란 사실을 형제들 앞에서 맹세할 정도로 확실한 십자가의 길을 당당하게 가십시다. 그 십자가의 끝에 부활의 영광이 주어질 것입니다.

예수님은 제자들을 향해 성찬을 베풀며 그 목적에 대해 이렇게 말합니다. "너희가 이 떡을 먹으며 이 잔을 마실 때마다 주의 죽으심을 그가 오실 때까지 전하는 것이니라"(고전 11:26). 성찬식은 예수님의 부활이 아니라 예수님의 죽음을 기념하는 예식입니다. 떡은 예수님의 살을 의미하고 잔은 예수님의 피를 뜻합니다. 성찬식은 피를 다 쏟으시고 살을 다 내어주신 죽음의 사랑을 보여주는 가시적인 말씀입니다. 살아 숨쉬는 동안에 우리는 예수님이 다시 오실 때까지 그의 죽으심을 우리의 죽음으로 전파해야 합니다. 우리가 떡이고 잔이 되어 그의 죽음을 증명해야 합니다. 타인에게 양심과 음료수로 자신을 내어주는 헌신과 희생을 통해 예수의 죽으심을 증명하는 증인으로 살아가야 합니다. 그렇게 우리가 죽으면 모든 사람들이 진실로 우리가 하나님의 자녀임을 인정하게 될 것입니다. 진실로 우리가 그리스도 예수의 제자라는 사실을 인정할 것입니다.

성도는 이 땅에서 예수님의 죽으심을 증명하는 자입니다. 그런 증인으로 살아갈 때에 하늘의 놀라운 축복을 받습니다. 모든 세대에 그 이름이 기억될 것입니다. 특별히 향유를 부어 예수님의 죽음과 장례를 준비하고 기념하여 예수님의 가장 큰 칭찬과 보상을 받은 마리아를 보십시오. 그녀에 대한 예수님의 평가를 보십시오. "온 천하에 어디든지 복음이 전파되는 곳에는 이 여인이 기억되기 위하여 그녀가 행한 이 일도 언급될 것이니라"(막 14:9). 오고 오는 모든 세대에 그 이름이 기념되는 것은 예수님의 죽으심을 기념한 자가 받는 하늘의 복입니다.

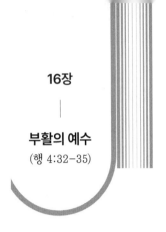

16장

부활의 예수
(행 4:32-35)

32 하나의 마음과 목숨이 믿음을 가진 무리에게 있었고 자신에게 속한 것들의 어떠한 것도 자신의 것이라고 말하는 자가 하나도 없었으며 모든 것들이 그들에게 공통적인 것이었다 33 사도들이 큰 권능으로 주 예수의 부활에 대한 증언을 전하였고 그들 모두에게 큰 은혜가 주어졌다 34 그들 가운데에 가난한 자들이 없어졌다 이는 밭들이나 집들을 소유한 자들이 팔아서 팔린 것들의 값들을 가져오고 35 사도들의 발 곁에 두었기 때문이다 그것은 누구든지 필요가 있다면 그 각자에게 주어졌다(사역)

본문에 나타난 초대교회의 모습을 통해 부활의 예수를 증명하며 사는 비결에 대해 생각하고 싶습니다. 예수의 부활에 대한 역사성을 부인하는 흐름이 시간이 지날수록 강해지고 있습니다. 그래서 부활의 역사성을 증명하기 위해 역사적인 연구와 논리적인 검증과 합리적인 설명을 시도하는 사람들도 많습니다. 부활의 지적인 의심에 대해 지적인 변증의 노력을 기울이는 것은 합당한 일입니다. 그러나 얼마나 실효성이 있을까요? 물론 그 변증에 성령의 역사가 있으면 누군가는 예수의 부활에 대한 신앙을 가질 수 있습니다. 그런데 성경이 우리에게 제시하는 예수의 부활을 실제로 증명하는 방법은, 말로 설명하는 것을 넘어 삶으로 보여주는 것입니다. 하지만 예수의 부활을 보여주는 사람보다 설명하는 사람들이 훨씬 더 많습니다. 그러나 교회가 부활의 공동체가 되지 못하고 그 부활의 삶을 살아내며 보여주지 않는다면 예수의 부활은 하나의 신화로 간주될 것이고 혹시 부활을 믿더라도 그저 지적인 신앙에 머무르고 말 것입니다. 예나 지금이나 하나님은 예수의 부활을 실제로 누리며 보여줄 자를 찾고 계십니다. 본문은 우리에게 부활 공동체의 실재를 소개하고 그 공동체의 부활을 요청하고 있습니다.

16세기에 쓰여진 토마스 모어의 소설 『유토피아』(Utopia)는 인간이 살고 싶어하는 가상의 이상적인 세계를 그리고 있습니다. '유토피아' 자체는 '아니'(οὐ) + '장소'(τόπος)의 합성어로 '어디에도 없는 장소'(Outopia) 혹은 '좋은'(εὐ) + '장소'(τόπος)의 합성어로 '가장 좋은 장소'(Eutopia)라는 뜻입니다. 어디에도 없는 가장 좋은 유토피아 사람들의 삶은 일반적인 국가나 사회의 문화와는 완전히 다릅니다. 당시 재물에 대한 소수 귀족층의 사적인 지배가 강력했던 16세기 초반의 영국 사회에서, 토마스 모어가 소개하는 유토피아 안에서는 사적인 소유가 없습니다. 사람들 사이에는 계급이나 서열의 높낮이가 없습니다. 소수가 중노동을 하지 않고 모두가 공평하게 일하기에 하루에 6시간만 일해도 모든 사람들의 생존에는 아무런 문제도 없습니다. 어느 누구도 부족함이 없이 풍족하게 지냅니다. 노동의 시간이 짧아 여가를 즐길 시간은 많습니다. 여가의 시간은 각자가 좋아하는 것을 배우고 연구하는 일에 쓰입니다. 그들에게 보석은 기껏해야 노예나 광대의 장신구요 아이들의 장난감일 뿐입니다. 희귀한 보석들을 치렁치렁 걸친 타국의 대사들과 귀족들이 유토피아 방문길에 오르면 그곳 아이들의 눈에는 그들이 광대나 노예로 보입니다. 유토피아 사람들은 신이 물이나 공기와 같이 필수적인 것은 가까이 두시고 금이나 진주와 같은 '불필요한' 것들은 멀리 두셨다는 '상식'을 가지고 있습니다.

인간이 생각할 수 있는 가장 이상적인 세상은 어떤 곳입니까? 차별이 없고 눈물이 없고 고통이 없고 폭력이 없고 배고픔이 없고 갈등이 없는 곳입니다. 그런데 과연 그런 세상이 관념의 벽을 뚫고 나와 현실에서 구현될 수 있을까요? 대부분의 사람들은 체념의 고개를 젓습니다. 그런 세상은 유토피아, 즉 '없는 곳'입니다. 그런데 사도행전 4장 후반부에 등장하는 이야기는, 유토피아 같은 세상이 부활의 진리로 말미암아 얼마든지 현실이 될 수 있다는 사례를 제공하고 있습니다. 저자인 누가는 짧은 본문에서 유토피아 같은 예루살렘 교회의 믿겨지지 않는 현실을 소개하고, 그런 현실의 사상적인 토대를 설명하고, 그런 현실을 가능하게 한 구체적인 방식을 알려주고 있습니다.

32 하나의 마음과 목숨이 믿음을 가진 무리에게 있었고 자신에게 속한 것들의 어떠한 것도 자신의 것이라고 말하는 자가 하나도 없었으며 모든 것들이 그들에게 공통적인 것이었다(사역)

누가는 먼저 1세기의 예루살렘 교회에서 일어난 사건을 소개하고 있습니다. 그곳에 모인 사람들은 어떤 "믿음을 가진"(πιστευσάντων) 자입니다. 믿음의 구체적인 내용은 아직 모릅니다. 분명한 것은 그들이 "하나의 마음과 정신"(καρδία καὶ ψυχὴ μία)을 가지고 있다는 것입니다. 여기에서 "마음"은 생각이나 계획이나 이해가 발생하는 내면, 즉 모든 정신적인 활동들을 관장하는 중추적인 기관을 뜻합니다. "목숨"은 죽은 생물 혹은 무생물과 구별되는 것으로 살아있는 사람이나 동물의 생명을 뜻합니다. 이러한 마음과 목숨이 하나라는 것은 예루살렘 교회가 마음의 공동체, 목숨의 공동체가 되었음을 뜻합니다. 이 공동체는 모든 지체들이 동일한 뜻과 생각과 계획과 목표를 가지고, 죽어도 같이 죽고 살아도 같이 산다는 의식으로 무장되어 있습니다.

마음과 목숨의 하나 됨은 관념적인 것이 아닙니다. 삶의 현장에 막대한 지배력을 행사하여 다양한 변화를 낳습니다. 무엇보다 소유권에 대한 이해에 커다란 변화를 보입니다. 공동체 안에는 자신에게 속한 소유물을 "자신의 것"(ἴδιον)이라고 말하는 사람이 하나도 없습니다. 어떤 구성원이 가진 것이든지 그 모든 것들을 공동체 전체에 "공통적인"(κοινά) 것으로 여깁니다. 공동체가 같은 마음을 가졌고 목숨을 공유하고 있다면, 마음이나 목숨보다 덜 소중한 각자의 소유물을 공유하는 것은 결코 이상한 현상이 아닙니다. 지극히 당연한 일입니다. 참된 믿음을 가진 모든 사람들은 자신에게 속한 재능과 지식과 지혜와 재물과 건강과 관계와 환경을 자신의 소유라고 생각하지 않습니다. 내가 속한 공동체에 공통적인 것이라는 공공재 의식을 가지고 그 소유물의 유익을 타인과 나눕니다.

사실 자신의 소유물에 집착하는 것은 소유의 테두리로

자신을 스스로 제한하는 일입니다. 이들은 자신이 커지기 위해 소유의 경계선을 밖으로 넓힙니다. 이는 이 세상의 재화가 유한하기 때문에 자신의 것이 아니었던 타인의 소유물을 빼앗는 결과가 필히 따릅니다. 타인의 피해를 담보로 자아를 키우게 됩니다. 소유에는 만족이 없기에 더 많은 소유를 추구하고 타인의 피해는 더욱 커집니다. 그러나 자신에게 속한 것조차도 자신의 소유물로 여기지 않는 사람들의 자아는 결코 자신의 소유에 제한되지 않습니다. 자신을 키우는 방식도 소유물의 확대 혹은 소유의 경계선을 넓히는 것이 아닙니다. 오히려 자신의 것을 타인과 나눕니다. 나눔으로 인해 자신의 소유물이 줄어드는 듯하지만, 자아와 인격은 두 배로 커지는 유익을 얻습니다. 과연 소유하는 것보다 나누는 것이 더 큰 복입니다. 이들은 나눔의 분량과 범위를 넓히는 방식으로 인생의 복을 키웁니다.

그러나 초대교회 시대에 각자의 소유물을 공동체 안에서 통용하는 것이, 사적인 소유를 부정하고 철폐해야 한다고 주장하며 "능력에 따라 일하고, 필요에 따라 받는다"는 원칙을 내세우는 공산주의 사상과는 다릅니다. 물론 겉모습은 비슷한 듯합니다. 성경의 가르침과 다르지 않아 보입니다. 그러나 앞서 언급된 공산주의 원칙은 공동체 전체가 믿음으로 말미암아 마음과 목숨을 공유하여 공동체가 하나의 거대한 자아가 되지 않으면 결코 온전히 성취될 수 없습니다. 자신에게 속한 것들에 대해 소유권을 주장하지 않는 것은 마음과 목숨의 하나 됨이 수행하는 일입니다. 그 하나 됨은 믿음으로 말미암은 것이라고 했습니다. 이러한 믿음도 없이 생산 수단들의 공유와 필요에 따른 생산물의 분배를 강요하면 반드시 부작용이 따릅니다. 인간의 부패한 욕심은 모든 죄악의 온상이기 때문에 그 욕심을 해결하지 못하면 공산주의 제도만이 아닌 어떠한 제도적인 시도라도 실패할 수밖에 없습니다. 예루살렘 교회가 유토피아 사회를 이룩한 것은 인간의 사사로운 욕망을 믿음으로 해결했기 때문입니다. 성령의 소욕으로 육신의 소욕을 제어할 수 있었기에 가능했던 것입니다. 그렇다면 인간의 욕망을 제거한 믿음의 구체적인 내용은 어떤 것일까요? 무엇을 믿으면 그런 공동체가 현실에 구현될 수 있을까요?

> 33 사도들이 큰 권능으로 주 예수의 부활에 대한 증언을 전하였고 그들 모두에게 큰 은혜가 주어졌다(사역)

믿음의 핵심적인 내용은 바로 "예수의 부활"에 관한 것입니다. "부활"(ἀνάστασις)은 죽은 자가 살아나는 것입니다. 죽어도 다시 살아나는 부활을 믿으면 죽어 없어지는 모든 것들에 대해서는 미련을 갖지 않습니다. 심지어 자신의 육체적인 생명에 대해서도 같은 자세를 갖습니다. 그래서 부활은 죽음보다 강한 것입니다. 사망을 이기는 것입니다. 진실로 부활의 소망은 사망의 두려움을 꺾습니다. 이것은 대단히 놀랍고 위대한 일입니다. 사실 죽음은 모든 사람들이 가장 큰 두려움의 대상으로 여기는 것입니다. 인간은 두려움을 느끼는 대상에게 얽매일 수밖에 없습니다. 히브리서 기자는 모든 사람이 죽음을 두려움의 대상으로 여기기에 "한평생 매여 종 노릇하는" 인생을 사는 것이라고 말합니다(히 2:15). 죽음의 공포에서 자유로운 사람은 없습니다. 죽음 때문에 모두가 공포에 사로잡혀 있습니다. 그런데 성경은 마귀를 "죽음을 통하여 죽음의 세력을 잡은 자"라고 말합니다(히 2:14). 예수님이 이 세상에 오신 것은 그 고약한 마귀를 멸하시고 죽음에 인생의 목줄이 붙잡힌 자들을 그 죽음의 권세에서 해방시켜 주려는 것입니다(히 2:15). 부활은 죽을 수밖에 없어 죽음에 매여 노예처럼 살아가는 모든 자들을 자유롭게, 행복하게 만드는 힘입니다. 이것보다 더 강하고 위대한 복음은 없습니다. 이 부활의 복음이 사람을 사망의 공포에서 자유롭게 만듭니다.

그런데도 이 부활을 믿지 못하는 사람들이 있습니다. 예수님의 시대에는 사두개파 사람들이 부활이 없다고 주장하며 예수님과 논쟁까지 벌였고 그에게 곤란한 질문을 했습니다. 그 질문은 한 여인이 일곱 남자와 결혼을 했다면 부활의 때에 누구의 아내가 되느냐는 것입니다(마 22:28). 이에 예수님은 부활의 때는 결혼이 없으며 모두가 하늘에 있는 천사들과 같아질 것이라고 답합니다(마 22:30). 그리고 부활의 증거로 구약의 말씀(출 3:6)을 인용하신 이후에 "하나님은 죽은 자의 하나님이 아니요 살아있는 자의 하나님"이 되신다고 말합니다(마 22:32). 이는 죽어도 죽지 않고 부활하여 영원한 생명으로 들어가는 자들의 하나님은 되시지만, 죽어서 부활하지 않고 영원한 사망으로 들어가는 자들의 하나님은 아니라는 뜻입니다. 예수님의 답변에서 우리는 부활이 구약에서 이미 하나님의 정체성을 설명할 때 핵심적인 개념으로 여겨진 것임을 확인할 수 있습니다. 아브라함, 이삭, 야곱의 하나님은 부활의 개념을 떠나서는 이해할 수 없습니다. 이 경건한 족장들은 비록 죽었지만 믿음으로 말미암아 생명의 근원이신 하나님과 함께 있기 때문에 죽지 않은 것입니다. 여기서 우리는 족장들이 멀리서 예수를 바라보며 부활의 신앙을 가졌을 것이라고 추정할 수 있습니다. "나는 부활이요 생명이니 나를 믿는 자는 죽어도 살겠고 무릇 살아서 나를 믿는 자는 영원히 죽지 않으리니 이것을 네가 믿느냐"(요 11:25-26). 예수는 부활이기 때문에 그를 믿는 자는 죽어도 살아날 것입니다. 예수는 영원한 생명이기 때문에 그를 믿는 자는 영원히 죽지 않을 것입니다. 믿음의 족장들은 이런 예수를 믿었기 때문에 죽었으나 살았고 영원히 죽지 않고 있습니다. 하나님은 산 자의 하나님이 되시기에 지금도 아브라함, 이삭, 야곱의 하나님이 되신다는 표현은 틀리지 않습니다.

누가는 사도들이 예수의 부활에 대한 증언을 "큰 권능으로"(δυνάμει μεγάλῃ) 전했다고 말합니다. 이 "큰 권능"은 사도들 자신의 능력이 아닙니다. 성령이 임하셔서 받은 권능일 것입니다. 예수의 부활은 역동적인 복음의 핵심이기 때문에 부활을 선포하면 성령의 강력한 역사가 따릅니다. 사도들은 예수님의 죽으심만 선포하지 않고 예수의 부활도 선포했습니다. 예수님이 죽으실 때 그를 배신하며 떠나지 않았던 제자들이 하나도 없었습니다. 그러나 예수의 부활을 경험한 이후에는 지질하고 비겁하고 야비한 태도로 예수에 대해 거짓말과 저주도 불사하던 배신자의 모습이 아닌, 어떠한 두려움도 없는 전사의 기운을 풍깁니다. 당시 유대 사회를 지배하던 제사장과 서기관과 학자들은 예수의 부활에 대한 사도들의 증언을 극도로 싫어해서 무자비한 체포와 채찍질을 가하며 입을 막았지만, 제자들은 "우리는 보고 들은 것을 말하지 아니할 수 없다"는 거침 없는 답변과 용맹한 저항을 보였습니다(행 4:20). 예수의 부활이 어떤 것이길래 과거에는 몸을 사리며 예수를 향해 입에 담을 수 없는 독설까지 퍼붓던 자들이 어떻게 이토록 강한 전사로 바뀐 것일까요?

　우리가 이 비밀을 정확하게 알지는 못합니다. 그러나 분명한 것이 있습니다. 아무리 비겁하고 연약하고 무기력한 사람도 부활에 대한 신앙을 가진다면 하늘의 권능으로 말미암아 강한 사람으로 변한다는 것입니다. 온 인류를 바들바들 떨게 만드는 최강의 죽음이 결코 인생의 끝이 아니며 그런 죽음에 무릎을 꿇지 않아도 된다는 이 진리가 인생의 질서가 되었어도 여전히 변하지 않을 사람이 과연 어디에 있을까요? 변하지 않는다면 그것이 더 놀라운 기적일 것입니다. 죽음은 인간이 가장 연약한 순간이고 동시에 인간에게 가장 무서운 것인데도 그 죽음의 자리를 털고 일어나 유유히 살아나서 죽음에 여유 있는 미소를 보내는 그런 인생을 상상해 보십시오. 우리는 그런 인생으로 초대를 받은 자입니다. 죽음 앞에서도 여유를 잃지 않는 것이 성도의 정상적인 삶입니다. 혹시 나 자신이 두려움과 근심에 사로잡혀 연약하고 위축되고 무기력한 삶을 산다면 부활의 신앙을 점검하고 그 신앙을 다시 붙들어 보십시오. 삶의 활력이 기적처럼 회복될 것입니다.

　사도들은 사람들 앞에서 예수의 부활에 대해 증언했습니다. "증언"(μαρτύριον)은 단순히 목격자의 언어적인 진술

만을 의미하지 않습니다. '확실한 어떤 것'으로서 사도들의 인격과 가치관과 실천적인 삶의 내용을 모두 포괄하는 말입니다. 말보다 삶이 더 확실하지 않습니까? 그래서 이 단어는 언어적인 "증언"만이 아닌 전인적인 "증인"으로도 번역될 수 있습니다. 사도들은 예수의 부활에 대한 정보만 전달한 것이 아니라 그들의 가치관과 인생관과 역동적인 삶을 무리에게 나눈 것입니다. 입의 언력(言力)은 약하지만 삶의 언력은 강합니다. 그래서 누가는 "큰 은혜"(χάρις μεγάλη)가 그런 "증언"을 받은 무리 모두에게 임했다고 말합니다. "은혜"는 어떠한 비용이나 대가를 지불함 없이도 주어지는 선물을 뜻합니다. 누가는 예수의 부활에 대한 증언이 끼친 은혜는 대단히 컸다고 말합니다. 그 은혜의 구체적인 내용에 대한 설명은 없습니다. 그러나 오히려 구체적인 설명 없이 "큰 은혜"라고 말했기 때문에, 저에게는 은혜의 외적인 요소보다 그 은혜가 일으킨 결과로서 기쁨과 감동과 도전과 변화가 컸다는 의미로 들립니다. 은혜를 받으면 사람들은 변합니다. 많이 받을수록 많이 변합니다. 사람이 변하지 않는다면 은혜를 받지 않은 것입니다. 받았어도 지극히 미미한 분량의 은혜였을 것입니다.

은혜를 많이 받는 비결과 관련하여 바울은 "죄가 더한 곳에 은혜가 더욱 넘쳤"다고 말합니다. 나아가 죄가 더해지는 비결에 대해서는 "율법이 들어온 것은 범죄를 더하게 하려 함이라"고 말합니다(롬 5:20). 율법은 인간의 본성을 드러내는 엑스레이 사진과도 같습니다. 그래서 그 앞에 서면 본성이 벌거벗은 것처럼 드러나 감출 수 있는 것이 하나도 없습니다. 평소에는 죄로 여기지 않던 것까지도 죄라는 사실을 깨닫게 되고 그런 죄까지도 용서하신 하나님의 은혜가 얼마나 큰 것인지를 더욱 뼈저리게 배웁니다. 이런 의미에서 율법은 죄의 증가를, 죄의 증가는 은혜의 증가를 만듭니다. 하나님의 말씀 앞에 자신을 세우는 일을 부지런히 하십시오.

자신에 대한 사람들의 평판, 자신에 대한 자기 평가, 사회법에 비추어진 자신의 모습, 사람들의 마음에 투영된 자신의 모습을 통해서도 우리는 자신이 어떤 자인지를 어느 정도는 알 수 있습니다. 그러나 인간적 문맥 안에서 상대화 된 가치의 기준은 일그러져 있고, 저울은 기울어져 있고, 거울은 휘어져 있습니다. 그런 방식으로 발견된 자아는 결코 정확하지 않습니다. 그래서 바울은 자신에 대한 타인의 판단과 자기 자신의 판단이 "매우 작은 일이라"고 했습니다(고전 4:3). 그러나 하나님의 말씀에 의한 판단은 다릅니다. 말씀은 누구에 의해서도, 그 무엇에 의해서도 변하지 않습니다. 그것은 하늘의 기준이고, 하늘의 저울이고, 하늘의 거울이기 때문에 세상이 어떤 식으로도 조작할 수 없는 절대적인 것입니다. 우리의 가시적인 관절과 골수만이 아니라 영과 혼을 찔러 쪼개는 하나님의 말씀 앞에 자신을 세우면 마음의 은밀한 생각과 뜻까지도 판단을 받습니다(히 4:12). 나의 은밀한 죄까지 다 드러내는 말씀도 무한한 용서의 은혜를 주지만, 부활의 소식이 제공하는 은혜의 크기는 남다른 것 같습니다. 우리의 인간적인 눈으로는 은혜의 크기를 열매로 확인할 수밖에 없습니다. 하지만 부활의 열매는 내적인 성찰로 겸손하고 온유하게 되는 것만이 아닙니다.

사도들이 큰 권능으로 증언한 예수의 부활로 인해 큰 은혜를 받은 무리에게 나타난 변화는 어떤 것일까요? 그 변화에 대해 누가는 이렇게 기록하고 있습니다.

34 그들 가운데에 가난한 자들이 없어졌다 이는 밭들이나 집들을 소유한 자들이 팔아서 팔린 것들의 값들을 가져오고(사역)

은혜를 받은 이후의 변화는 무리 가운데 "가난한 자들"이 없어졌다는 것입니다. 가난한 자들이 그 공동체에 원래 없었던 것이 아니라 있었다가 없어진 것입니다. 어떤 공동체 안에 가난한 자들이 없다는 것은 참으로 놀라운 일입니다. 모세는 분명히 "땅에는 언제든지 가난한 자가 그치지 아니"할 것이라고 했습니다(신 15:11). 이는 인류의 역사 전체에서 가난한 자가 없어지는 때는 없고, 가난한 자가 없는 공동체도 없다는 말입니다. 그런데도 초대교회 시대에는 모세의 말조차 무색하게 만드는 사건이 벌어진 것입니다. 모든 사람들이 꿈꾸는 유토피아 같은 세상은 바로 모든 종류의 가난이 없는 세상 아닙니까? 그래서 모든 종류의 차별이 없어진 세상 아닙니까? 어떤 시대에도 어떤 나라도 이루지 못한 것이어서 꿈으로만 그리던 그런 세상이 유토피아 아닙니까? 그런데 그곳은 "없는 장소"가 아니라 얼마든지 이 세상에서 실현될 수 있는 곳임을 초대교회 성도들이 보여주고 있습니다.

누가는 공동체 안에 가난한 자들이 없어진 비결이 공동체적 나눔에 있다고 말합니다. 이 나눔의 구체적인 내용은 소유의 원리와 분배의 원리로 구성되어 있습니다. 누가는 예루살렘 교회에서 "밭들이나 집들"(χωρίων ἢ οἰκιῶν)을 소유한 자들이 팔았다고 말합니다. 그런데 무엇을 팔았는지 그 구체적인 매매의 대상은 명시되어 있지 않습니다. 아마도 부동산에 해당하는 밭과 집이었을 것으로 추정되고 밭과 집이 단수로 쓰이지 않고 복수로 쓰여진 것을 보면 그것들을 소유한 자들이 부동산 부자일 가능성이 높습니다. "밭"은 생산의 현장이고 "집"은 주거의 현장이기 때문에 있어도 그만 없어도 그만인 인생의 장신구가 아닙니다. 생존의 필수적인 요소들인 것입니다. 아마도 그들은 부동산 전부를 팔지는 않고 자신에게 필요한 범위의 밭과 한 채의 집 정도는 남겼을 것입니다. 그럼에도 불구하고 그들은 남겨진 밭과 집조차도 자신의 것으로 여기지 않고 공동체 모두에게 공통적인 것으로 여겼을 것입니다. 놀라운 헌신과 나눔 아닙니까?

35 사도들의 발 곁에 두었기 때문이다 그것은 누구든지 필요가
있다면 그 각자에게 주어졌다(사역)

그런데 누가는 밭과 집의 주인들이 판 값을 사도들의 "발 곁에"(παρὰ τοὺς πόδας) 두었다고 말합니다. 이는 그들이 자신의 헌신을 무슨 대단한 일로 여기지 않았다는 의미 같습니다. 실제로 그들은 자신의 소유물을 팔아 얻은 값들을 공동체 안에서 어떻게 사용할 것인지에 대해선 전혀 관여하지 않습니다. 그 값들에 대한 전권을 사도들의 손에 넘깁니다. 사도들도 무릎을 꿇고 그들의 기부금을 받지 않았으며, 그 부자들이 대단히 위대한 일을 한 것처럼 그것을 온 교회가 보도록 높이 들어 그들을 추켜 세우지도 않은 것 같습니다. 이것은 교회의 구성원 모두가 하나의 자아이고 하나의 목숨이고 하나의 뜻을 가졌다는 공동체 의식의 힘입니다. 막대한 크기의 소중한 기부금을 내고도 생색조차 내지 않는 이유는, 아마도 사도들이 증언한 예수의 부활로 말미암아

받은 은혜 때문인 것 같습니다. 어떠한 조건도 없이, 어떠한 대가도 지불하지 않고 받은 값없는 은혜의 경험이 타인에게 값없이 나누는 삶을 가능하게 했을 것입니다. 은혜는 또 다른 은혜의 행위를 낳습니다. 진정한 은혜는 단회적인 사건이 아닙니다. 은혜의 강력한 전염성 때문에 퍼지고 또 퍼져 땅끝까지 이릅니다.

바울은 고린도 교회에 보내는 편지에서 기부를 강요하지 않고 자발적인 나눔을 권합니다. 이 나눔으로 인하여 나누는 자는 곤고하게 되고 받는 자는 평안하게 하려는 것이 아니라고 말합니다. 그러나 나눔이 아무리 좋은 일이라도 나눔의 확고한 동기가 부여되지 않는다면 적극적인 실천은 기대하기 어려울 것입니다. 이러한 사실을 정확히 인지하고 있는 바울은 그리스도 예수의 은혜라는 비장의 카드를 꺼냅니다. 예수께서 "부요하신 이로서 너희를 위하여 가난하게 되심은 그의 가난으로 말미암아 너희를 부요하게 하려 하심이라"(고후 8:9). 나눔은 부요한 자가 가난하게 되는 일입니다. 가난을 감수하는 나눔은 결코 쉬운 일이 아닙니다. 모든 진정한 나눔은 그렇게 스스로 가난하게 되신 예수님의 값없는 은혜에 근거한 것입니다. 나눔의 동력은 이런 은혜에 있습니다. 나눔은 은혜가 이루는 일입니다. 돈이나 소유물이 많다고 나누는 것이 아닙니다. 어떤 성도나 교회가 나누고자 하는 마음이 없거나 실제로 나누지 않는다면 돈이 없어서가 아닙니다. 개인이나 공동체에 은혜가 없다는 뜻입니다. 은혜가 없으면 진실로 가난한 자입니다. 물적으로 가난한 자가 아니라 영적으로 가난한 자입니다.

나눔의 두 번째 요소인 분배의 원리는 "필요"($\chi\rho\epsilon\acute{\iota}\alpha$)에 따라 분배하는 것입니다. "필요"라는 기준은 하나님이 세우신 것입니다. 판 값들을 모두 사도들의 처분에 맡겼다는 것은 분배가 사람의 임의적인 판단에 따른 것이 아니라 인간의 뜻을 따르지 않는 하나님의 종들이 그분의 뜻을 기준으로 삼아 나눈다는 뜻입니다. 필요에 따른 분배의 의미는 타인의 필요를 반드시 채워야 한다는 것과 나의 필요가 아닌 것은 반드시 나누어야 한다는 것입니다. 주변에 필요가 채워지지 않은 가난한 사람들이 있는데도 무시하고 방관하는 교회는 하나님이 원하시는 공동체가 아닙니다. 빈자의 방치는 하나님의 명령을 능욕하는 것입니다. "내가 네게 명령하여 이르노니 너는 반드시 네 땅 안에 네 형제 중 곤란한 자와 궁핍한 자에게 네 손을 펼지니라"(신 15:11). 하나님은 구제가 선택이 아니라 필수이기 때문에 청유형이 아니라 명령형을 쓰십니다. 구제의 손을 형제에게 펴는 것은 그 자체로 복이기 때문에 명령의 형태를 취합니다.

그리고 구제할 때에는 반드시 준수해야 하는 수칙이 있습니다. 이 수칙을 따르지 않고 나누면 아무리 나누어도 하늘의 복이 없습니다. "너는 반드시 그에게 줄 것이요 줄 때에는 아끼는 마음을 품지 말 것이니라 이로 말미암아 네 하나님 여호와가 네가 하는 모든 일과 네 손이 닿는 모든 일에서 너에게 복을 주시리라"(신 15:10). 아끼는 마음으로 억지로 나누는 것은 진정한 나눔의 사랑이 아닙니다. 주는 자에게도 복이 없고 받는 자에게도 유익이 없습니다. 오히려 주는 자에게는 교만과 자랑이 발생하고, 받는 자에게는 불쾌함과 불편함이 생깁니다. 자발적인 나눔을 실천하는 사람은 복을 받습니다. 하나님은 우리가 하는 일마다, 손이 닿는 곳마다 우리에게 복을 주신다는 약속을 하십니다. 우리가 십일조나 시간이나 재능이나 재물을 나누는 것은 자신의 권리를 포기하는 경건의 훈련이고, 이 땅의 것을 의지하지 않는다는 선언이며, 하나님을 나의 유일한 힘으로 삼는 연습 아닙니까? 땅이 아니라 하나님을 의지하는 법을 배우면 이 땅을 의지할 때는 결코 취할 수 없는 하늘의 복을 받습니다. 그러니 나눔이 기쁘고 즐겁지 않겠습니까? 무엇을 하든, 손이 닿는 어떠한 사업이든 성공하는 비결은 복잡하지 않고 단순하며 어렵지 않고 참으로 쉽습니다. 구제하는 것입니다. 가난한 자에게 나누면 복을 받는다는 이 약속은 사람이 아니라 하나님이 보증하신 것입니다.

바울은 부활의 신앙을 가진 자에게 주어지는 복에 대해 이렇게 말합니다. "죽은 자의 부활도 그와 같으니 썩을 것으로 심고 썩지 아니할 것으로 다시 살아나며 욕된 것으로 심고 영광스런 것으로 다시 살아나며 약한 것으로 심고 강한 것으로 다시 살아나며 육의 몸으로 심고 신령한 몸으로 다시 살아난다"(고전 15:42-44). 이는 땅의 초라한 투자에 대해 하늘의 막대한 수익을 보증하는 사도의 말입니다. 사실 이 세상의 모든 것들은 잠시 있다가 안개와 같이 급하게 사라지는 변동적인 것입니다. 그러므로 세상의 명예와 재물과 성공에 소망을 두지 말고, 우리의 안위를 부동산이나 보험과 같은 것들에 지나치게 맡기지 마십시오. 그들의 노예가 되어선 안 됩니다. 지혜롭게 사용하여 나눔을 위한 선용의 도구가 되게 합시다. 소유에서 해방된 자유로운 삶을 원한다면 가난한 자들의 필요를 채우기 위해 밭이나 집을 파십시오. 판 값을 필요한 사람에게 기꺼이 나누어 주십시오. 하나님은 우리에게 썩지 않고, 영화롭고, 강하고, 신령한 것으로 되돌려 주실 것입니다. 우리의 필요는 아버지 하나님이 다 알고 채워 주시지 않습니까? 우리는 하늘에 거할 곳이 많지 않습니까?

나눔은 소유의 원리와 분배의 원리로 구성되어 있다고 했습니다. 그 나눔의 근거는 예수님의 죽음과 부활에 있습니다. 죽음은 소유의 원리이고, 부활은 분배의 원리와 같습니다. 예수의 죽음은 천하의 모든 만물보다 더 소중한 자신의 생명에 대한 소유권을 스스로 포기한 것입니다. 생명을 포기하는 것은 가진 모든 소유물을 포기하는 것과 같습니다. 부활은 이 세상의 어떠한 사람도 스스로 가지고 있지 않은, 죽음조차 건드리지 못하는 영원한 생명을 분배하는 것입니다. 이처럼 예수님은 밭이나 집과 같은 외적인 요소를 나누신 분이 아닙니다. 자신의 생명을 나누신 분입니다. 만물을 다 주어도 바꿀 수 없는 영원한 생명의 은혜를 받은 자는 그 은혜에 감격하여 자신을 위하여 살지 않습니다. 소유에 집착하지 않습니다. 소유에 집착하지 않기에 비굴함도, 위축됨도, 망설임도, 두려움도, 걱정과 근심도 없습니다. 그 모든 것들은 소유에 대한 집착이 만드는 것입니다. 부활을 믿는 사람은 육체의 생명과 관련된 어떠한 소유물의 유혹에도 넘어가지 않습니다. 이 땅에서의 생명 자체에 대해서도 집착하지 않고 느긋한 태도를 취합니다.

바울은 그리스도 자신과 부활의 권능과 그 고난에 참여하는 것이 무엇인지 깨닫기 위해 죽음 가운데서 부활에 이르고자 했습니다(빌 3:10). 소원만 가지지 않고 실제로 그러한 삶을 산 분입니다. 그는 날마다 죽습니다. 자신은 죽고 그리스도 예수만이 자기 안에 사시는 부활의 삶을 추구한 분입니다. 자신을 위하여 살지 않고 자기를 위해 죽으시고 다시 사신 분을 위하여 산다고 말합니다(고후 5:15). 성도라면 "누구든지 자기를 위하여 사는 자가 없고 자기를 위하여 죽는 자도 없"습니다(롬 14:7). "살아도 주를 위하여 살고 죽어도 주를 위하여 죽"습니다(롬 14:8). 우리는 우리의 것이 아니라 주님의 것입니다. 바울은 부활의 의미가 거기에 있다고 말합니다. 주를 위하여 사는 자들은 주님께서 자신의 생명을 나누신 것처럼 나누는 자입니다. 나누지 않고 소유하는 것은 주님을 위하지 않는 삶입니다. 그럼 삶으로는 예수의 부활을 증언할 수 없습니다. 그런 삶에는 하나님의 권능이 나타나지 않습니다. 하늘의 복도 없습니다. 부활의 권능과 복을 누리고 싶다면 바울처럼 날마다 죽으시기 바랍니다. 재물만이 아니라 자신의 생명도 나눔의 항목에 넣으시기 바랍니다. 가장 강력한 부활의 권능은 우리가 주님처럼 생명을 나눌 때 얻습니다.

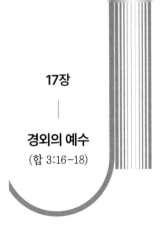

17장

경외의 예수
(합 3:16-18)

16 나는 들었으며 나의 배가 떨렸도다 목소리로 인해 나의
입술은 떨었으며 썩음이 나의 뼈 속으로 들어왔고 나는 나
의 저변에서 흔들렸다 나는 그들을 공격하는 백성에게 환
난의 때가 임하기를 고대한다 17 비록 무화과가 싹트지 않
고 포도나무 열매가 없고 감람나무 소출이 없고 밭이 양
식을 생산하지 못하고 우리에 양이 없고 외양간에 소가 없
더라도 18 나는 여호와로 말미암아 기뻐 뛰면서 내 구원의
하나님 때문에 즐거워할 것이로다(사역)

저는 하박국 선지자를 통해 예시된 예수님의 여호와 경외와
기쁨을 나누고 싶습니다. 하박국은 하나님을 도무지 경외할
수 없고 그분을 기뻐할 수도 없는 상황에서 하나님을 경외하

고 그분 때문에 기쁨과 즐거움에 춤까지 춘 분입니다. 온 인류가 멸망을 당하는 상황에서 그 멸망을 막아 서기 위해 자신의 생명이 끊어지는 십자가 위에서도 하나님을 경외하며 그의 모든 계명을 다 이룬 것 때문에 영으로 기쁨과 즐거움의 미소를 지으신 예수님을 잘 보여주는 분입니다.

하박국 선지자는 북 이스라엘 왕국이 멸망하고 남 유다 왕국의 멸망을 앞두고 있는 기원전 7세기 초반부터 6세기 초반까지 활동한 분입니다. 하박국은 하나님과 선지자의 대화로 이루어진 책입니다. 하박국의 1장과 2장은 선지자의 두 가지 질문(1:2-4, 12-17)과 하나님의 두 가지 답변(1:5-11, 2:1-20)으로 구성되어 있고, 3장은 하나님을 향한 선지자의 찬양을 다루고 있습니다. 대화의 주된 내용은 유다와 예루살렘 내부의 심각한 부패와 바벨론의 외적인 공격으로 하나님의 나라가 무너질 상황임에도 하나님은 이를 방치하고 무관심한 것처럼 보여, 선지자가 하나님께 원망 섞인 질문을 던지고 하나님은 이에 대해 답하시는 것입니다. 이러한 대화의 결과로 선지자는 비록 불의하고 부조리한 교회와 세상에서 살지만 의인은 하나님을 향한 믿음으로 살아야 하며, 결국에는 하나님께 경배와 찬양을 돌릴 수밖에 없음을 고백하고 있습니다. 역사 속에서 교회와 세상은 불의와 부조리와 무관해 본 적이 한번도 없습니다. 그래서 하박국의 말씀은 각 시대마다 하나님을 믿고 공의와 정직을 추구하는 의인들 모두를 위한 것입니다.

첫 번째 질문은 이스라엘 백성의 문제와 관련된 것입니다. 선지자가 경험하고 있는 이스라엘 백성은 마치 지혜자가 잘 표현한 것처럼 "불의의 떡"을 먹으며 "강포의 술"을 마시고 있습니다(잠4:17). 아삽의 언어를 빌리자면, "교만이 그들의 목걸이요 강포가 그들의 옷"입니다(시 73:6). 이런 하나님의 백성은 세상 사람들과 전혀 다르지 않습니다. 오히려 문제가 더 심각해 보입니다. 다윗의 경우에는 자신의 시대에 성 안에서 벌어지는 이스라엘 백성의 강포와 분쟁을 보며 이러한 기도까지 했습니다. "주여 그들을 멸하소서 그들의 혀를 잘라 버리소서"(시 55:9).

폭력이 난무하는 하나님의 백성들 가운데서 하박국은 불의와 폭력의 종식을 위해 기도하고 주의 선량한 백성이 이러한 불법의 희생물이 되지 않게 해 달라고 하나님께 외칩니다. 이스라엘과 세상이 하나님의 통치 아래에 있기 때문에 하나님 외에는 해결자가 없다는 사실을 선지자는 너무도 잘 알고 있습니다. 그래서 구합니다. "구원해 주옵소서." 하지만 선지자의 외침에도 불구하고 하나님은 구원의 손길을 뻗으시지 않습니다. 그래서 또 다시 외칩니다. 그래도 반응이 없습니다. 그래서 또 묻습니다. 그래도 응답이 없습니다. 그래서 지친 목소리로 묻습니다. "지금 폭력배가 학정을 펼치고 있는데 언제까지 침묵하실 것입니까?" 선지자는 지금 오랫동안 폭력을 목격하고 있습니다. 선지자로 하여금 절규하게 만든 강포는 잠깐 몰아치고 지나가는 비바람이 아닙니다. 지속적인 폭력과 불의함 때문에 하나님께 부르짖고 있는 것입니다. 선지자의 마음에는 근심이 쌓이고 걱정은 태산이며 멸망의 공포까지 엄습하는 중입니다.

경건한 선지자가 반복해서 하나님께 기도해도 응답이 없을 수 있습니다. 무응답의 시간이 짧지도 않습니다. 그러니 우리도 기도할 때에 하나님의 침묵과 무응답을 경험하고 그 기간이 길어진다 할지라도 걱정하지 맙시다. 하나님의 응답이 오랫동안 없는 것에도 다 의미가 있습니다. 하나님의 의도적인 무응답과 침묵으로 인해 장기간 지속되는 선지자의 근심은 결코 세상적인 근심이 아닙니다. 하나님의 의도대로 하는 근심이기 때문에 유익이 있습니다. 하나님 안에서 해결되지 않은 지속적인 근심의 유익에 대해 바울은 말합니다. "보라 하나님의 뜻대로 하게 된 이 근심이 너희로 얼마나 간절하게 하며 얼마나 변증하게 하며 얼마나 분하게 하며 얼마나 두렵게 하며 얼마나 사모하게 하며 얼마나 열심 있게 하며 얼마나 벌하게 하였는가"(고후 7:11). 바울은 하나님의 뜻대로 하게 된 지속적인 근심이, 우리를 하나님을 향한 간절함과 진리에 대한 변증과 불의에 대한 의분과 필요한 두려움과 애절한 사모함과 뜨거운 열심과 적법한 형벌로 이끌어 준다고 말합니다. 이는 거룩한 근심이 역설적인 방식으로 우리 안에서 일하고 있다는 말입니다.

하박국은 하나님에 의해 사회적인 죄악과 불의를 보게 되었다고 말합니다. 그의 눈 앞에선 물리적인 파괴와 폭력을 목도하고 사상적인 변론과 분쟁도 일어나고 있습니다. 하나님은 때때로 당신의 사람들로 하여금 세상의 비참하고 불의하고 불합리한 현실을 보게 하십니다. 우리도 매체의 발달로 인해 온 땅 곳곳에서 벌어지는 다양한 죄악과 불의를 지나치게 많이 목격하고 있습니다. 그때마다 눈을 질끈 감고 못 본 척, 모른 척하면 안될 것입니다. 하지만 선하시고 전능하신 하나님이 통치하는 세상에 불법과 불의가 있다는 것은 납득하기 어려울 일입니다. 하박국의 시대에 하나님의 율법은 이스라엘 안에서도 마비되고 하나님의 정의 역시 제대로 작용하지 않습니다. 이는 율법을 준행하고 정의를 구현해야 할 의인이 악인에 의해 둘러싸여 있기 때문에 발생하는 것입니다. 악은 악으로 그치지 않습니다. 악의 존재는 이 세상에 세워진 하나님의 질서인 율법을 마비되게 만들고, 그 질서의 열매인 하나님의 정의도 시행되지 못하게 만듭니다. 의인이 위축되고 악인이 득세하는 악한 세상은 하나님의 말씀도 소멸하고 하나님의 정의도 질식되게 만듭니다. 악은 선하신 하나님과 공존할 수 없습니다. 그런데도 하나님은 왜 그런 상황을 그냥 놔두시고 우리로 보게 하시는 것일까요? 선지자의 의문과 고민이 여기에 있습니다. 하나님의 존재를 부정하는 이유로, 세상 사람들 역시 하나님이 있다면 이 세상이 왜 이렇게 더럽고 불의하고 부당하고 악하냐는 의문을 던집니다.

여기에서 저는 하박국 선지자가 이스라엘 사회의 불법과 불의와 부조리와 패악에 관심을 가지고 있다는 점에 주목하고 싶습니다. 우리는 과연 영적인 이스라엘 공동체인 교회에 대해 동일한 관심을 가지고 있습니까? 나에게 아무런 손해나 피해가 주어지지 않으면 괜찮다고 무시하며 방관하고 있지는 않습니까? 혹시 나에게 유익이 되기에 오히려 교회의 부끄러운 죄악들을 방치하고 혹은 동조하고 있지는 않습니까? 하나님의 교회가 얼마나 하나님을 사랑하고 있는지, 얼마나 하나님의 공의를 준행하고 있는지, 얼마나 하나님의 법과 질서를 준수하고 있는지에 관심을 가지시기 바랍니다.

교회는 하나님의 나라, 즉 천국을 보여주는 유일한 곳입니다. 너무도 막중한 사명을 가지고 있습니다. 그러므로 천국의 참된 모습을 가리는 모든 요소들이 제거될 수 있도록 교회에 애착을 가지시기 바랍니다. 하박국 선지자와 동시대에 활동했던 예레미야 선지자의 탄식을 들어 보십시오. "온 땅이 황폐함은 이를 마음에 두는 자가 없음이로다"(렘 12:11). 하나님의 교회는 가만히 두면 저절로 돌아가는 기계가 아닙니다. 생물과 같아서 끊임없이 돌보고 관리하고 신경을 쓰고 기름칠을 하며 관심을 가져야 깨끗하게 되고 아름답게 자랍니다. 그래서 사도들은 모든 교회에 항상 있어야 하는 직분자들, 즉 장로들(신학자, 목회자, 장로)과 집사들을 세운 것입니다. 이들을 세운 목적에 대해 바울은 이렇게 말합니다. "이는 성도를 온전하게 하여 봉사의 일을 하게 하며 그리스도의 몸을 세우려 하심이라"(엡 4:12). 하박국 선지자는 하나님의 백성을 사랑했기 때문에, 그들이 온전해야 한다고 생각했기 때문에, 온 세상에 대해 제사장 나라의 마땅한 공무를 수행해야 한다고 생각했기 때문에 백성의 부패를 마음에 두었던 것입니다. 하나님의 백성이 불의하고 패역하고 사악하여, 하나님의 율법은 그 맥박이 멈추어 버렸고 하나님의 정의는 시궁창에 던져집니다. 하박국은 이러한 상황을 보고 가슴이 터질 것 같아 하나님의 응답이 없음에도 불구하고 계속해서 하나님께 외치고 부르짖은 것입니다.

하박국의 첫 번째 질문에 대한 하나님의 답변은 여러 나라를 보고 또 보라는 것입니다. 반복은 강조의 의미가 담겨 있습니다. 보고 또 보라는 것은 대충 건성으로 보지 말라는 것입니다. 집중해서 면밀히 관찰하며 정확히 보라는 말입니다. 그러면 놀라고 또 놀라게 될 것이라고 말합니다. 놀랄 것이라고 두 번이나 언급한 것은 그 놀람의 강조로, 일반적인 놀람과는 다른 종류의 것이라는 뜻입니다. 보게 될 것이 어떤 것이길래 그렇게도 놀란다는 것일까요? 먼저 우리는 답변의 주어이신 하나님을 생각할 필요가 있습니다. 하나님은 자기 백성만을 통치하는 분이 아닙니다. 온 세상의 만민을 다스리고 계십니다. 하박국 선지자와 이스라엘 백성의 지각이 미치는 모든 나라들은 하나님의 통치 아래에 있습니다. 그들에게 하나님과 무관한 나라들을 보라는 것이 아닙니다. 온 세상을 지으신 하나님이 친히 통치하고 계신 온 세상의 모든 나라들을 보라는 것입니다.

세계 모든 나라들의 흥망은 하나님의 손에 달려 있습니다. "지극히 높으신 이가 사람의 나라를 다스리시며 자기의 뜻대로 그것을 누구에게든지 주시는 줄을 아시리이다"(단 4:25). 하나님은 이스라엘 민족만이 아니라 그들을 둘러싼 모든 나라들을 세우기도 하시고 폐하기도 하시며 한 나라를 자기의 뜻대로 원하시는 어떤 이에게서 빼앗기도 하시고 어떤 이에게는 주시기도 하시는 분입니다. 세계의 역사에서 하나님의 통치를 벗어난 나라와 민족은 없었으며 지금도 하나님의 통치는 땅의 이 끝에서 저 끝까지 이릅니다(슥 9:10). 어떠한 나라를 보더라도 이 사실을 확인할 수 있습니다. 물론이 사실은 역사의 표면만 주목하면 읽히지 않습니다. 그래서 하나님은 보고 또 보라고 하십니다. 하나님의 지문이 읽어질 때까지 관찰하면 보인다고 하십니다. 그렇게 볼 때, 우리는 하나님의 위대한 통치에 놀라게 될 것입니다.

하박국 선지자의 질문에 대한 답변에서 하나님은 이스라엘 백성에 대해서도 그들의 생전에 한 가지 일을 행하실 것이라고 말합니다. 그런데 말하여도 그들이 믿지 않을 정도로 놀라운 것임을 밝힙니다. 하나님의 이 답변만 그런 것이아닙니다. 성경에는 분명히 인간의 언어로 기록된 것인데도도저히 믿을 수 없는 내용들이 대단히 많습니다. 이러한 불신은 하나님의 생각과 우리의 생각 사이의 무한한 격차 때문에 초래되는 듯합니다. 성경에서 우리의 생각과 현저히다른 하나님의 생각을 경험할 때, 우리가 명심해야 할 것은우리의 생각이 아니라 하나님의 생각이 실재라는 것입니다. 하나님의 생각에서 멀어지는 만큼 우리의 생각은 실재에서멀어지는 것입니다. 그러므로 주님께서 우리가 믿을 수 없는 일을 하시고 믿을 수 없는 말씀을 하셔도 인간이 그어 놓은 인식의 경계선을 넘어 믿음으로 그것을 인정하는 것이야말로 진정한 실재에 다가가는 길입니다. 오늘날 가상의 사이버 세계가 현실의 세계를 대체하고 있습니다. 그런데 가만히 보면, 대체가 아닌 고발인 것처럼 보입니다. 하나님의 기준과 관점이 아닌 인간의 눈과 판단을 따라 이해한 세상은 실재와는 거리가 먼 가상의 세계였고, 우리가 그런 세계에 살았음을 오늘날 기계의 발달로 인한 사이버 세계가 고발하는 듯합니다.

이스라엘 백성이 믿지 아니할 하나님의 일은 어떤 것일까요? 먼저 하나님은 사납고 성급한 갈대아 사람을 일으키실 것이라고 하십니다. 그들은 넓은 땅으로 다니며 자신의 소유가 아닌 거처들을 침략하고 점령하는 호전적인 태도를 가지고 있습니다. 사납기 때문에 강포하고 잔인한 행동을 서슴지 않습니다. 성급하기 때문에 대화와 타협이 통하지 않습니다. 그들의 주변에 있는 나라들을 침략하고 죽이고 약탈하는 일들을 행할 것입니다. 문제는 하나님 자신이 이웃 나라들을 괴롭히는 만행을 저지를 거칠고 악한 갈대아 사람들을 세우시는 분이라는 것입니다. 참으로 믿을 수 없는 일입니다. 갈대아 사람들의 특성은 그들에게 무서움과 당당함과 위엄이 있다는 것입니다. 그들이 두렵고 무섭다는 것은 이스라엘 백성이 그들의 만행을 제어할 힘이 없기 때문에 그렇게 느끼는 것입니다. 어쩌면 여호와께선 피할 수 없을 정도로 강력한 형벌의 도구를 일부러 준비하신 것인지도 모릅니다. 그럴 때 우리는 피할 수 없음을 인정하고 신적인 형벌의 터널을 묵묵히 지나감이 좋습니다. 지혜자는 무수히 반복된 하나님의 교훈을 멸시하고 그의 책망을 무시했기 때문에 하나님은 자기 백성이 고통스런 재앙을 만날 때에 웃으시며 두려움이 임할 때에 비웃으실 것이라고 말합니다(잠 1:25-26). 나아가 이 백성이 받아야 할 벌에 대해, 선지자는 그들이 금식을 할지라도 그들의 절규를 듣지 아니하실 것이고 번제와 소제를 드린다고 할지라도 받지 아니하실 것이라고 말합니다(렘14:12). 이러한데 대체 어떻게 피합니까?

또한 갈대아 사람은 남의 땅을 침범하고 약탈을 일삼아도 양심에 거리낌이 없고 오히려 당당함과 위엄이 나온다고 말합니다. 일말의 죄책감과 양심의 거리낌도 없기에 악을 저지르는 일에 주저함이 없습니다. 지금도 이들과 유사한 사람들이 세계 곳곳에 많습니다. 우리의 인생에도 사납고 성급하며 두렵고 무서우며 근거 없는 당당함과 위엄을 보이는 갈대아 사람들이 있습니다. 이들의 존재 및 우리와의 공존을 어떻게 해석해야 할까요? 당신의 부패한 백성을 벌하시기 위해 주님께서 섭리적인 이유로 세우신 사람들은 아닐까요? 남녀의 관계와 가정과 사회의 근간을 뒤흔드는 사람들의 당당함과 위엄도 같은 맥락에서 이해할 수 있지 않을까요? 제 눈에는 이들의 모든 활동이 마치 교회를 향하신 하나님의 책망과 징계인 것 같습니다.

갈대아 사람이 이스라엘 백성에게 오는 목적은 강포를 행하는 것입니다. 사람들 앞에서 칭찬과 존경을 받는 것에는 관심이 없습니다. 사회의 질서와 도덕의 증진에 눈길도 주지 않습니다. 오히려 그들은 더 사악하고 더 강포하고 더 거칠고 더 무례하고 더 잔인하게 되는 것을 자랑으로 여깁니다. 자신의 난폭함과 사악함을 자랑하기 위해 그들은 사람들을 사로잡아 모으기를 바다의 모래 같이 많이 할 것입니다. 왕들을 멸시하며 방백을 조소하며 모든 견고한 성들을 비웃으며 흉벽을 쌓아 그것을 점령할 것입니다. 이는 그들이 모든 계층의 사람들을 강포의 희생물로 삼겠다는 뜻입니다. 여기에서 이러한 형벌에 상응하는 이스라엘 백성의 죄악들을 상기해 보십시오. 심판을 예언하며 백성의 죄악을 고발한 예레미야 선지자의 글입니다. "내 백성 가운데 악인이 있어서 새 사냥꾼이 매복함 같이 지키며 덫을 놓아 사람을 잡으며 새장에 새들이 가득함 같이 너희 집들에 속임이 가득하도다 그러므로 너희가 번창하고 거부가 되어 살지고 윤택하며 또 행위가 심히 악하여 자기 이익을 얻으려고 송사 곧 고아의 송사를 공정하게 하지 아니하며 빈민의 재판을 공정하게 판결하지 아니하니"(렘5:26-28). 백성 가운데 일부만 악인인 것처럼 묘사되어 있지만 이어지는 글을 보면 이스라엘 백성 전체를 악인으로 규정하고 있습니다. "그들이 가장 작은 자로부터 큰 자까지 다 탐욕을 부리며 선지자로부터 제사장까지 다 거짓을 행함이라"(렘 6:13). 가장 작은 아이부터 가장 큰 장로까지 모든 계층의 평범한 백성만이 아니라 민족의 운명을 좌우하는 선지자와 제사장도 탐욕을 부리며 고아와 과부와 빈자를 약탈하고 거짓을 행한 것입니다. 그렇기 때문에 모든 것들을 빼앗기는 것입니다. 물불을 가리지 않는 갈대아 사람의 강포를 당하는 것입니다. 갈대아 사람은 이미 모세의 시대에 예언된 자들로서 그 잔혹함에 대해 이렇게 기록하고 있습니다. "여호와께서 멀리 땅 끝에서 한 민족을 독수리가 날아오는 것 같이 너를 치러 오게 하시리니 이는 네가 그 언어를 알지 못하는 민족이요 그 용모가 흉악한 민족이라 노인을 보살피지 아니하며 유아를 불쌍히 여기지 아니하며 네 가축의 새끼와 네 토지의 소산을 먹어 마침내 너를 멸망시키며 또 곡식이나 포도주나 기름이나 소의 새끼나 양의 새끼를 너를 위하여 남기지 아니하고 마침내 너를 멸절시키리라"(신 28:49-51).

여기에서 우리가 생각해야 할 교훈은 우리 주 하나님은 심은 대로 거두시는 분이라는 것입니다. 내가 남에게 어떻게 하느냐가 결국에는 나에게 하나님의 응답으로 돌아오는 것입니다. 하나님은 과거에도 이런 보상의 원리로 일하셨고 지금도 동일한 원리로 일하고 계십니다. 그렇기 때문에 타인을 향한 우리의 태도가 기독교 윤리의 황금률로 불리는 대접의 원리를 무시하지 않도록 하십시다. "남에게 대접을 받고자 하는 대로 너희도 남을 대접하라"(눅 6:31). 고아를 괴롭히고 과부를 멸시하고 노인을 경시하고 빈자를 조롱하면 그렇게 타인을 대접하는 사람도 똑같은 대접을 받게 될 것입니다. 스스로를 정죄하고 스스로 무덤을 파는 것입니다.

이스라엘 백성들이 고아와 과부와 빈민을 억울하게 하고 괴롭히고 약탈하고 속이고 죽였던 것은 동일한 것을 하나님의 진노로서 축적한 셈이 된 것입니다. 바울의 말입니다. "다만 네 고집과 회개하지 아니한 마음을 따라 진노의 날 곧 하나님의 의로우신 심판이 나타나는 그 날에 임할 진노를 네게 쌓는도다"(롬 2:5). 오늘 여러분의 행동은 심판의 날에 이루어진 판결, 즉 보상 혹은 진노를 준비하는 것입니다. 심은 행위에 상응하는 판결을 거둘 것입니다. 갈대아 사람의 모든 강포함은 이스라엘 백성 자신이 뿌린 씨앗을 거둔 것입니다.

갈대아 사람은 자기들의 힘을 신으로 삼는 종교성을 가지고 있습니다. 보다 난폭하고 보다 사악하고 보다 잔인하고 보다 거칠고 보다 강력하게 강포를 행하면 신을 보다 잘 숭배하는 것으로 여깁니다. 사람들은 저마다 이런 종교성을 가지고 있습니다. 어떤 사람은 돈이 신이고, 어떤 사람은 지식이 신이고, 어떤 사람은 성이 신이고, 어떤 사람은 일이 신이고, 어떤 사람은 배가 신입니다. 사람들은 자기가 결정한 신을 각자의 방식으로 섬깁니다. 돈이 신이면 물불을 가리지 않고 돈벌이에 매달리고, 지식이 신이면 다른 모든 가치들을 제치고 책벌레가 되고, 성이 신이면 모든 활동을 보다 아름답고 자극적인 성 확보의 수단으로 삼고, 일이 신이면 쉼과 안식을 죄악으로 여기고, 위장이 신이면 식탐에 빠집니다.

이스라엘 백성의 심각한 타락은 누구도 부인할 수 없습니다. 그런데 이스라엘 백성보다 더 부패한 민족을 그 타락에 상응하는 형벌의 집행자로 쓰신다는 것은 합당하지 않아 보입니다. 그래서 하박국은 두 번째의 질문을 하나님께 드립니다. 거룩하고 의로우신 하나님이 타락한 이스라엘 백성에게 더 타락한 백성을 회초리로 쓰셔서 심판하는 것은 부당한 일 아닙니까? 선지자가 던진 합리적인 의문은 오늘날 우리도 숙고해 볼 필요가 있습니다. 인간의 부패한 상태와 하나님의 '부당한' 섭리처럼 보이는 일들이 지금도 일어나고 있기 때문입니다.

하박국의 합리적인 의문 제기의 배후에는 하나님에 대한 선지자의 일반적인 지식이 있습니다. 하박국은 하나님을 이렇게 부릅니다. "여호와 나의 하나님, 나의 거룩한 분이시여." 여기에서 "여호와"는 스스로 계신 자존자를 가리키는 말입니다. 동시에 스스로 존재하지 못하는 천지와 만물이 스스로 계신 하나님에 의해 지으심을 받았고 신적인 통치 아래 있음을 나타내고 있습니다. 그리고 선지자는 하나님께 "나의"라는 1인칭 단수의 소유격을 수식어로 붙입니다. 그렇게 함으로써 선지자는 하나님을 이스라엘 백성과 언약을 맺으신 분이라고 말합니다. 선지자는 하나님께서 우리의 하나님이 되시고 우리는 그의 백성이 된다는 언약을 의식하고 있습니다. '언약'은 타락한 인간에게 아무런 이유나 조건도 없이 오직 사랑으로 먼저 찾아오신 하나님의 변하지 않는 아가페 사랑을 가리키는 말입니다. "나의 하나님"은 나에게 너무나도 가까우신 분입니다. 멀리 계시지 않습니다. 내가 하나님 안에 있고 하나님이 내 안에 계십니다. 우리는 선지자가 어떤 적개심을 가지고 비방과 멸시를 목적으로 하나님께 힐문하는 상황이 아님을 알 수 있습니다. 하나님은 내가 사랑하고 존경하고 의지하고 기뻐하는 분입니다. 나와 하나님 사이에 이러한 관계성이 없다면 선지자의 의문은 신을 향한 인간의 무례한 도전으로 해석될 것입니다.

하나님께 질문을 드릴 때 갖추어야 할 기본적인 태도는 하나님을 사랑하고 경외하며 배움과 순응의 자세를 취하는 것입니다. 만약 그런 태도가 없으면 성령께서 교회에게 하시는 말씀을 듣지 못하고 오히려 하나님의 응답을 무시하고 왜곡할 가능성이 높습니다. 주님과 소통할 때 사랑하고 존경하는 "나의 하나님"과 만난다는 진실하고 친밀한 관계성을 의식하지 않고 질문을 던지는 것은 하나님의 답변을 듣지 않겠다는 뜻입니다. 귀를 닫고 질문만 던지는 셈입니다. 진실로 하나님의 뜻과 진리를 깨닫고 싶습니까? 부조리와 모순 덩어리로 보이는 이 세상을 하나님의 관점에서 이해하고 싶습니까? 나와 하나님과의 관계성을 올바르게 확립하는 일부터 하십시오. 예수님과 제자들의 경우를 보십시오. "대답하여 이르시되 천국의 비밀을 아는 것이 너희에게는 허락되었으나 그들에게는 아니되었나니"(마 13:11). 천국의 비밀을 아는 것은 스승과 제자의 관계성 안에서만 허락된 것입니다. 이러한 관계가 없으면 들어도 듣지 못하고 보아도 보지 못하고 마음으로 아무리 생각하고 궁구해도 깨닫지를 못합니다(마 13:14).

그리고 하박국은 하나님을 "나의 거룩한 이"라고 부릅니다. 하나님은 거룩하신 분입니다. 거짓과 불의가 없으시고 악독과 부정이 없으신 분입니다. 거짓과 불의와 악독과 부정을 용납하지 않으시고 간과하지 않으시는 분입니다. 그러므로 거룩하신 하나님이 이 세상을 통치하고 계시다면 거짓과 불의와 악독과 부정이 있어서는 안됩니다. 게다가 거룩하신 하나님은 "만세 전부터" 계신 분입니다. 자존하신 하나님, 나의 하나님, 거룩하신 하나님은 만세 전부터 계십니다. 존재를 멈추신 적이 없습니다. 언약을 파기하신 적도 없습니다. 하나님은 태초부터 지금까지 그리고 영원토록 존재와 약속과 거룩함에 변함이 없으시며 그것을 따라 온 세상을 통치해 오신 분입니다. 이스라엘 백성이 범죄했기 때문에 심판을 받고 형벌을 당하는 것에는 이견이 없습니다. 그러나 이들보다 더 악한 자들을 형벌의 수단으로 쓰시는 것은 거룩하신 하나님의 영원토록 거룩한 통치와는 어울리지 않습니다.

선지자는 지금 이스라엘 백성과 언약을 맺으신 거룩하신 하나님이 만세 전부터 지금까지 그리고 앞으로도 계시기에 우리가 비록 타락하고 부패해도 궁극적인 사망에는 이르지 않을 것이라고 말합니다. 하나님의 속성과 성품에 근거한 선지자의 확신을 고백한 것입니다. 시인도 유사한 고백을 했습니다. "여호와께서 사람의 걸음을 정하시고 그의 길을 기뻐하시나니 그는 넘어지나 아주 엎드러지지 아니함은 여호와께서 그의 손으로 붙드심이로다"(시 37:23-24). 이는 하나님의 백성이 비록 의로운 심판을 받아 환란과 핍박과 조롱과 멸시를 당하여 넘어지나 의롭고 신실하신 하나님의 손이 붙드시기 때문에 완전한 멸망을 당하지는 않는다는 것입니다. 우리는 하나님의 성품과 언약에 기초한 신적인 섭리에 근거하여 우리의 미래를 어느 정도는 예측할 수 있습니다. 이러한 관점에서 보면, 비록 오늘날의 교회가 부패와 타락으로 인해 하나님의 정당한 심판과 형벌을 받고 있지만 교회의 멸종에 이르지는 않을 것입니다. 우리 개개인의 경우도 아무리 절망적인 재앙과 환란을 겪는다고 할지라도 완전한 멸망에는 이르지 않습니다. 자기를 부인하실 수 없고 언약에 신실하신 주님께서 세상 끝날까지 우리와 함께하실 것입니다.

하박국은 바벨론을 세우신 이유가 불의한 이스라엘 백성의 완전한 멸망이 아니라 그들을 심판하여 하나님 편에서는 공의를 세우고 이스라엘 편에서는 부패와 타락을 회복함 혹은 수정함에 있다고 말합니다. 신적인 공의를 세우고 자기 백성의 잘못을 교정하는 것은 하나님께 너무나도 당연한 일입니다. 거룩하신 하나님의 백성은 마땅히 거룩해야 하고 부정할 때에는 고난과 역경의 방식으로 정화될 필요가 있습니다. 거룩하신 하나님과 부정한 백성은 서로 어울릴 수 없습니다. 만약 백성의 부정함을 제거하는 징계가 없다면 주께서 그들을 버리신 것과 같습니다. "어찌 아버지가 징계하지 않는 아들이 있으리요 징계는 다 받는 것이거늘 너희에게 없으면 사생자요 친아들이 아니니라"(히 12:7-8). 만약 주님께서 이스라엘 백성을 자식으로 여기시지 않았다면 어떠한 징계도 가하지 않으셨을 것입니다. 죄악은 심판의 때에 이루어질 하나님의 진노를 축적하는 일이기 때문에 그것에 합당한 진노를 받아 멸망을 당하라고 그냥 두셨을 것입니다.

악과 패역을 차마 보지 못하시는 하나님의 정결한 눈을 기준으로 보면 악하고 패역한 이스라엘 백성의 징계는 마땅한 것입니다. 이것에 대해 선지자는 전혀 이의가 없습니다. 그러나 도무지 이해할 수 없는 부분에 대해서는 항의의 목소리를 높입니다. 즉, 바벨론 사람들은 앞에서도 언급한 것처럼 흉악한 용모를 가졌으며, 노인을 보살피지 않고, 유아를 불쌍히 여기지도 않습니다. 한 민족과 성읍을 공격하고 점령하면 하나도 남기지 않고 씨를 말리는 지독한 폭력성을 가졌다고 신명기는 말합니다(신 28:49-51). 심지어 요한은 바벨론을 "땅의 음녀들과 가증한 것들의 어미"(계 17:5)라고 말합니다. 바벨론은 우상숭배, 거짓, 음행, 살인, 폭력, 불의, 탐욕, 증오의 대명사와 같습니다. 뭐 묻은 개가 뭐 묻은 개 나무라지 못한다는 말이 있습니다. 선지자의 기준으로 볼 때, 상상을 초월하는 바벨론의 종교적인 부패성과 도덕적인 포악성은 그보다 덜 부패하고 포악한 이스라엘 백성을 심판하고 교정할 도구의 자격이 없습니다. 지독한 악인이 자기보다 더 의로운 사람을 삼키는 것은 너무도 부당한 일입니다. 게다가 이러한 상황을 누구보다 더 잘 아시는 주님께서 잠잠히 계시다는 것은 공의의 하나님께 결코 어울리지 않습니다.

더 부패하고 거짓되고 악한 자들이 저지르는 일들을 보십시오. 이스라엘 백성은 마치 포악한 바벨론이 거칠고 사납게 뿜어내는 살인적인 광기의 희생물이 되어 죽음과 멸망을 기다리는 바다의 무기력한 물고기나 무방비 상태에 놓인 벌레와 같습니다. 하박국이 볼 때 이것은 너무도 부당해 보입니다. 선택된 하나님의 백성이 비참하게 멸망하는 것도 부당한데, 그 멸망의 원흉인 바벨론은 백성을 멸망시킨 이후에 육신적인 풍요와 배부름을 기뻐하며 "그물"에 제사를 드리고 "투망" 앞에서 분향을 올립니다. 기질도 사악하고 이방인의 미신적인 풍습까지 행하는 이런 바벨론을 심판의 도구로 사용하는 것은 하나님의 공의를 훼손하는 일입니다. 나아가 바벨론의 포악성은 거기에서 멈추지 않습니다. 바벨론이 뿜어내는 광기의 희생물은 이스라엘 백성만이 아닙니다. 여러 나라들도 하나님의 백성처럼 무지비한 공격과 파괴를 당합니다. 하늘과 땅의 모든 것을 주관하고 계신 하나님의 공의는 어디에 있습니까? 지구촌의 어느 구석을 보더라도 하나님은 오히려 악하시고 불의하신 분처럼 보입니다. 정결한 눈을 가지셔서 악과 패역을 차마 보지 못하시는 하나님은 과연 당신의 백성과 온 세상을 공의와 정직으로 다스리고 계신 분이 맞습니까? 자신이 알고 있던 하나님과 눈 앞에서 펼쳐지는 현실의 괴리를 목격하는 하박국 선지자가 던진 이 질문은 너무도 합당해 보입니다. 오늘날 우리도 그런 질문을 던지는 선지자와 동일한 자리에 서 있습니다.

하나님은 살아계신 분입니까? 공의와 정직을 하늘만이 아니라 이 땅에도 행하시는 분입니까? 맞다면 어떻게 확인할 수 있을까요? 하나님의 정확한 설명에 우리 모두는 목말라 있습니다. 이에 대하여 2장에서 진술되는 하나님의 답변을 보기 이전에 성경에서 확인되는 하나님의 섭리와 그 섭리의 방식을 살펴보고 싶습니다. 먼저, 선하시고 전능하신 하나님과 악의 현상이 공존할 수 있다는 사실을 인정해야 한다는 것입니다. 먼저 지혜자의 교훈을 보십시오. "여호와께서 온갖 것을 그 쓰임에 적당하게 지으셨나니 악인도 악한 날에 적당하게 하셨느니라"(잠 16:4). 하나님의 섭리를 벗어난 것은 이 세상에 그 어떠한 것도 없습니다. 이 세상에서 하나님의 통치에 유용하게 사용될 수 없는 것은 하나도 없습니다. 지극히 전능하고 지극히 위대하신 하나님의 온전한 통치를 믿으시기 바랍니다. 모든 만물과 모든 역사가 하나님의 손 안에 있습니다. 지혜자의 교훈과 유사하게 이사야도 하나님의 측량할 수 없는 통치에 대해 이렇게 기록하고 있습니다. "나는 빛도 짓고 어둠도 창조하며 나는 평안도 짓고 환난도 창조하나니 나는 여호와라 이 모든 일들을 행하는 자니라 하였노라"(사 45:7). 이 구절은 이 세상의 긍정적인 요소만이 아니라 부정적인 요소도 섭리의 도구로 쓰시는 하나님의 뜻을 가르치고 있습니다. 혼돈과 의문을 가중시킬 수도 있겠지만 이사야의 이 기록은 인간의 상식과 논리를 초월하는 하나님의 신적인 섭리와 은혜를 표현한 것입니다. 이는 사건이든 사물이든 상태이든 모든 것이 하나님의 주권 아래에 있다는 뜻입니다.

하나님은 모든 것들을 그 쓰임에 적당하게 지으셨고 심지어 악인들과 악들도 적당히 쓰셔서 선을 이루시고 모든 것을 선으로 바꾸시는 분입니다. 이사야의 기록은 하나님께서 이스라엘 백성의 멸망을 위해 악인들도 쓰셨다는 사실에 대한 가장 넓은 믿음의 시야를 제공합니다. "앗수르 사람이여 그는 나의 진노의 막대기요 그 손의 몽둥이는 나의 분한이라"(사 10:5). 실제로 앗수르의 몽둥이와 막대기를 통해 북이스라엘 왕국이 망합니다. 하나님은 자신의 진노와 분한의 도구로 이스라엘 백성의 엉덩이를 찜질하는 몽둥이와 막대기로 앗수르와 바벨론를 쓰십니다. 심지어 악한 영들도 도구로 쓰십니다. "하나님의 부리신 악신이 사울에게 이를 때에 다윗이 수금을 취하여 손으로 탄즉 사울이 상쾌하여 낫고 악신은 그에게서 떠나니라"(삼상 16:23). 사울만이 아니라 선지자를 혼미하게 만들기도 하십니다. "대저 여호와께서 깊이 잠들게 하는 영을 너희에게 부어 주사 너희의 눈을 감기셨음이니 그가 선지자들과 너희의 지도자인 선견자들을 덮으셨음이라"(사 29:10). 악인들과 악령들을 심판과 징계의 도구로 쓰신다는 것은 악을 선으로 바꾸시는 하나님의 선하심에 근거한 것입니다. 악인들과 악령들을 도구로 쓰신다고 해서 하나님이 악의 생산자나 공급자가 되는 것은 아닙니다. 악은 하나님을 버리는 것입니다. 그러나 하나님은 자신을 부인하실 수도 없고 자신을 떠나실 수도 없습니다. 그래서 하나님은 악하실 수 없습니다.

여기에서 우리가 주목해야 하는 것은 아무리 강력한 앗수르나 바벨론이 이스라엘 백성을 멸망에 이르게 하였어도 그들에 대한 두려움에 빠지지는 말아야 한다는 것입니다. 이사야의 다른 기록을 보십시오. "시온에 거한 나의 백성들아 앗수르 사람이 애굽을 본받아 막대기로 너를 때리며 몽둥이를 들어 너를 칠지라도 그를 두려워 말라"(사 10:24). 앗수르와 바벨론은 아무리 난폭하고 사악하고 강력해도 통치의 신적인 손아귀에 있습니다. 앗수르나 바벨론이 하나님에 의해 몽둥이와 막대기로 쓰임을 받았다고 해서 스스로 하나님에 대하여 높아지고 심판자의 권세를 부리는 것은 결코 올바르지 않습니다. 그 모든 것들은 쓰임을 받은 도구일 뿐입니다. 그들의 악은 그 악에 상응하는 심판이 반드시 따를 것입니다.

이제 하박국 선지자가 던진 질문을 다시 상기해 보십시오. 즉, 악인이 자신보다 의로운 자를 삼키는 것은 결코 합당하지 않고 그 일에 대해 잠잠히 침묵하고 계시면 하나님의 공의는 대체 어디에 있는 것입니까? 선지자의 마음에는 바벨론이 이스라엘 백성보다 더 악하다는 전제가 깔려 있습니다. 저는 이 전제에 의문을 제기하고 싶습니다. 과연 바벨론이 이스라엘 백성보다 더 악할까요? 그렇지 않을 수도 있습니다. 하나의 비유를 생각해 보십시오. 어떤 아버지가 있습니다. 그에게는 아들도 있고 원수도 있습니다. 그런데 만약 원수가 그 아버지를 향해 '나쁜 놈'이라고 말하고 자신의 아들도 아버지를 향해 '나쁜 놈'이라고 말했다면 누가 더 악한 것입니까? 원수와 아들이 아버지를 향해 저지른 독설의 내용은 동일한 것입니다. 그러나 악의 경중을 따진다면 원수보다 아들의 죄질이 더 나쁘다는 것에 모두가 동의할 것입니다. 낳아주고 키워주고 보호하고 가르치고 인도해 준 아버지의 넘치는 사랑을 받은 아들의 입에서 아버지를 향해 쏟아낸 악담은 악담이 일상인 원수의 입술에서 쏟아진 독설보다 훨씬 악한 것입니다.

　죄질의 정도는 관계에 따라 다른 법입니다. 바벨론은 본래 하나님을 알지 못하고 하나님의 긍휼과 사랑을 입지도 않았기 때문에 그들이 하나님을 향하여 저지르는 죄들은 그냥 죄입니다. 물론 하나님은 그렇게 악하고 불의한 바벨론 땅에서도 비를 내리시고 빛을 주시지만 그런 일반적인 은혜를 입은 바벨론 사람들의 죄악은 모두가 그러려니 하는 것입니다. 그러나 독생자 예수의 생명까지 수단으로 삼아 사랑과 자비와 긍휼을 베푼 이스라엘 백성의 경우는 다릅니다. 그들은 그들을 건드린 자가 여호와의 눈동자를 촉범한 셈이 될 정도로 하나님이 사랑했던 백성 아닙니까? 나의 모든 즐거움이 그들에게 있다고 말씀하실 정도로 일등급 기쁨의 대상이던 그 백성 아닙니까? 그런 자들이 하나님의 존재를 의심하고 다른 신들을 섬기고 우상을 세우고 산당을 건축하고 분향을 올리고 자기 자식들을 제물로 잡아 죽여서 바치는 것은 하나님의 눈동자를 가격하고 그의 기쁨 전부를 탈취하고 그의 이름에 가장 높은 수위의 능욕과 멸시와 조롱을 가하는 일입니다.

이에 대하여 예레미야 선지자의 기록을 보십시오. "너희는 누가 이러한 일을 들었는지 여러 나라 가운데 물어보라 처녀 이스라엘이 심히 가증한 일을 행하였도다"(렘 18:13). 이구절은 다른 어떠한 나라도 경험하지 못하고 듣지도 못했던 가증함을 이스라엘 백성이 저지른 사실을 고발하고 있습니다. 이스라엘 백성은 그들이 더러워진 족속으로 여기는 사마리아 사람에 비해서도 더 가증한 일들을 행했습니다. 에스겔 선지자도 이들의 심각한 타락을 동일하게 말합니다. "사마리아는 네 죄의 절반도 범하지 아니하였느니라 네가 그들보다 가증한 일을 심히 행하였으므로 네 모든 가증한 행위로 네 형과 아우를 의롭게 하였느니라"(겔 16:51). 이로 보건대 지극히 포악한 바벨론의 주먹으로 더 가증한 이스라엘 백성을 응징하는 것은 결코 부당한 일이 아닙니다. 이러한 종류의 심판에 있어서도 하나님의 공의는 결코 훼손되지 않습니다.

하박국 선지자는 이스라엘 백성의 불의와 자기보다 더 의로운 민족을 파괴하는 바벨론의 불의로 인해 질문을 던진 이후에 하나님의 응답을 기다리고 있습니다. 응답의 본격적인 내용에 들어가기 전에 하나님의 말씀을 기다리는 자의 자세와 말씀을 들은 자의 사명이 어떤 것인지를 살피고 싶습니다. 먼저 하박국은 하나님의 응답을 기다리며 자신이 파수하는 성루에 서 있습니다. 이스라엘 백성의 영적 부패와 바벨론의 폭력적인 응징을 정확히 이해하고 하나님의 뜻과 섭리를 이해해야 하는 직무의 자리에 서 있습니다. 하나님의 뜻을 기다리는 자의 도리는 자신에게 주어진 역할의 자리를 이탈하지 않고 깨달을 때까지 그곳에 머물러 있는 것입니다.

하나님의 뜻을 깨닫기 이전에 움직이면 깨닫기가 더 어려워질 것입니다. 새로운 곳을 가거나 새로운 역할을 맡으면 우리의 생각과 의식은 주님께 집중하지 못하고 새로움에 적응하기 위해 분주할 수밖에 없습니다. 그러므로 하나님의 뜻을 기다릴 때에는 편하고 익숙한 일상의 자리를 떠나지 마십시오. 이 사람을 찾아가고 저 사람에게 문의하는 분주함도 피하시기 바랍니다. 물론 하나님은 사람을 통해 당신의 뜻을 깨닫게 하시는 경우가 많습니다. 그러나 그러한 섭리는 안수나 예언을 받기 위해 용한 기독교 점쟁이를 부지런히 찾으라는 의미가 아닙니다. 주변의 경건한 사람은 우리에게 주님을 찾으라는 신호등 혹은 이정표일 뿐입니다.

그러나 성루에 서 있는 선지자의 모습은 맹목적인 머무름이 아닙니다. 성루에 서서 위를 바라보고 있습니다. 마음의 시선이 위를 향하고 있습니다. 이처럼 선지자의 머무름은 막연하지 않고 방향이 있습니다. 자신에게 주어질 하나님의 말씀에 귀를 기울이며 그곳에 머물러 있습니다. 이처럼 우리의 생각과 마음과 의식도 말씀을 향해 의도적인 경청의 자세를 취하는 것이 좋습니다. 헛되고 무익한 것을 소비하지 마십시오. 무엇을 바라보고 있느냐가 인생의 방향을 조정하고, 무엇에 귀를 기울이고 있느냐가 깨달음의 내용을 결정하는 법입니다. 여러분의 귀는 어디에 쏠려 있습니까? 여러분의 눈은 무엇을 응시하고 있습니까? 눈과 귀만이 아니라 전인격의 초점을 하나님께 맞추어야 범사에 그분의 전인격적 뜻이 보입니다. 주변의 일렁이는 파도와 격동적인 현상에 마음의 시선을 빼앗기지 마십시오. 랄프 왈도 에머슨의 말입니다. "슬픔은 뒤를 돌아보고 근심은 주위를 둘러본다. 그러나 믿음은 위를 바라본다." 믿음의 사람들은 시선과 귀를 하나님 이외의 다른 것에 빼앗기지 않습니다. 하나님만 보십시오. 어떠한 상황 속에서도 우리의 눈과 귀를 하나님께 고정하는 훈련을 하십시오. 뜻을 다하시고 목숨을 거십시오.

자신의 아들 압살롬의 칼끝을 피해 도망가던 다윗이 그의 원수였던 시무이의 저주를 들었을 때의 반응을 보십시오. 그의 귀는 시무이의 부당한 욕설과 거짓된 저주를 경청하지 않습니다. 그 너머에 계신 하나님의 뜻을 감지하고 저주가 아니라 하나님의 뜻에 반응하는 처신을 했습니다. 베드로와 예수님이 물 위를 걷는 기적을 지켜본 제자들의 반응도 보십시오. 그들도 초자연적 현상에 경도되지 않고 예수님을 하나님의 아들로 고백하며 기적을 통해 전달된 하나님의 뜻에만 반응을 보입니다. 눈에 보이는 게 전부가 아닙니다. "믿음으로 모든 세계가 하나님의 말씀으로 지어진 줄을 우리가 아나니 보이는 것은 나타난 것으로 말미암아 된 것이 아니니라"(히 11:3). 나타난 것은 눈에 보이지 않는 것의 결과일 뿐입니다. 그래서 눈의 보는 기능으로 살면 나타난 현상에 매이지만 믿음으로 살면 현상의 배후에 있는 본질, 말씀이 이룬 일들을 중심으로 살아갈 수 있습니다. 오직 의인은 믿음으로 살며 믿음으로 보이지 않는 말씀의 역사를 감지하는 자입니다.

선지자는 자신에게 주어진 책무의 자리에서 응답의 하나님을 믿고 그분의 응답을 기다립니다. 만약 하나님을 응답해 주시는 분이라고 여기지 않았다면 기다리지 않았을 것입니다. 그러나 하나님은 응답의 신입니다. 반드시 응답해 주십니다. 지혜자는 응답의 출처가 하나님께 있다고 분명히 말합니다(잠 16:10). 하나님의 응답이 없다면 어떠한 경영도 성립할 수 없습니다. 하나님의 응답이 없는데도 경영을 진행하면 실패할 수밖에 없습니다. 진행하지 마십시오. 진행하면 진행한 그 만큼의 역주행을 감수해야 할 것입니다. "너의 행사를 여호와께 맡기라 그리하면 네가 경영하는 것이 이루어 지리라"(잠 16:3). 어떠한 일이든지 하나님께 맡겨야 응답이 있고 성취가 있습니다.

하나님은 일하시는 분입니다. 이루시는 분입니다. 그래서 응답해 주십니다. 예레미야 선지자의 글을 보십시오. "일을 행하시는 여호와, 그것을 만들며 성취하시는 여호와, 그의 이름을 여호와라 하는 이가 이와 같이 이르노라 너는 내게 부르짖으라 내가 네게 응답하겠고 네가 알지 못하는 크고 은밀한 일을 네게 보이리라"(렘 33:2-3). 알지 못하는 크고 은밀한 일이 있습니까? 하나님께 부르짖어 답변을 구하시기 바랍니다. 하나님은 반드시 예레미야 선지자를 통해 약속하신 대로 응답해 주실 것입니다. 바울도 교회가 하나님과 하나님의 은밀한 역사를 알도록 "지혜와 계시의 영"이 임하기를 응답의 하나님께 부르짖은 적이 있습니다(엡 1:17-19).

일을 성취할 능력이 없는 자는 응답할 수도 없습니다. 천지와 만물을 지으시고 그것을 임의로 통치하고 계신 분만이 기도의 유일한 응답자일 수 있습니다. 우리가 던지는 물음에 해답을 제시할 수 있습니다. 하나님이 아닌 어떤 우상에게도 질문하지 마십시오. 점쟁이를 찾지도 마십시오. 우상은 어떠한 질문에도 응답하지 않습니다. 아니, 응답할 수 없습니다. "입이 있어도 말하지 못하며 눈이 있어도 보지 못하며 귀가 있어도 듣지 못하며 코가 있어도 냄새 맡지 못하며 손이 있어도 만지지 못하며 발이 있어도 걷지 못하며 목구멍이 있어도 작은 소리조차 내지 못하느니라"(시 115:5-7). 기독교와 다른 모든 종교와의 차이점은 응답의 유무에 있습니다. 응답은 다른 어떠한 종교에도 없습니다. 그러나 기독교는 다릅니다. 전능하신 하나님은 반드시 응답해 주십니다.

하나님께 질문을 던진 하박국 선지자는 응답의 여부에 어떠한 의심도 가지고 있지 않습니다. 응답의 하나님을 신뢰하고 있습니다. 그래서 자신에게 어떠한 말씀을 하시고 어떠한 대답을 주실지에 대한 궁금증을 가지며 기다리고 있습니다. 그러나 의심하는 자는 기다리지 못합니다. 의심하는 자에 대해 야고보는 이렇게 말합니다. "오직 믿음으로 구하고 조금도 의심하지 말라 의심하는 자는 바람에 밀려 요동하는 바다 물결 같으니 이런 사람은 무엇이든 주께 얻기를 생각하지 말라 두 마음을 품어 모든 일에 정함이 없는 자로다"(약 1:6-8). 하나님의 응답을 신뢰하지 않으면 기다릴 수 없습니다. 결국에는 하나님의 응답을 서둘러 포기하고 급하게 기대를 접고 맙니다.

그러나 응답의 하나님을 믿는다면 얼마든지 기다릴 수 있습니다. 일평생을 기다릴 수도 있습니다. 우리는 물음을 던진 하박국 선지자와 같이 기다리는 자입니다. 기다리는 자에게 응답이 있습니다. 시인의 고백을 보십시오. "내가 여호와를 기다리고 기다렸더니 귀를 기울이사 나의 부르짖음을 들으셨도다"(시 40:1). 하나님의 응답을 경험하는 비결은 기다림에 있습니다. 기다리는 사람에게 하나님은 절대 실망을 주시지 않습니다. 만약 의심하고 기다리지 않는다면 응답이 주어져도 받지를 못합니다. 기다림은 들을 귀를 준비하고 받을 그릇을 준비하는 것입니다. "들을 귀 있는 자는 들으라"(막 4:23). 성경을 보면 대단히 많은 곳에서 "귀 있는 자"가 교회에게 하시는 성령의 말씀을 들을 것이라고 말합니다(마 11:15, 13:9, 43, 막 4:9, 23, 계 2:7, 11, 17, 29, 3:6, 13, 22). 기다림을 통해 우리는 자신의 편견과 욕망을 제거하고 하나님의 응답을 담아낼 귀를 준비하는 경청의 태도를 배우고 익힙니다. 하나님의 소원이 우리의 의지를 차지하게 만드는 비결은 기다림에 있습니다.

이 세상의 만사에는 다 때가 있습니다. 전도자는 분명히 말합니다. "잠잠할 때가 있고 말할 때가 있으며"(전 3:7). 하나님의 응답에도 때가 있습니다. 때와 기한의 결정은 우리의 권한이 아닙니다. 오직 하나님께 있습니다. 하나님은 당신이 정하신 때에 당신이 원하시는 방법대로 응답하실 것입니다. 반드시 응답해 주시는 하나님은 시인의 입술을 빌어 이렇게 말합니다. "너는 여호와를 기다릴지어다 강하고 담대하며 여호와를 기다릴지어다"(시 27:14). 하나님은 우리에게 강하고 담대한 마음을 가지고 하나님을 기다리는 자가 되라고 말합니다. 응답하지 않으실 것이라면 기다리지 말라고 하셨을 것이지만 반드시 응답하실 것이기에 기다림을 권고하신 것입니다. 그래서 어떤 시인은 이러한 태도를 갖습니다. "파수꾼이 아침을 기다림보다 내 영혼이 주를 더 기다리나니 참으로 파수꾼이 아침을 기다림보다 더하도다"(시 130:6). 우리가 기다리는 보다 궁극적인 이유는 기다림의 하나님을 배우고 따르기 위한 것입니다. 하나님은 우리에게 은혜와 긍휼을 베푸시기 위해 길이 참으시며 한없이 기다리고 계십니다.

하나님의 입술만 쳐다보며 기다리던 선지자가 드디어 하나님의 응답을 받습니다. 응답을 주시되 하나님은 그 응답을 대하는 선지자의 태도에 대해 이렇게 말합니다. "여호와께서 내게 대답하여 이르시되 너는 이 묵시를 기록하여 판에 명백히 새기되 달려 가면서도 읽을 수 있게 하라"(합 2:2). 먼저 묵시를 주실 것이라고 말합니다. "묵시"라는 말은 하나님에 의해 보여진 것을 뜻합니다. 그리고 이 묵시를 대하는 선지자의 자세가 두 개의 명령어로 묘사되어 있습니다. 즉, 묵시를 기록하고 판에 명백히 새기라는 것입니다. 기록하는 이유는 먼저 묵시의 항구적인 보존을 위한 것입니다. 하나님의 묵시는 한 개인에게 주어진 일시적인 필요의 충족이 아닙니다. 나 자신과 타인 모두에게 지속적인 유익을 주기 위한 것입니다. 묵시가 망각으로 지워지지 않도록 기록하되, 보다 많은 사람들이 유익을 얻도록 판에 명백히 새기라고 말합니다. 여기에서 "판"은 공적인 장소에서 게시판의 기능을 하는 토판이나 돌판을 가리키는 말입니다.

응답의 묵시를 기록하되 공공의 게시판에 명백히 새기는 이유는 달려 가면서도 읽을 수 있게 하기 위한 것이라고 말합니다. 달리는 사람이 읽을 수 있다면 걸어가는 사람도 당연히 읽을 수 있을 것입니다. 판에 명백히 새겨진 묵시는 판 주변을 출입하는 모든 사람들을 위한 것입니다. 하나님의 응답을 받은 자들의 태도는 이처럼 할 수만 있다면 모든 사람들로 하여금 묵시의 수혜자가 되게 하는 것입니다. 우리에게 주어지는 모든 하나님의 응답은 언제나 선하고 아름답고 향기롭고 자비롭고 온전한 것입니다. 그것은 결코 한 개인이나 소수의 전유물이 아닙니다. 하나님의 응답은 공적인 유익을 위한 공공재로 특정한 사람에게 혹은 소수의 사람에게 맡겨졌을 뿐입니다. 믿음의 조상에게 하신 하나님의 묵시를 보십시오. "내가 너로 큰 민족을 이루고 네게 복을 주어 네 이름을 창대하게 하리니 너는 복이 될지라"(창 12:2). 큰 민족의 시조가 되고 이름이 창대하게 되는 이유는 "땅의 모든 족속이 너로 말미암아 복을 얻을 것이라"(창 12:3)는 말씀에 있습니다. 하나님의 응답을 기다리되 나의 유익을 추구하던 이기적인 욕심을 버리고 공익을 추구하는 이타적인 인자함을 가지시기 바랍니다. 하나님의 응답은 그런 자세로 기다리는 것입니다. 나아가 기도할 때에 나 자신의 유익만이 아니라 공공의 이익이 도모되는 그런 내용으로 기도를 드리시기 바랍니다. '내'가 아니라 '우리'가 기도의 주체라고 여기는 공동체 의식을 가지고 기도함이 좋습니다.

선지자가 받을 묵시는 한 개인이 아니라 모든 자들에게 이루어질 일입니다. "이 묵시는 정한 때가 있나니 그 종말이 속히 이르겠고 결코 거짓되지 아니하리라 비록 더딜지라도 기다리라 지체되지 않고 반드시 응하리라"(합 2:3). 하나님의 묵시가 이루어질 정한 때가 있다고 말합니다. 답변이 주어지는 때도 정해져 있고 그 답변이 성취되는 때도 정해져 있습니다. 이는 누구도 관여할 수 없는 하나님의 절대적인 주권을 강조하는 말입니다. 하나님의 모든 말씀은 반드시 성취되는 하나님의 때가 있고, 그 때가 속히 이를 것이라고 말합니다. 속히 이른다는 것은 긴급한 준비의 필요성을 강조하기 위한 말입니다. 그리고 결코 거짓되지 않을 것이라고 말합니다. 이 묵시는 반드시 이루어질 것이기에 거짓이 아니라 참이라는 것입니다.

성취의 때가 더디다고 느껴질 수도 있다고 말합니다. 그 때에는 기다려야 한다고 말합니다. 다시 믿음의 조상을 보십시오. 그는 75세에 아들을 주신다는 하나님의 약속을 받습니다. 그런데 1년이 지나고 2년이 지나고 10년이 지나고 20년이 지나도 성취의 그림자도 보이지 않습니다. 그래서 이제 100세에 가까운 99세가 되자 낙심하며 낙담을 쏟아냅니다. "아브라함이 이에 하나님께 아뢰되 이스마엘이나 하나님 앞에 살기를 원하나이다"(창 17:18). 약속의 성취를 기다리는 것은 쉽지가 않습니다. 믿음의 조상조차 이렇게 무너지는 모습을 보입니다. 그러나 신실하신 하나님은 반드시 응답해 주십니다. 결국 하나님의 말씀대로 100세에 아들을 얻습니다.

하나님의 말씀에 대해 노아보다 더 오랫동안 인내하며 기다린 사람은 아마도 없을 것입니다. 하나님은 이 땅에 홍수가 있을 것이라는 말씀을 그에게 주셨고 그 말씀이 성취된 것은 말씀이 주어진 이후로 100여 년이 지난 후의 일입니다. 온 인류가 물 속에 생매장 되는 심판은 참으로 끔찍하고 두려운 일입니다. 이러한 심판을 감당하기 위해 노아는 100여 년을 기다려야 했습니다. 그동안 넋을 놓고 시간을 떼운 것이 아닙니다. 홍수의 위기를 대비하기 위해 방주를 제작하는 일에 그 100년을 썼습니다. 무려 100년 동안 기다리는 인내의 사람은 이 세상 그 어디에도 없습니다. 하지만 하나님의 말씀이 반드시 응할 것이라고 믿었던 노아는 자기에게 명령하신 모든 것들을 그대로 실천하며 온전히 순종했습니다. 1,000년이 하루 같고 하루가 1,000년 같은 하나님께 100년은 결코 길지 않습니다. 모세의 고백처럼 밤의 한 순간과도 같습니다.

약속의 성취가 더디다고 느껴질 수 있겠지만 하나님은 분명히 말합니다. "기다리라 지체되지 않고 반드시 응하리라." 일을 행하시고 이루시는 전능하신 하나님의 말씀은 스스로 철회하지 않으시는 이상 성취될 수밖에 없습니다. "만군의 여호와께서 맹세하여 이르시되 내가 생각한 것은 반드시 되며 내가 경영한 것을 반드시 이루리라"(사 14:24). 이러한 말씀을 들은 이사야는 이렇게 말합니다. "그의 손을 펴셨은즉 누가 능히 그것을 돌이키랴"(사 14:27). 이는 하나님의 뜻에 변경을 가할 사람이나 사건이나 상황이 전혀 없다는 말입니다.

하나님은 하박국을 향해 그런 하나님을 믿으라고 말합니다. 이는 의인이 살아가는 삶의 원리가 바로 믿음에 있다는 말입니다. 의인은 하나님이 무서울 정도로 정확한 정의와 공평을 이루시는 창조자와 구원자와 섭리자와 심판자가 되심을 인정하고, 동시에 보이지 않는 하나님의 사랑과 긍휼과 자비와 은혜를 인정하고 신뢰하는 자입니다. 믿음의 삶은 답답하고 절망적인 현실에 코를 박고 사는 것이 아니라 하나님의 약속이 이루어질 미래의 성취를 소망하며 기쁨과 감사 속에서 살아가는 삶입니다. 현실의 고통과 절망이 아니라 미래의 영광과 기쁨이 기준이 된 삶입니다. 이 세상에 하나님의 자비와 긍휼과 공의와 정의가 집행되지 않는 곳은 하나도 없습니다. 사랑과 정의의 하나님은 지금도 이 땅에서 너무나도 많은 일들을 하고 계십니다.

이스라엘 민족의 죄악을 징계하는 수단으로 더 죄악된 바벨론이 쓰임을 받더라도 바벨론의 보다 심각한 죄악을 간과하지 않으시고 반드시 그것에 대해서도 공의를 이루실 것입니다. 바벨론이 술에 취하여 할례 받지 아니한 하체를 드러내고 불탈 것에 수고하고 헛된 일에 피곤하게 되는 것도 신적인 공의의 집행에 속합니다. 그들이 저지른 땅에 대한 강포, 성읍들에 대한 약탈, 거주민에 대한 폭력을 그대로 그들에게 돌려주실 것입니다. 이 세상에 존재하는 모든 인간에게 하나님은 각자에게 합당한 신적 공의를 이루실 것입니다. 다만 피조물 사이에서 때로는 심판의 대상으로, 때로는 심판의 도구로 쓰여지는 관계성은 있습니다. 그러나 어떤 식으로든 결국에는 하나님의 공의가 나타나고 이를 통해 하나님의 영광이 충만하게 될 것입니다.

이제 하나님의 두 가지 답변을 다시 한번 보십시오. 1) 자국 내에서의 불의로서 이스라엘 백성의 강포와 죄악과 변론과 분쟁과 겁탈의 문제에 대한 하나님의 답변은 그가 예비하신 이스라엘 심판의 몽둥이와 막대기, 즉 갈대아의 바벨론 사람들이 있다는 것입니다. 2) 국제적인 분쟁의 폐단, 즉 악한 민족이 그들보다 악한 민족에 의해서 멸망을 당하는 것의 부당함에 대한 하나님의 답변은 의인이 우주적인 공의를 이루시는 하나님을 신뢰하며 살아야 한다는 것입니다. 이러한 하나님의 답변에 대해 감사의 기도와 찬양을 올리면서 이 모든 것들의 결론을 3장 16-19절에 담아 냅니다.

> 16 나는 들었으며 나의 배가 떨렸도다 목소리로 인해 나의 입술은 떨었으며 썩음이 나의 뼈 속으로 들어왔고 나는 나의 저변에서 흔들렸다 나는 그들을 공격하는 백성에게 환난의 때가 임하기를 고대한다(사역)

하박국은 하나님의 놀라운 위엄과 능력과 심판의 내용을 듣고서 놀랍니다. 듣기만 했는데도 배가 떨린다고 말합니다. 배에는 창자가 있고 창자는 존재의 가장 깊은 부위를 뜻합니다. 배의 떨림은 존재의 기반이 흔들릴 정도로 하나님에 대한 큰 두려움과 경외심이 그에게 있음을 말합니다. 입술이 떨렸다고 하는데 이는 하나님의 답변을 듣고 함부로 입을 열지 못한다는 것을 뜻합니다. 하나님의 말씀으로 인해 썩음이 자신의 뼈 속으로 들어오고 있습니다. 자신의 저변에 진동까지 일어나고 있습니다. 배와 입술과 뼈와 지반이 아프고 떨리는 것은 말씀을 대하는 선지자의 경건이 어떠함을 잘 보여주고 있습니다.

우리는 과연 하나님의 말씀을 들을 때, 성경을 펼쳐서 읽을 때 배에 진동이 있습니까? 입술의 언어가 떨립니까? 생명의 말씀 앞에서 썩음이 생명의 근원인 피를 생산하는 뼈를 후비는 것처럼 경외심이 우리의 골수를 후빕니까? 존재를 지탱하는 하체가 후들거려 본 적이 있습니까? 하나님의 말씀을 대하는 태도는 그분을 경외하는 경건의 액면가를 측량하는 리트머스 시험지와 같습니다. 이 세상이 아무리 불의하고 거짓되고 무질서해 보여도 그 배후에는 하나님이 말씀하신 것처럼 그분의 도도한 정의와 풍성한 자비가 동시에 집행되고 있습니다. 바벨론이 이스라엘 심판의 섭리적인 도구로 쓰였지만 그들의 불의는 또 다른 정의의 심판을 반드시 받을 것입니다. 선지자는 그 심판을 기다릴 것이라고 말합니다.

17 비록 무화과가 싹트지 않고 포도나무 열매가 없고 감람나무
소출이 없고 밭이 양식을 생산하지 못하고 우리에 양이 없고
외양간에 소가 없더라도 18 나는 여호와로 말미암아 기뻐 뛰면
서 내 구원의 하나님 때문에 즐거워할 것이로다(사역)

하나님의 공의로운 심판을 깨달은 선지자는 이제 역설적
인 인생을 살겠다고 말합니다. 즉, 무화과가 싹트지 않더라
도, 포도나무 열매와 감람나무 소출과 밭의 양식이 없더라
도, 우리에 양이 없고 외양간에 소가 없더라도, 마땅히 있어
야 할 것들이 없더라도, 자연의 순리마저 자신을 외면할 때
조차 그는 기뻐하며 즐거워할 것이라고 말합니다. 이 땅의
어떠한 부조리와 모순과 부도덕과 불의와 억울함도 선지자
의 감정을 좌우하지 못합니다. 이는 어떠한 두려움도 상쇄
하고 능가하는 즐거움의 출처가 영원히 변하지 않으시는 하
나님 자신이기 때문입니다. 하나님은 지극히 자비롭고 지극
히 정의로운 구원을 이루시는 분입니다. 하나님의 불변적인
속성, 자비로운 언약, 필연적인 구원에 근거한 기쁨과 만족
과 행복은 영원하고 무한하고 불변적인 것일 수밖에 없습니
다. 우리는 어떠한 기쁨과 즐거움을 원합니까? 기쁨과 즐거
움을 위해 무엇을 찾습니까? 하박국이 일평생 하나님 앞에

서 섬기며 깨달은 이 기쁨과 즐거움의 비밀을 믿음으로 말미암아 자신의 것으로 삼으시기 바랍니다.

하나님의 신실한 약속이 성취되기 이전에 우리가 하나님에 대하여 취해야 할 태도는 그분을 전적으로 경외하는 것입니다. 우리의 인생은 늘 광야에 서 있습니다. 어떠한 것도 기대할 수 없고, 아무것도 의지할 수 없는 희망의 불모지에 서 있더라도 하나님을 향한 우리의 경외심은 흔들림이 없어야 합니다. 이스라엘 백성의 부패라는 광야, 그렇게 악한 백성을 심판하는 더 악하고 난폭한 바벨론의 광기라는 불모지에 서 있더라도 하박국이 하나님의 답변에 온 존재의 떨림으로 반응하며 신뢰했던 것처럼 우리도 광야의 인생에서 불순물이 섞이지 않은 여호와 경외를 배우고 소유할 수 있습니다. 죄악 때문에 형벌로 주어진 환난만이 아니라 억울함 속에서 주어지는 환난 속에서도 그 경외심은 흔들리지 않습니다. 이런 자에게는 하나님의 인자가 영원부터 영원까지 이르고 그분의 의로움은 자손 대대로 이를 것입니다(시 103:17).

우리에게 주어지는 모든 환난은 바로 여호와 경외로의 초청장과 같습니다. 야고보의 고백처럼, 온갖 시험을 만나거든 온전히 기쁘게 여기시기 바랍니다. 어떻게 하면 그 경외심의 끝에 이를지를 고민하고 도전하는 의인이 되십시오.

욥은 여호와 경외의 끝을 알도록 초대를 받은 의로운 자입니다. 마귀는 "욥이 까닭 없이 하나님을 경외하"지 않는다는 의견을 제시했고, 하나님은 그렇지 않다는 반론으로 응하셨고, 욥은 이런 문맥에서 시험을 받았으나 하나님을 경외하는 태도를 유지하며 하나님의 이름을 높입니다. 우리가 하나님에 대한 경외심의 끝까지 이르러야 하는 이유는 그 경외심의 놀라운 유익 때문입니다. 먼저 하나님을 경외하는 자에게는 부족함이 없습니다(시34:9). "여호와를 경외하는 것은 생명의 샘이니 사망의 그물에서 [우리를] 벗어나게"(잠 14:27) 만듭니다. "여호와를 경외하는 것은 사람으로 생명에 이르게 하는 것"이며 "경외하는 자는 [하나님의 상을 받아서(잠 13:13)] 족하게 지내고 재앙을 당하지" 않습니다(잠 19:23). 이러한 사실에 근거하여 예레미야 선지자는 하나님을 "경외함이 없는 것은 [당연히] 악이요 고통인 줄 알라"고 당당하게 말합니다(렘 2:19). 그러므로 "여호와를 경외함이 네 보배"라는 이사야의 말은 결코 과장이 아닙니다(사 33:6).

우리 주변에 억울하고 부당하고 부조리한 일들이 일어나고 있습니까? 이스라엘 역사에서 앗수르와 바벨론이 하나님의 회초리로 등장한 것처럼 우리에게 인생의 바벨론과 앗수르는 없습니까? 생각지도 못한 현대판 바벨론과 앗수르가 인기척도 없이 내 인생의 무대에 난입하고 있지는 않습니까? 그들의 등장 없이도 하나님 앞에서 거룩하고 의로운 삶을 사시기 바랍니다. 혹시 자신의 힘으로 절망과 고통의 상황을 바꿀 수 없더라도 걱정하지 마십시오. 이 모든 상황을 능히 정의롭게 풀어 가실 전능하신 하나님의 공의는 누구도 피하거나 저항할 수 없습니다. 설마 우리가 타인의 인생에 앗수르와 바벨론이 되고 있지는 않습니까? 이것은 절대 있어서는 아니될 일입니다.

하박국은 비참한 상황 속에서도 춤을 추었고 기쁨과 즐거움을 누리며 영혼의 웃음을 터뜨린 분입니다. 하나님에 대한 하박국의 이러한 경외심과 즐거움은 예수님의 삶을 보여주는 듯합니다. 예수님은 자신의 생명이 지극히 억울하고 비참하게 끊어지는 십자가 위에서도 "다 이루었다" 하시면서 영혼의 미소를 잃지 않으신 분입니다. 그가 믿고 경외하는 아버지 하나님은 지금도 우리에게 계십니다. 눈에 보이는 가시적인 현상 너머에 도도히 진행되는 하나님의 정의와 자비를 읽으시며 그런 하나님을 경외하는 자가 되시기를 바랍니다.

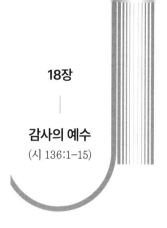

18장

감사의 예수
(시 136:1–15)

1 여호와께 감사하라 그는 선하시며 그 인자함이 영원하기 때문이라 2 신들 중에 뛰어난 하나님께 감사하라 그 인자함이 영원하기 때문이라 3 주들 중에 뛰어난 주께 감사하라 그 인자함이 영원하기 때문이라 4 홀로 큰 기이한 일들을 행하시는 이에게 감사하라 그 인자함이 영원하기 때문이라 5 지혜로 하늘을 지으신 이에게 감사하라 그 인자함이 영원하기 때문이라 6 땅을 물 위에 펴신 이에게 감사하라 그 인자함이 영원하기 때문이라 7 큰 빛들을 지으신 이에게 감사하라 그 인자함이 영원하기 때문이라 8 해로 낮을 주관하게 하신 이에게 감사하라 그 인자함이 영원하기 때문이라 9 달과 별들로 밤을 주관하게 하신 이에게 감사하라 그 인자함이 영원하기 때문이라 10 애굽의 장자를 치

신 이에게 감사하라 그 인자함이 영원하기 때문이라 11 이
스라엘을 그들 중에서 인도하여 내신 이에게 감사하라 그
인자함이 영원하기 때문이라 12 강한 손과 펴신 팔로 인도
하여 내신 이에게 감사하라 그 인자함이 영원하기 때문이
라 13 홍해를 가르신 이에게 감사하라 그 인자함이 영원하
기 때문이라 14 이스라엘을 그 가운데로 통과하게 하신 이
에게 감사하라 그 인자함이 영원하기 때문이라 15 바로와
그의 군대를 홍해에 엎드러뜨리신 이에게 감사하라 그 인
자함이 영원하기 때문이라(사역)

이 시편에는 감사의 합당하고 마땅한 이유들이 열거되어
있습니다. 저는 이 감사의 시편을 통해 감사의 근원 되시
는 예수님을 생각하며 감사의 본질을 살피고 싶습니다. "감
사"(יָדָה)는 하나님을 아는 지식에서 비롯된 인간의 반응, 특
별히 하나님의 자비로운 사랑에 대한 인간의 찬양이며 고백
입니다. 여기에서 인간은 감사의 주체이고 하나님은 감사의
대상이며 그의 사랑은 감사의 근거입니다. 감사는 가장 아
름다운 관계의 얼굴과 같습니다. 나에게 일어난 좋은 일을
주목하며 누리는 자체적인 기쁨과는 달리, 감사는 나에게
일어난 일보다는 그 일의 행위자를 주목하며 누리는 관계적
인 반응이기 때문입니다. 감사는 하늘의 궁전으로 들어가
하나님을 만나는 비결입니다. 일례로, 예수님의 말씀을 듣

고 치유를 받은 나병환자 열 명 중 사마리아 사람만 큰 소리로 하나님께 영광을 돌리며 예수님께 감사를 드림으로 그는 주님과의 인격적인 만남을 갖습니다(눅 17:15-16). 몸의 깨끗함을 얻었으나 감사하지 않은 다른 아홉은 만남이 필요하지 않아 그냥 갔습니다. 다시 병들고 죽을 몸의 일시적인 기쁨에 취해 그 기쁨의 근원이신 주님께 나아가지 않은 그들은 어리석은 자입니다.

감사는 권면이나 부탁이 아닙니다. 명령입니다. 우리가 감사하지 않으면 그것은 하나님의 명령에 순종하지 않는 것입니다. 즉, 감사하지 않음은 죄입니다. 감사는 분명히 강요될 수 없는 마음의 자발적인 작용인데 왜 명령입니까? 하나님은 당신이 원하시는 것을 우리에게 명하십니다. 하나님이 원하시는 것은 무엇이든 참되고 아름답고 선하고 의로운 것입니다. 감사도 여기에서 배제되지 않습니다. 감사가 명령으로 되었다는 것의 의미는 크게 두 가지입니다. 첫째, 하나님의 모든 명령은 복이기 때문에 감사의 명령은 우리에게 반드시 복을 주신다는 의지의 표명입니다. 둘째, 명령이 아니어도 스스로 할 의지와 능력이 있다면 명령하지 않으셨을 텐데 명령하신 것은 하나님께 감사할 의지와 능력이 우리에게 없다는 사실을 가르치고 있습니다. 그리고 본문에서의 감사는 단수형이 아닌 복수형 명령입니다. 이는 하나님께 돌려야

하는 감사가 개인보다 공동체의 감사여야 함을 뜻합니다. 나
병환자 열 명의 경우에도 한 사람만 예수님께 감사를 돌리자
예수님은 그 사람의 단수형 감사로 만족하지 않으시고 나머
지 아홉의 감사하지 않음에 대해 노여움을 보인 적이 있습
니다(눅 17:17). 그래서 우리는 공동체 차원에서 감사를 배우
고 가르치며 서로 권함이 좋습니다. 감사는 하나님께 영광
이고 동시에 하나님께 옳은 행위로서 우리에게 놀라운 구원
의 첩경입니다. "감사로 제사를 드리는 자가 나를 영화롭게
하나니 그의 행위를 옳게 하는 자에게 내가 하나님의 구원
을 보이리라"(시 50:23).

사실 하나님은 완전한 분이시기 때문에 우리에게 어떠한
것도 바라지 않으시고 모든 것을 무상으로 베푸십니다. 이
는 피조물에 불과한 우리가 완전한 창조자 하나님께 무언가
를 보답해 드린다고 해서 그분에게 추가되는 것이 전혀 없기
때문입니다. 그런데도 감사를 명령하는 이유는 우리를 위한
것입니다. 하나님께 영광의 찬송이 되도록 창조된 인간 본
연의 목적은 하나님을 영화롭게 하는 감사를 통해 회복되
기 때문입니다. 감사의 마음을 가진 자에게는 창조의 향기
가 있습니다.

이토록 합당한 감사가 그냥 자발적인 마음의 본성적인 표

출이 아닌 명령의 대상이 되었다는 것은 참으로 안타까운 일입니다. 태초부터 인간은 하나님께 감사하는 것이 마땅하나 죄 때문에 숙제나 강제의 차원으로 바뀐 것입니다. 강요에 의해 하나님께 감사를 드린다면 그것은 진정한 감사가 아닙니다. 진정한 감사가 되려면 하나님께 감사할 이유를 분명히 인식해야 합니다. 그 인식이 마음에 감동을 일으키고 감사의 입술을 열고 감사의 삶을 가능하게 만듭니다. 시편 136편은 유대인의 삼대 절기인 유월절과 맥추절과 초막절의 공적인 예배에서 사용된 전형적인 감사의 시입니다. 여기에서 시인은 하나님께 드리는 감사의 다양한 이유들을 말합니다. 이것들을 살펴보면, 바울이 왜 감사는 범사에 드려야 한다고 했는지를 이해할 수 있습니다.

시인이 제시하는 감사의 이유는 크게 하나님의 성품과 하나님의 일들로 나뉩니다. 하나님의 일들은 일반적인 은총과 특별한 은총으로 구분될 수 있습니다. 일반적인 은총은 자연과 관계하고 특별한 은총은 인간의 구원을 뜻하는 말입니다.

1 여호와께 감사하라 그는 선하시며 그 인자함이 영원하기 때문이라(사역)

우리가 감사를 하나님께 드리는 이유는 그가 선하시고 그의 자비로운 사랑이 영원하기 때문입니다. 하나님은 선하고 자비로운 분입니다. 어떠한 행위로 말미암아 선하게 되신 분이 아닙니다. 하나님은 완전한 선 자체이기 때문에 선을 더하거나 빼는 것이 가능하지 않습니다. 그는 선 자체이고 모든 파생적인 선들의 원천이며 당연히 존재하는 모든 선들 중에서도 최고의 선입니다. 선하고 자비로운 하나님은 악을 선으로 바꾸시고 선으로 악을 이기시며 악한 우리에게 값없는 용서의 선을 베푸시는 분입니다. 우리의 창조자와 주인과 통치자와 심판자가 선한 분이라는 것은 가장 강력하고 우선적인 감사의 조건 아닙니까? 한 가정의 가장이 악하고 폭력적인 자라면 가정은 감사가 발 디딜 틈도 없는 분노와 증오의 지옥일 것입니다. 악하고 무자비한 사장이 있는 회사도 지옥을 방불할 것입니다. 악하고 잔인한 교사가 있는 초중고 학교의 학생들과 부모들은 얼마나 근심이 크겠습니까 악하고 잔인한 목회자가 있는 교회는 성도에게 얼마나 큰 불행입니까? 한 나라의 대통령이 악하고 무자비한 분이라면 그 자체가 국민 전체에게 얼마나 끔찍한 국가적 재앙입니까! 이러한 기관들과 규모가 완전히 다른 하늘과 땅의 모든 권세를 가지시고 온 천하와 만민과 만물과 역사를 주관하는 하나님이 선하고 자비로운 분이라는 사실이야말로 가장 놀라운 감사의 이유가 아닐 수 없습니다.

2 신들 중에 뛰어난 하나님께 감사하라 그 인자함이 영원하기 때문이라 3 주들 중에 뛰어난 주께 감사하라 그 인자함이 영원하기 때문이라(사역)

하나님이 선한 분이지만 열등하고 무능하고 무지한 분이라면 그의 백성 된 우리는 늘 불안할 것입니다. 그런데 하나님은 신들 중의 신입니다. 최고의 신이며 가장 위대하고 가장 우월하고 가장 유능하고 가장 유식하고 가장 지혜로운 분입니다. 모든 신들 중에서 이처럼 지극히 위대한 분이 선하시고 영원한 자비와 사랑을 우리에게 베푸시는 분이라는 것은 상상할 수 없는 감사의 원천입니다. 이는 비록 악하고 무자비한 신들이 있더라도 걱정할 필요가 없는 근거입니다. 나의 부모님이, 나의 선생님이, 나의 사장님이, 나의 대통령이 악하고 잔인한 분이라 할지라도 감사가 소멸되지 않는 이유는 하나님이 비교할 수 없을 정도로 그들보다 더 능하신 분이기 때문입니다. 주변의 강대국이 우리에게 적대적인 태도를 취하며 정복의 위협을 가한다 할지라도 두려워할 필요가 없습니다. "자녀들아 너희는 하나님께 속하였고 또 그들을 이겼나니 이는 너희 안에 계신 이가 세상에 있는 자보다 크심이라"(요일 4:4). 우리가 하나님께 속하였고 하나님이 우리 안에 계신다는 것은 참으로 놀라운 일입니다. 신들 중의 신이시고 주들 중의 주이시며 왕들 중의 왕이신 하나님이 우리와 함께 계시기에 음부의 권세가 우리를 이기지 못하며(마 16:18), 그분이 우리를 지키시기 때문에 악한 자가 만지지도 못하며(요일 5:18), 머리털의 수효도 다 세시는(마 10:20) 하나님이 지키시기 때문에 우리의 머리털 하나도 상하지 않는다(눅 21:18)고 성경은 분명히 말합니다.

> 4 홀로 큰 기이한 일들을 행하시는 이에게 감사하라 그 인자함
> 이 영원하기 때문이라(사역)

하나님은 홀로 크고 "기이한"(פָּלָא) 일들, 즉 인간이 행할 수 없고 관여할 수 없고 인지할 수 없고 측량할 수 없고 헤아릴 수 없는 크고 기이한 일들을 홀로 행하십니다. 하나님은 너무도 위대하고 기이한 일들을 행하시는 분이지만 증인이 없는 이유는 "홀로"(בַּד) 행하시기 때문입니다. 증인이 없다고 행하지 않으시는 것이 아닌 이유는 욥의 고백에 잘 언급되어 있습니다. "그가 내 앞으로 지나시나 내가 보지 못하며 그가 내 앞에서 움직이나 내가 깨닫지 못하도다"(욥 9:8). 하나님은 자신을 드러내지 않으시고 스스로 감추시는 방식으로 모든 일들을 행하시는 분입니다. 그래서 인간은 하나님의 모든 기이한 일들을 알지 못합니다. 전도자의 솔직한 고백을 들어 보십시오. "내가 하나님의 모든 행사를 살펴 보니 해 아래에서 행해지는 일을 사람이 능히 알아낼 수 없도

다"(전 8:17). 하나님의 존재와 일하심이 보이지 않고 알아낼 수 없다 해서 하나님이 없다고 말하는 자들은 시인이 꼬집어 지적한 것처럼 어리석은 자입니다(시 14:1).

모세는 이 세상은 보이는 것들과 보이지 않는 것들로 구성되어 있다고 말합니다. "감추어진 일은 우리 하나님 여호와께 속했으나 나타난 일은 영원히 우리와 우리 자손에게 속했나니 이는 우리에게 이 율법의 모든 말씀을 행하게 하심이라"(신 29:29). 보이는 것만을 전부로 여기는 사람은 이 세상의 절반을 무시하는 어리석은 자입니다. 어쩌면 보이는 세계보다 보이지 않는 세계가 더 넓고 실제일 가능성도 있습니다. 두 세계의 관계성에 대한 히브리서 기록자의 말입니다. "믿음으로 모든 세계가 하나님의 말씀으로 지어진 줄을 우리가 아나니 보이는 것은 나타난 것으로 말미암아 된 것이 아니니라"(히 11:3). 이는 비록 목격자가 없지만 모든 나타난 것들이 다 하나님이 보이지 않는 말씀으로 행하신 일이라는 말입니다. 보이는 세계는 보이지 않는 세계에 기초하고 있습니다. 그러므로 우리는 나타난 것과 나타나지 않은 것을 모두 알아야 하고 그 둘의 관계성도 이해해야 합니다. 만약 우리가 보이지 않는 것을 알지 못한다면 보이는 것에 대한 지식도 껍데기에 불과할 것입니다. 본질이 빠진 현상에 대한 이미지만 소유한 지식으로 무엇을 알았다고 할 수 있고 무엇을 행할 수 있겠습니까?

> 5 지혜로 하늘을 지으신 이에게 감사하라 그 인자함이 영원하
> 기 때문이라 6 땅을 물 위에 펴신 이에게 감사하라 그 인자함
> 이 영원하기 때문이라 7 큰 빛들을 지으신 이에게 감사하라 그
> 인자함이 영원하기 때문이라(사역)

하나님이 홀로 행하신, 우리가 감사해야 할 크고 기이한 일들은 실로 다양합니다. 그분은 지혜로 하늘을 지으셨고 땅을 물 위에 펴셨으며 큰 빛들을 만드신 분입니다. 하늘과 땅과 빛들은 모두 하나님의 자비로운 사랑을 뚜렷하게 보여주는 물증입니다. 그래서 다윗은 그것을 분명히 관찰하고 이렇게 말합니다. "하늘이 하나님의 영광을 선포하고 궁창이 그의 손으로 하신 일을 나타내는도다"(시 19:1). 믿음의 눈으로 보이지 않는 원인을 분명히 아는 자들은 하나님의 영광과 손을 하늘과 땅에서 관찰하고 감격하며 그분께 감사를 돌립니다. 우리도 믿음의 눈을 열어 하늘과 땅의 모든 것들에서 창조자의 지문을 채취해야 합니다. 어려운 일이 아닙니다. "창조의 때로부터 그의 보이지 아니하는 것들 곧 그의 영원하신 능력과 신성이 그가 만드신 만물에 분명히 보여 알게 되었나니"(롬 1:20). 믿음의 눈으로 본다면 자연에 찍힌 창조자의 지문이 너무도 뚜렷하게 보일 것입니다. 피조물

안에 분명히 알려진 하나님의 영원하신 능력과 신성 중 시인은 하나님의 자비로운 사랑을 주목합니다. 하나님이 하늘을 지혜로 만드시고 땅을 물 위에 펼치신 이유는 그분의 인자에 있습니다. 하늘과 땅은 하나님의 사랑이 빈틈 없이 빼곡하게 쓰여진 편지지와 같습니다.

> 8 해로 낮을 주관하게 하신 이에게 감사하라 그 인자함이 영원하기 때문이라 9 달과 별들로 밤을 주관하게 하신 이에게 감사하라 그 인자함이 영원하기 때문이라(사역)

해가 낮을 주관하고 달과 별들이 밤을 주관하는 일은 모든 사람들의 눈에 너무도 친숙합니다. 늘 반복되고 모두가 관찰하는 보편적인 현상이기 때문입니다. 그러나 시인은 해가 낮을, 달과 별들이 밤을 주관하는 것은 해와 달과 별들의 의지와 능력에 의한 것이 아니라 하나님의 영원한 인자하심 때문에 빚어진 결과라고 말합니다.

> 10 애굽의 장자를 치신 이에게 감사하라 그 인자함이 영원하기 때문이라 11 이스라엘을 그들 중에서 인도하여 내신 이에게 감사하라 그 인자함이 영원하기 때문이라 12 강한 손과 펴신 팔로 인도하여 내신 이에게 감사하라 그 인자함이 영원하기 때문이라 13 홍해를 가르신 이에게 감사하라 그 인자함이 영원하기

때문이라 14 이스라엘을 그 가운데로 통과하게 하신 이에게 감

사하라 그 인자함이 영원하기 때문이라 15 바로와 그의 군대

를 홍해에 엎드러뜨리신 이에게 감사하라 그 인자함이 영원하

기 때문이라(사역)

이제 시인은 하나님이 이루신 놀라운 구원에 대해 노래

하고 감사합니다. 애굽의 장자를 치고, 이스라엘 민족을 그

들 중에서 인도하고, 강한 손과 펴신 팔로 이끌고, 홍해를

가르고, 그 백성으로 하여금 그 가운데로 통과하게 하고, 바

로와 그의 군대를 홍해에 수장시킨 것에 대해 하나님을 찬

양합니다. 이 모든 일들은 하나님의 인자하심 때문에 이루

어진 일들입니다. 이 구원의 역사에서 인간이 행한 것은 하

나도 없기 때문에 크고 기이하며, 이 구원의 실체는 더더욱

크고 기이합니다. 유한한 인간이 영원한 생명을 소유하고,

이 땅에서 태어난 육신의 아들이 하나님의 아들이 되고, 고

통과 슬픔이 가득한 이곳에서 살지만 천국의 평화와 기쁨을

누리는 것이 구원의 실체이기 때문입니다.

무엇이 참된 실체입니까? 이 세상은 마치 시드는 꽃이나

마르는 풀과 같지만 하나님의 말씀은 영원합니다. 일시적

인 세상이 실체입니까? 아니면 영원히 변하지 않는 하나님

의 말씀이 실체입니까? 하나님의 말씀이 우리 가운데 거하

시며 우리에게 영원한 생명을 주는 것보다 더 확실한 실체가 과연 무엇입니까? 우리는 이 실체에 근거하여 감사해야 합니다. 자연을 누리는 사람들은 무덤에 들어갈 때까지만 감사하면 되지만, 영원한 생명의 소유자는 영원히 하나님께 감사해야 합니다. "우리가 항상 너희에 관하여 마땅히 하나님께 감사할 것은 하나님이 처음부터 너희를 택하사 성령의 거룩하게 하심과 진리를 믿음으로 구원을 받게 하심이라"(살후 2:13). 바울은 자신의 구원만이 아니라 타인의 구원 때문에 항상 하나님께 감사를 드립니다. 우리는 언제 하나님께 감사를 돌립니까? 우리가 하나님께 항상 감사하는 이유는 무엇입니까? 구원입니다. 자연을 주신 것은 구원의 맛보기일 뿐입니다. 자연에 대한 감사는 구원에 대한 감사의 예고편에 불과한 것입니다. 우리가 영원한 생명을 얻고 하나님의 자녀가 되는 구원을 받았다면 영원토록 항상 범사에 하나님께 감사함이 마땅할 것입니다.

이상에서 우리는 감사의 긍정적인 이유들을 생각해 봤습니다. 그러나 우리에게 감사의 이유가 아닌 듯한 것에 대해서도 우리는 감사해야 합니다. 바울은 평생 사탄의 가시를 몸에 지녔지만, 그것은 자만과 교만의 고삐를 죄는 제어장치 기능을 수행하는 것입니다. 바울은 사도들 중에서 누구보다 더 많이 수고했고 누구보다 죽을 뻔한 적도 더 많습니다. 순교적인 자세로 생명을 아끼지 않고 복음을 증거하다 질병이 생기고 건강이 무너진 것인데도 하나님은 고쳐주지 않으셔서 병 낫기를 위해 세 번의 기도를 드렸으나 돌아온 하나님의 응답에는 야속한 냉기만 흐릅니다. "내 은혜가 네게 족하도다 이는 내 능력이 약한 데서 온전하여 짐이라"(고후 12:9). 저였다면 하나님께 사표를 제출하고 사도직을 접었을 텐데 바울의 반응은 참 다릅니다. "그러므로 도리어 크게 기뻐하며 나의 여러 약한 것들에 대하여 자랑을 하리니 이는 그리스도의 능력이 내게 머물게 하려 함이니라"(고후 12:9). 하나님이 정하신 약함을 바울은 큰 기쁨과 자랑의 대상으로 삼습니다.

다윗은 하나님의 성전을 건축하기 위해 30년의 인생을 바쳐 준비해 왔습니다. 하나님은 나단 선지자를 통해 다윗에게 모든 소원을 행하라는 말씀을 전합니다. "나단이 다윗에게 아뢰되 하나님이 왕과 함께 계시니 마음에 있는 바를 모두 행하소서"(대상 17:2). 그러나 단 하나의 예외가 있었으니, 그것은 다윗에게 하나님의 성전 건축은 금한다는 것입니다. "가서 내 종 다윗에게 말하기를 여호와의 말씀이 너는 내가 거할 집을 건축하지 말라"(대상 17:4). 30년의 준비가 물거품이 되는 허탈함과 서운함이 다윗의 마음에 썰물처럼 밀려왔을 것입니다. 이에 하나님은 다윗의 혈통에서 영원한 왕조가 나올 것이라고 하십니다. 이 약속에 대한 다윗의 반응을 보십시오. "여호와여 우리 귀로 들은 대로는 주와 같은 이가 없고 주 외에는 하나님이 없나이다"(대상 17:20). 다윗은 물리적인 성전을 건축하는 소원을 이루지 못했지만 여호와 자신을 누구보다 더 사모한 분입니다.

모세는 40년간 이스라엘 백성을 광야에서 인도한 분입니다. 무수히 많은 불평과 원망을 날마다 받으며 이를 악물고 버텨 왔기에 세월의 풍상이 대단했을 것입니다. 참고 또 참다가 딱 한번 감정이 폭발하여 백성에게 분노를 표출하고 말았습니다. 이것에 대한 하나님의 평가는 너무도 가혹해 보입니다. "너희가 나를 믿지 아니하고 이스라엘 자손의 목전에서 내 거룩함을 나타내지 아니한 고로 너희는 이 회중을 내가 그들에게 준 땅으로 인도하여 들이지 못하리라"(민 20:12). 이는 모세와 아론이 하나님을 믿지 않았다는 뜻입니다. 그래서 약속의 땅으로 들어가지 못한다는 판결이 내려진 것입니다. 이에 모세는 하나님께 기도를 드립니다. "구하오니 나를 건너가게 하사 요단 저쪽에 있는 아름다운 땅, 아름다운 산과 레바논을 보게 하옵소서"(신 3:25). 이에 하나님은 겨울처럼 차가운 반응을 보입니다. "그만해도 족하니 이 일로 다시 내게 말하지 말라"(신 3:26). 약속의 땅에 들어가기 위해 최고의 공로를 쌓은 모세가 배제되는 것은 납득하기 어려운 일입니다. 저 같았으면 하나님께 두 팔을 걷어붙이고 따졌을 것입니다. 그러나 모세는 다른 태도를 취합니다. 하나님의 명령을 수용하고 가나안에 들어가지 않습니다. 이에 성경은 그의 온유함이 지면 위에서 승했다고 말합니다(민 12:3). "온유한 자는 복이 있나니 그들이 땅을 기업으로 받을 것임이요"(마 5:5). 모세는 비록 물리적인 약속의 땅으로 들어가지 못했으나 지면에서 가장 온유했기에 최고의 땅을 기업으로 받았을 것입니다. 감사한 일 아닙니까?

이처럼 가지 못한 것, 회복하지 못한 것, 이루지 못한 것은 불평과 원망의 이유가 아니라 오히려 감사의 이유가 될 수 있습니다. 없어서 감사하고 성취되지 않아서 감사하고 가보지 못해서 감사하는 자가 되십시오. 근심과 걱정을 유발하는 부정적인 일들이 발생해도 감사해야 하는 이유에 대해, 바울은 그것들이 우리에게 간절함을 유발하고 진리를 궁구하게 만들고 의로운 분노를 일으키고 하나님을 경외하게 만들고 게으름을 제거하고 열정에 기름을 부었다고 말합니다(고후 7:11). 혹시 우리의 건강에, 우리의 사업에, 우리의 관계에, 우리의 환경에 어려움이 닥친다면 슬퍼하고 불평하고 원망하지 말고 하나님의 뜻대로 하게 된 근심은 아닌지를 믿음의 눈으로 살피시기 바랍니다.

하나님은 모든 것이 협력하여 선을 이루게 하시되 악도 선으로 바꾸시는 선하신 분입니다. 이 땅에서 일어나는 모든 일들의 배후에는 보이지 않는 하나님의 말씀이 주관하고 있으며 그 말씀의 주어이신 하나님은 지극히 선하신 분이시며 우리에게 늘 자비로운 사랑을 베풀어 주십니다. 그러므로 우리는 범사에 항상 하나님께 감사를 드리는 것이 마땅합니다. 믿음 이후에 우리를 돌보시는 사후적인 사랑만이 아니라 우리가 아직 죄인일 때에 독생자 예수의 생명으로 우리의 죄를 사하시고 하나님의 자녀로 삼으시고 영원한 생명을 주신 선제적인 사랑으로 말미암아 하나님께 영원히 감사를 드리는 것은 더더욱 마땅할 것입니다. 예수님은 우리에게 새로운 신분과 새로운 생명과 새로운 인생을 주신 감사의 근원이 되십니다. 그리스도 예수로 말미암아 항상 감사한 바울처럼 우리도 범사에 항상 영원토록 감사를 드립시다.

19장

믿음의 예수
(시 21:1-7)

1 여호와여 왕이 주의 힘으로 말미암아 기뻐하며 주의 구원으로 말미암아 크게 즐거워 하리이다 2 그의 마음의 소원을 들어 주셨으며 그의 입술의 요구를 거절하지 아니하셨나이다(셀라) 3 주의 아름다운 복으로 그를 영접하시고 순금 관을 그의 머리에 씌우셨나이다 4 그가 생명을 구하매 주께서 그에게 주셨으니 곧 영원한 장수로소이다 5 주의 구원이 그의 영광을 크게 하시고 존귀와 위엄을 그에게 입히시나이다 6 그가 영원토록 지극한 복을 받게 하시며 주 앞에서 기쁘고 즐겁게 하시나이다 7 왕이 여호와를 의지하오니 지존하신 이의 인자함으로 흔들리지 아니하리이다

저는 시편 21편을 통해 왕이 가진 신앙을 생각하고 싶습니다. 이 시편에 등장하는 "왕"은 다윗을 가리키는 말이지만 그가 상징하는 그리스도 예수로 보아도 무방할 것입니다. 나아가 우리는 비록 제도적인 왕은 아니지만 예수님의 구원으로 하나님의 자녀가 되었고 왕 같은 제사장이 되어 왕 노릇을 하는 자입니다. 그래서 이 시편에서 예수님과 우리를 왕으로 인식하며 최고의 존엄이 가진 신앙을 읽어내고 우리의 것으로 삼을 수 있기를 바랍니다.

지금은 교회에 기호의 대대적인 수술이 필요한 때입니다. 세상의 허무한 것을 추구하는 옛 사람의 기호는 중생 이후에도 교회에서 기승을 부립니다. 본문은 이 세상 사람들이 추구하고 선망하는 최고의 신분을 가진 왕의 신앙 이야기를 나눕니다. 땅의 모든 기호가 수렴되는 왕은 자신의 신앙을 통해 그 모든 것들이 얼마나 헛되고 무익한 것임을 우리에게 교훈하고 있습니다. 하나님을 바라보는 그의 신앙을 통해 우리에게 세속적인 기호의 영적 갱신을 촉구하는 듯합니다.

시편 21편은 다윗의 시입니다. 그는 '나'라는 대명사가 아니라 "왕"이라는 명사를 써서 3인칭을 대하듯 자신과 글 사이에 다소 객관적인 거리를 만듭니다. "왕"은 다중적인 의미를 가졌는데, 1) 예수라는 궁극적인 의미 외에도, 2) 모든 권력과 부귀와 영화를 소유하고 누리는 최고의 권력자, 3) 인간 다윗 자신, 4) 하나님이 아니라 자신이 자신에게 왕이 된 모든 인간, 그리고 5) 왕 같은 성도를 가리키는 말입니다. 제가 보기에 "왕"이라는 말은 이 모든 의미의 겹들을 다 포함하고 있습니다. 이 시편을 읽으면서 우리는 예수를 만나고, 절대적인 권력의 실상을 만나고, 자연인 다윗을 만나고, 세상의 모든 사람을 만나고, 또한 나 자신도 만납니다. 여기에선 하늘과 땅의 모든 권세를 가지신 예수를 의식하며 절대적인 권력과 부귀의 소유자인 왕의 신앙에 초점을 맞출 것입니다. 시인은 우리에게 왕의 신앙은 어떤 것인지를 다양한 측면에서 설명하고 있습니다.

첫 번째로 왕은 주님의 힘과 구원으로 말미암아 기뻐하는 신앙을 가지고 있습니다. 왕이라는 사람은 절대적인 권력과 막강한 힘을 소유하고 사용하는 자입니다. 대부분의 사람들은 왕을 부러움의 대상으로 삼습니다. 그래서 보다 큰 권력을 소유하고 보다 강력한 힘의 소유자가 되려고 피땀이 이마에서 마를 날이 없습니다. 그런 권력과 힘을 얻으려고 거짓과 불법과 불의도 불사하는 분들도 많습니다. 그런데 이 시편은 우리에게 말합니다. 왕은 비록 이 세상에서 마지막 단계의 힘인 왕권을 가졌지만 그것을 기쁨의 대상으로 여기지 않는다는 것, 그것으로 인해 기쁨을 얻지도 못한다는 것입니다.

이 세상에서 누리는 기쁨은 대체로 상대적인 것입니다. 돈이나 권력이나 지위나 신분이나 업적을 생각해 보십시오. 그 자체로 만족을 주는 것들이 아닙니다. 이전보다 돈이 많아지면, 이전보다 권력이 커지면, 이전보다 지위가 높아지면, 이전보다 신분이 개선되면, 이전보다 업적이 하나 늘어나면 비로소 기쁨을 얻습니다. 비교급에 의한 기쁨은 진정한 기쁨이 아닙니다. 상대적인 박탈감 혹은 위화감과 같은 감정도 비교급에 근거한 것입니다. 비교가 자주 우리를 조용하게 속입니다. 때로는 우리를 폭력적인 사람으로, 때로는 분노와 질투의 화신으로 만듭니다. 그러나 왕을 보십시오. 그의 권력은 그보다 더 높아질 수 없는 힘입니다. 조선시대 왕의 경우만 보더라도 사법권과 행정권과 입법권, 즉 삼권을 장악하고 있습니다. 심판, 형벌, 사면의 권한도 전적으로 왕의 손아귀에 있습니다. 백성과 대신들의 생명과 죽음을 결정하는 생사 여탈권도 그에게 있습니다. 이보다 더 막대한 힘은 없을 것입니다. 그런 왕의 자리, 비교급의 기쁨이 완전히 사라진 자리에서 왕은 진정한 기쁨이 오직 하나님의 힘에 있다고 말합니다. 이러한 왕의 신앙에 의해 비교급이 주는 기쁨에 길들여진 우리 자신을 돌아보고 진정한 기쁨이 하나님께 있음을 깨달아야 할 것입니다.

두 번째, 왕은 주의 구원을 커다란 즐거움의 대상으로 삼습니다. 사실 왕은 자유로운 자입니다. 누구도 그의 자유를 박탈할 수 없습니다. 그의 수족을 결박할 수 없습니다. 왕은 어떠한 구원이 필요한 신분이 아닙니다. 경제적인 궁핍도 없고 정치적인 주눅도 없고 사회적인 눈치도 없습니다. 그런데도 하나님의 구원을 필요로 하고 그 구원으로 말미암아 비로소 즐거움을 얻습니다. 하지만 많은 사람들은 쪼들린 인생에서 벗어난 왕의 완전한 해방과 자유를 흠모하고 있습니다. 왕의 신앙이 우리에게 주는 도전은, 이 땅에서는 최고의 자유를 행사하는 왕이라도 여전히 죄라는 감옥에 수감된 죄수에 불과하며 하나님의 구원이 없으면 자유롭지 않다는 것입니다. 죄와 사망과 저주와 어둠과 마귀의 권세에서 자유롭게 되는 구원 말입니다. 이러한 자유는 왕이라도 스스로 가질 수 없습니다. 최고의 자유를 가진 왕도 여전히 구원이 필요한, 지극히 연약한 인간일 뿐입니다.

그러니 굳이 이 세상에서 왕이 되려고 할 필요가 없습니다. 바울은 왕이 가진 최고의 자유를 흠모하지 않는 듯합니다. "오직 성령이 각 성에서 내게 증언하여 결박과 환난이 나를 기다린다 하시나 내가 달려갈 길과 주 예수께 받은 사명 곧 하나님의 은혜의 복음을 증언하는 일을 마치려 함에는 나의 생명조차 조금도 귀한 것으로 여기지 않노라"(행

20:23-24). 그는 물리적인 결박에서 벗어나는 자유보다 우리의 영혼을 자유롭게 하는 복음의 증거를 더 흠모한 자입니다.

> 2 그의 마음의 소원을 들어 주셨으며 그의 입술의 요구를 거절하지 아니하셨나이다(셀라)

세 번째, 왕은 자기가 원하는 것을 다 가질 수 있고 바라는 것을 다 이룰 수 있으며 원하는 곳에 언제든지 갈 수 있습니다. 그런데도 왕의 마음에는 스스로 성취할 수 없고 오직 하나님만 들어 주실 수 있는 소원이 있다고 말합니다. 이는 왕으로서 이 세상의 모든 소원을 다 성취해도 인간은 여전히 해소되지 않는 마음의 갈증을 가지고 있다는 뜻입니다. 물론 하나님은 시인의 노래처럼 모든 생물의 일반적인 소원도 성취해 주십니다. "모든 사람의 눈이 주를 기다리고 주는 때를 따라 그들에게 먹을 것을 주십니다 당신의 손을 펴시고 모든 생물의 소원을 만족하게 하십니다"(시 145:15-16). 그러나 시편에 기록된 왕의 소원은 이러한 소원이 아닐 것입니다. 이 땅에서의 소원은 왕 자신도 스스로 이룰 수 있기 때문에 하나님이 들으신 것이라면 이 땅의 소원이 아닐 것입니다.

하늘의 것이든 땅의 것이든, 마음의 소원이 성취되지 않으면 큰 슬픔에 빠지고 성취되면 큰 기쁨을 얻습니다. 지혜자는 이렇게 말합니다. "소망이 더디게 성취되면 그것이 마음을 상하게 하거니와 소원이 성취되는 것은 곧 생명 나무니라"(잠 13:12). 그렇다면 어떠한 소원을 품으면 하나님에 의해 성취되고 마음이 상하지 않을 수 있을까요? 하나님은 그를 경외하는 자의 소원(시 145:19), 그를 기뻐하는 자의 소원(시 37:4), 겸손한 자의 소원(시 10:17), 의로운 자의 소원(벧전 3:12)을 들으시는 분입니다. 바울은 우리가 욕구해야 하는 소원, 마땅히 추구해야 하는 소원은 성령의 열매라고 말합니다. 즉, "사랑과 희락과 화평과 오래 참음과 자비와 양선과 충성과 온유와 절제"라는 소원을 가슴에 품으시기 바랍니다. 이 소원들은 사람이 스스로 이루는 것이 아니라 성령께서 이루시는 것이고 다 이루어 주실 것입니다. 그러면 우리의 영혼은 생기가 돋아날 것입니다. 매 순간 이러한 소원을 가슴에 품으면 매 순간 이루어질 것이고 그러면 우리의 영혼에는 먹구름이 낄 시간이 없을 것입니다. 늘 밝은 햇살이 수북이 쌓일 것입니다. 왕의 소원을 통해 우리는 영혼의 생기와 밝은 행복을 위해 소원의 관리가 필요함을 배웁니다. 성령의 열매가 아닌 다른 소원을 품는다는 것은 그 자체로 실망과 슬픔의 준비일 가능성이 높습니다.

3 주의 아름다운 복으로 그를 영접하시고 순금 관을 그의 머리에 씌우셨나이다

네 번째, 왕은 하늘의 아름다운 복으로 영접해 주시는 하나님을 노래하고 있습니다. 왕은 언제든지 어디든지 행차만 하면 구름 떼 같은 군중들이 그에게로 몰려 들어 환대의 손을 뻗으며 영접하고 싶어하는 분입니다. 신문사와 방송사 기자들이 달려 와 플래시를 터뜨리고 인터뷰를 따려고 치열하게 경쟁하는 장면이 눈에 선합니다. 왕이 SNS 활동을 한다면 '좋아요, 구독, 조회수, 댓글' 세례를 한 몸에 받을 것입니다. 모든 사람에게 선망의 대상인 왕은 환영과 영접에 이골이 났을 터인데도 하나님의 영접을 노래하는 이유는 어디에 있을까요? 인간은 신이 받아주지 않으면 영혼 깊은 곳에서 박탈감을 느낍니다. 아무리 많은 사람들이 악수를 하고 사인을 받으려고 북적대며 운집하면 할수록 더 큰 공허함을 느낄 뿐입니다. 그런데도 대부분의 사람들은 자신을 주목하지 않고 자신에게 눈길을 보내는 사람들이 없어 외로움을 느끼고 우울증을 겪습니다. 물론 사람들은 사회적인 존재이기 때문에 홀로 고립되어 있으면 반드시 정서적인 문제가 생깁니다. 인격과 인격의 만남을 먹고 마시지 않으면 영혼은 메마르고 건조해질 수밖에 없습니다. 서로를 맞이하는 것은 인간의 사회에 필수적인 것입니다. 그러나 하나님이 우리를

맞이해 주시는 것을 대신할 이 땅에서의 영접은 없습니다.

다섯 번째, 시인은 하나님께서 왕의 머리에 순금 면류관을 씌워 주셨다고 고백합니다. 왕은 이 세상의 면류관을 가진 자입니다. 이 땅에서 최고의 영광이 그의 머리를 장식하고 있습니다. 사람들은 자신의 머리도 그런 영광으로 장식하고 싶어 합니다. 자기가 속한 분야에서 노벨상의 영광을 누리고 싶어 합니다. 그래서 정계나 재계나 예능계나 학계나 종교계의 왕관을 취하려고 곳곳에서 추악한 쟁탈전을 벌입니다. 이 모든 왕관들의 끝에는 왕의 면류관이 있습니다. 사람들의 욕망은 결국 그 면류관을 노립니다. 그 왕관을 쓰면 벗으려고 하지 않습니다. 왕관의 욕망을 무덤까지 가지고 들어가는 종신형 왕들이 이 세상에 대단히 많습니다. 그것을 뺏길지도 모른다는 두려움 속에서 불안정한 인생을 보냅니다. 그런데 다윗 왕은 이 땅에서 주어지는 최고의 영광보다 하나님이 친히 씌워 주시는 순금 면류관을 노래하고 있습니다. 이러한 왕의 신앙을 통해, 우리는 이 세상 모든 분야들의 정상에 이르는 것이 헛되다는 사실을 배웁니다. 바울의 표현을 빌리자면, 이 땅에서의 모든 왕관은 "쇠하여 질 면류관"(φθαρτὸν στέφανον)일 뿐입니다(고전 9:25).

왕에게 씌워 주신 하나님의 면류관은 어떤 것일까요? 다윗 자신은 그것을 "인자와 긍휼"의 관이라고 말합니다(시 103:4). 피조물에 불과한 인간을 창조주의 곁으로 떠밀어 그 분보다 조금 못하게 만드는 "영광과 존귀"의 관이라고 말합니다(시 8:5). 야고보와 요한은 그 면류관을 "생명의 관"이라고 말합니다(약 1:12, 계 2:10). 바울은 하나님이 주시는 이 관을 "의의 면류관"(딤후 4:8) 혹은 썩지 아니하는 승리자의 관이라고 말합니다. 이것은 사람이 스스로 혹은 타인에 의해 얻게 되는 면류관이 아닙니다. 사람들의 의지를 따라 씌워진 왕관이 아닌 하나님에 의해 주어진 왕관을 써야 진정한 왕입니다. 왕의 신앙은 우리에게 이러한 사실을 교훈하고 있습니다.

하나님이 베푸시는 영광의 면류관을 받아 누리는 비결은 있을까요? 있습니다. 그 비결은 예수님이 보여주신 것입니다. "만일 하나님이 그로 말미암아 영광을 받으시면 하나님도 자기로 말미암아 그에게 영광을 주시리니 곧 주시리라"(요 13:32). 즉, 하나님의 영광을 받아 누리는 비결은 우리가 하나님께 영광을 돌리는 것입니다. 하나님께 영광을 돌리는 구체적인 방법이 있습니까? 그것도 예수님을 통해 확인할 수 있습니다. "아버지께서 내게 하라고 주신 일을 내가 이루어 아버지를 이 세상에서 영화롭게 했사오니"(요 17:4). 즉, 영광을 돌리는 방법은 우리에게 주어진 하나님의 일을 수행하는 것입니다. 우리에게 주어진 일은 항상 기뻐하고 범사에 감사하고 매 순간마다 하나님께 기도하는 것입니다(살전 5:16-18). 그러한 삶을 통해 때를 얻든지 못 얻든지 온 천하에 다니며 만민에게 복음을 전파하는 것입니다. 한 영혼도 상실하지 않고 다 구원하는 것입니다. 우리는 왕 같은 제사장의 직분을 가지고 있습니다. 하나님의 면류관은 복음의 제사장 직분과 관계되어 있습니다.

성도의 인격과 삶으로 복음을 전파하여 하나님께 영광을 돌리는 사람은 진실로 큰 자입니다. 먹든지 마시든지 무엇을 하든지 하나님의 영광을 위한다면 행위의 내용과 직업의 분야가 중요하지 않습니다. 왕이나 대통령도 하나님의 영광을 위하지 않는다면 하나님께 영광을 돌리기 위해 길가에서 휴지를 줍는 사람보다 낮은 자입니다. 안타까운 현실은 하나님의 영광보다 사람의 영광을 더 사랑하는 사람들이 많다는 것입니다(요 12:43). 그들은 이 땅에서 잠시 있다가 썩어 없어지는 영광의 초라한 키재기에 여념이 없습니다. 땅에서는 아무리 높아도 땅입니다. 하늘과는 비교할 수 없습니다. 왕의 신앙은 우리에게 하늘의 면류관을 취하고 하늘에서 높은 자가 되라고 말합니다.

4 그가 생명을 구하매 주께서 그에게 주셨으니 곧 영원한 장수로소이다

여섯 번째, 왕은 하나님께 생명을 구합니다. 살려 달라고, 조금만 더 살게 해 달라고 기도를 드립니다. 생명은 여호와께 속한 것입니다. 하나님은 생명의 근원이신 분, 생명 그 자체이신 분, 모든 생물들의 생명을 창조하신 분, 그리고 그 생명을 계속해서 베푸시는 분입니다. 그러므로 왕이라 할지라도 생명의 길이를 결정할 권한은 없습니다. 어떠한 사람이 우리의 생명을 위협한다 할지라도 다윗에 대한 한 여인의 말을 잊지 마십시오. "사람이 일어나서 내 주를 쫓아 내 주의 생명을 찾는다고 할지라도 내 주의 생명은 내 주의 하나님 여호와와 함께 생명 싸개 속에 싸였을 것이요"(삼상 25:29). 하나님은 우리의 생명을 구하시는 분입니다. 시인처럼 하나님께 생명을 구해 달라고 기도해 보십시오.

하나님은 언제나 우리가 구한 것보다 더 풍성하고 근본적인 것을 주시는 분입니다. 살려 달라고 기도를 드렸는데 하나님은 "영원한 장수"라는 응답을 주십니다. 땅에서의 필요 때문에 엎드린 자에게 인간의 궁극적인 필요를 채우시는 분입니다. 이런 하나님에 대해 바울은 "우리가 구하거나 생각하는 모든 것 이상으로 능히 하실 분"이라고 말합니다(엡 3:20). 진실로 하나님은 우리가 생각하는 것보다 더 좋은 소망, 더 큰 기쁨, 더 위대한 영광, 더 놀라운 행복, 더 가득한 만족을 주시는 분입니다. 하나님 자신도 예레미야 선지자의 입술을 통해 이렇게 말합니다. "너는 내게 부르짖으라 내가 네게 응답하겠고 네가 알지 못하는 크고 은밀한 일을 네게 보이리라"(렘 33:3). 왕의 신앙을 통해 우리는 우리의 생명을 이 땅에서의 왕이 아닌 하나님이 지켜 주신다는 사실과, 우리가 추구하는 것보다 훨씬 더 좋은 것 주기를 원하시는 하나님의 마음을 배웁니다.

5 주의 구원이 그의 영광을 크게 하시고 존귀와 위엄을 그에게 입히시나이다

일곱 번째, 시인은 주의 구원이 왕의 영광을 크게 하고 존귀와 위엄을 그에게 두른다고 말합니다. 이는 이 땅에서의 왕관이 주는 영광과 비교할 수 없도록 큰 영광이 하나님의 구원에 있다는 뜻입니다. 이 땅에서는 아무리 외롭고 괴롭고 비천하고 연약한 인생을 살더라도 하나님 앞에서는 전혀 다른 영광이 주어질 것입니다. 그래서 바울은 말합니다. "생각건대 현재의 고난은 장차 우리에게 나타날 영광과 족히 비교할 수 없도다"(롬 8:18). 이는 구원의 영광이 얼마나 큰 것인지 가늠할 수조차 없다는 말입니다. 바울이 정확하게 구분한 것처럼 "하늘에 속한 형체도 있고 땅에 속한 형체도 있"습니다. 당연히 "하늘에 속한 것의 영광이 따로 있고 땅에 속한 것의 영광이 따로 있"습니다(고전 15:40). 그런데

도 우리는 땅에서의 영광에 허덕이고 있습니다. 한 줌도 안 되는 그 영광을 취하려고 하니 구원의 영광은 안중에도 없습니다. 성경이 아무리 떠들어도 경청을 하지 않습니다. 그 것은 그냥 종교적인 수사일 뿐이라고 치부하며 일말의 관심도 기울이지 않습니다.

비교할 수 없을 정도로 큰 구원의 영광을 사모해 보십시오. 그러면 조바심이 사라지고 여유가 생깁니다. 우리의 인격이 우아함을 풍깁니다. 배려와 포용의 마음이 저절로 생깁니다. 나도 모르는 사이에 인간이 가질 수 있는 최고의 존귀와 위엄의 옷을 입습니다. 바울은 "그리스도 예수"라는 옷을 입으라고 말합니다(롬 13:14). 그 존귀한 옷에 비하면 다윗이 입은 왕복조차 초라한 누더기로 느껴질 것입니다. 왕의 신앙은 우리로 하여금 시선을 하늘로, 예수께로 돌리게 만듭니다.

6 그가 영원토록 지극한 복을 받게 하시며 주 앞에서 기쁘고 즐겁게 하시나이다

여덟 번째, 왕은 이 땅에서 기뻐하고 즐거워할 가장 많은 요인들을 가진 자입니다. 그런데도 그는 자신의 왕관과 왕좌, 왕복과 왕궁, 권력과 인기와 부귀를 기뻐하지 않습니다.

사람들이 가지기만 하면 기뻐하게 될 것이라고 생각하는 흠모의 대상들을 말입니다. 이는 그러한 것들과는 비교할 수 없는 영원하고 지극한 복이 주에게만 있기 때문에 최고의 기쁨과 즐거움을 주 앞에서 얻는다고 말합니다. 믿음의 조상에게 약속하신 것처럼 하나님은 "지극히 큰 상급"이 되십니다(창 15:1). 이는 주님이 최고의 기쁨과 만족과 행복을 준다는 뜻입니다. 그래서 바울은 말합니다. "주 안에서 항상 기뻐하라 내가 다시 말하노니 기뻐하라"(빌 4:4). 세상에서 항상 기뻐할 수 있는 대상은 없습니다. 그런데 주 안에서는 항상 기뻐할 수 있습니다. 어떠한 상황 속에서도 그 기쁨과 즐거움은 변하지 않습니다. 지극히 큰 상급 되시는 하나님이 변하시지 않는데 거기에 뿌리를 둔 우리의 기쁨이 어떻게 변할 수 있습니까? 왕의 신앙에서 우리는 모든 영역에서 왕의 자리를 노리지 않아도 된다는 사실을 배웁니다. 왕의 자리는 기쁨이 아니라 국가 규모의 근심과 염려를 감수해야 하는 곳입니다. 어떠한 분야든 왕위 쟁탈전에 엮이지 마십시오.

> 7 왕이 여호와를 의지하오니 지존하신 이의 인자함으로 흔들리지 아니하리이다

아홉 번째, 왕은 여호와를 의지하고 있습니다. 왕은 모든 사람들이 의지할 대상인데 그가 누군가를 의지하고 있다는

것은 특이한 일입니다. 인간은 스스로 존재할 수도 없고, 존립할 수도 없습니다. 모든 피조물은 의존성을 가지고 있습니다. 당연히 왕도 예외가 아닙니다. 그의 보좌도 지극히 존귀하신 하나님께 의지하고 있습니다. 모든 사람은 안정된 곳을 찾습니다. 그래서 누구도 흔들 수 없는 왕의 자리를 탐합니다. 그러나 왕의 자리조차 흔들림이 없지는 않습니다. 여호와를 의지할 때만 지극히 존귀한 자의 선하심 때문에 흔들리지 않습니다. 하늘과 땅도 의존성을 가지고 있습니다. 주께서 권능의 말씀으로 붙들고 계시기 때문에 흔들리지 않는 것입니다. 그러나 때가 되면 하늘과 땅이 흔들릴 것입니다. 학개의 글입니다. "만군의 여호와가 이같이 말하노라 조금 있으면 내가 하늘과 땅과 바다와 육지를 진동시킬 것이요"(학 2:6). 그럼 하늘과 땅이 흔들리지 않고 왜 지금은 유지되고 있는 것입니까? "하늘과 땅은 그 동일한 말씀으로 불사르기 위하여 간수하신 바 되어 경건치 아니한 사람들의 심판과 멸망의 날까지 보존하여 두신 것이니라"(벧후 3:7).

이 세상에서 그 누구도 의지하지 마십시오. 하늘과 땅과 그 사이에 있는 어떠한 것도 신뢰의 대상이 아닙니다. 가장 견고할 것 같은 왕도 의지의 대상이 아닙니다. 예수님은 헤롯이나 빌라도나 대제사장 안나스나 심지어 제자들의 손에도 자신을 맡기지 않고 아버지 하나님께 자신의 영혼을 위탁하신 분입니다. 이는 우리를 위한 신앙의 본입니다. 우리는 그의 신앙에서 오직 여호와를 의지해야 함을 배웁니다. 그래야 우리의 인생은 흔들림이 없습니다. "여호와를 의뢰하는 자는 시온산이 요동치 아니하고 영원히 있음 같도다"(시 125:1). 마음이 불안하고 인생이 흔들리는 때는 하나님을 의지해야 할 때입니다. 우리에게 다가오는 모든 불안과 흔들림은 우리를 하나님 앞으로 이끕니다. 조용히 하나님 앞에 엎드려 보십시오. 견고한 반석이 발에서 느껴질 것입니다.

끝으로 왕의 신앙이 우리에게 주는 교훈은 모든 인간은 법 앞에서가 아니라 오직 하나님 앞에서만 평등한 존재라는 것입니다. 물론 우리는 하나님의 정의와 공의, 그의 공평과 평등을 추구해야 합니다. 그러나 이 세상에서 완전한 경제적 평등, 정치적 공평, 사회적 정의와 공의는 이루어질 수 없는 그림의 떡입니다. 이 땅에서의 여러 체계와 사상을 비교하다 보면, 그래도 보다 괜찮은 정의와 공평이 없지는 않습니다. 그러나 거기에는 만족이 없습니다. 곧장 불평과 탄식이 고개를 내밉니다. 그러나 하나님 앞에서는 부와 명예와 권력과 외모와 가문에 의한 차별이 없습니다. 왕을 비롯한 이 땅의 모든 사람은 하나님의 힘과 구원을 고대하고 있습니다. 비록 의식하지 못하더라도 하나님의 영접과 하늘의 면류관과 영원한 생명과 하늘의 영광과 존귀와 위엄의 옷과 하늘의 영원하고 지극한 복과 하나님의 인자를 은밀하게 갈망하고 있습니다. 인간은 그것들에 의해서만 진정한 기쁨과 행복과 만족을 얻습니다. 그런데 예수는 그러한 것들을 인간에게 주시는 분입니다. 하나님 앞에서는 모두가 다 벌거벗은 자입니다. 계급장을 떼고, 신분을 떼고, 성별을 떼고, 가문이나 출신을 떼고, 나이도 떼고 동등하게 신 앞에서의 단독자로 서 있습니다. 그 누구도 예외가 없습니다. 모든 사람이 흠모하는 왕이라 할지라도 하나님 앞에서는 모든 사람과 동일한 존재의 무게를 갖습니다. 동일한 기준을 따라 평가를 받을 것입니다. 왕의 신앙에서 우리는 땅의 가치를 따라서는 불평과 원망이 있지만, 하늘의 가치를 따라서는 공평과 정의가 강처럼 흐르고 있다는 사실을 배웁니다.

예수를 발견하는 성경읽기

초판 발행 2023년 3월 6일

지은이 한병수
펴낸이 박지나
펴낸곳 도서출판 지우
출판등록 2021년 6월 10일 제399-2021-000036호
이메일 jiwoopublisher@gmail.com
인스타그램 instagram.com/jiwoopub
페이스북 facebook.com/jiwoopub

ISBN 979-11-977440-2-0 03200

ⓒ 한병수

지우
겸손하고 선한 그리스도인들을 위한
좋은 책을 만듭니다.